Operação Segredos de Família

Frank Calabrese Jr.
com Keith & Kent Zimmerman e Paul Pompian

Operação Segredos de Família

Pai e filho se enfrentam na maior operação do FBI contra a máfia de Chicago

Tradução:
Georges Schlesinger

ZAHAR

Título original:
Operation Family Secrets
(How a Mobster's Son and the FBI Brought Down
Chicago's Murderous Crime Family)

Tradução autorizada da primeira edição americana, publicada em 2011
por Broadway Books, um selo da Crown Publishing Group,
uma divisão da Randon House, Inc., de Nova York, Estados Unidos

Jorge Zahar Editor Ltda.
rua Marquês de S. Vicente 99 – 1º | 22451-041 Rio de Janeiro, RJ
tel (21) 2529-4750 | fax (21) 2529-4787
editora@zahar.com.br | www.zahar.com.br

Grafia atualizada respeitando o novo
Acordo Ortográfico da Língua Portuguesa

Preparação: Diogo Henriques
Revisão: Sandra Mager, Mônica Surrage
Capa: Rafael Nobre
Fotos da capa e quarta capa: © fotovitamina [rosanna salonia+matthew yates]

CIP-Brasil. Catalogação na fonte
Sindicato Nacional dos Editores de Livros, RJ

O68 Operação Segredos de Família: pai e filho se enfrentam na maior operação do FBI contra a máfia de Chicago / Frank Calabrese Jr. … [et al.]; tradução: Georges Schlesinger. – Rio de Janeiro: Zahar, 2012.

Tradução de: Operation Family Secrets: how a mobster's son and the FBI brought down Chicago's murderous crime family
Anexo
ISBN 978-85-378-0867-2

1. Calabrese, Frank, 1937-. 2. Gangsteres – Chicago (Estados Unidos) – Biografia. 3. Homicidas – Estados Unidos – Biografia. 4. Máfia – Estados Unidos. I. Calabrese, Frank, Jr.

CDD: 920.93641066
12-2849 CDU: 929:343.34

Sumário

1. Segredos de Família

Eu me instalei num canto da biblioteca da prisão, no Instituto de Correção Federal em Milan, Michigan, e detonei a carta para o agente especial do FBI Thomas Bourgeois numa velha e decrépita máquina de escrever Smith-Corona. Meu pai mafioso, Frank Calabrese – que cumpria pena comigo na mesma prisão –, tinha me ensinado a ser resoluto. Então, quando datilografei a carta, a decisão já estava tomada.

Não toquei o papel diretamente. Usei minhas luvas de inverno para manusear a folha e segurei o envelope com um lenço de papel para não deixar impressões digitais. No momento em que postei a carta, em 27 de julho de 1998, eu sabia que tinha cruzado a linha. Cooperar com o FBI significava não só que eu estava abandonando meu pai, mas que teria de implicar meu tio Nick no assassinato de um mafioso da Organização de Chicago chamado John "Big Stoop" [Parrudão] Fecarotta. Abandonar meu tio era a parte mais difícil.

Quando reli a carta uma última vez, perguntei a mim mesmo: "Que tipo de filho se livra do pai pelo resto da vida?" O Departamento Penitenciário Nacional havia me imposto um duro golpe ao me colocar na mesma prisão que meu pai. Vinha ficando cada vez mais claro que seu juramento de cair fora da Organização depois de nós dois cumprirmos nossas penas era uma promessa vazia.

"Eu sinto que preciso ajudá-los a manter esse homem doente trancado para sempre", escrevi na carta.

Devido a questões legais e de segurança, isso foi cinco meses antes de o agente Thomas Bourgeois ter arranjado uma visita para se encontrar comigo no Instituto de Correção Federal em Milan. Ele veio sozinho no começo do inverno de 1998. Em 1997, o FBI e os promotores federais de Chicago haviam sentenciado os Calabrese, condenando meu pai, tio Nick, meu irmão mais novo, Kurt, e eu por agiotagem. Bourgeois parecia confuso e quis saber o que eu queria.

Tenho certeza de que Bourgeois se perguntou o mesmo que eu: que tipo de filho quer se livrar do pai pelo resto da vida? Talvez tenha pensado que eu estava mentindo. Talvez eu tivesse arrumado confusão com alguém e, como a maioria dos presos, estivesse tentando reduzir a minha pena. Todavia, no encontro seguinte, eu disse a Tom que não pedia muito em troca. Simplesmente não queria perder nada do tempo já cumprido e, uma vez terminada a minha missão, queria uma transferência do Instituto de Correção de Milan.

Tendo nos prendido sob acusações de extorsão, os federais pensavam ter destruído a notória gangue Calabrese da zona sul de Chicago. Na verdade, mal tinham arranhado a superfície. Alertei Bourgeois de que eu não estava tentando destruir a máfia. Tinha um único propósito: ajudar o FBI a manter meu pai trancafiado para sempre, para que ele pudesse receber a ajuda psicológica de que necessitava. O FBI não sabia de metade de seus outros assuntos ou crimes.

Quando Bourgeois perguntou se eu me disporia a usar um gravador no pátio da prisão, imediatamente respondi que não. Trabalharia com o FBI, mas lhes daria somente informação útil, material que pudessem usar, contanto que ninguém soubesse que eu estava cooperando, e não testemunharia abertamente no tribunal. Meu pai e os caras da Organização chamam isso de "salgar a carne". Frank Calabrese era um dos mais astutos criminosos da quadrilha, e fora um chefe de turma bem-sucedido e sólido arrecadador para a máfia de Chicago por trinta anos. Era capaz de sentir o cheiro de um informante do FBI a um quilômetro e meio de distância. Se não tinha falado de sua vida criminosa no passado, por que haveria de falar agora?

Vasculhei meu coração para me assegurar de que não estava fazendo aquilo por despeito ou porque meu pai havia se recusado a cuidar financeiramente de mim e de Kurt em troca de cumprir pena. Meu problema *não* era dinheiro!

Após a primeira entrevista comigo em Milan, o agente Bourgeois se reportou a Mitch Mars, um subprocurador e chefe da Seção do Crime Organizado de Chicago. Mars quis saber se havia o bastante para apresentar o caso a um grande júri e formar um caso maior, mais abrangente, contra a Organização, o multitentacular sindicato do crime organizado de Chicago, que remontava aos tempos de "Big Jim" Colosimo e Al Capone.

NA CELA, DEITADO NO BELICHE, pensei na minha recusa em usar o gravador. Digamos que eu passasse informações aos federais, mas meu pai tivesse sorte e conseguisse se safar? Eu estaria ferrado, tio Nick ficaria encalhado no corredor da morte e, quando a sentença do meu pai terminasse, ele estaria de volta às ruas para continuar seus negócios de agiotagem e métodos assassinos.

E se fosse errado o que eu estava fazendo? Como poderia conviver comigo mesmo? Eu amava muito meu pai, e o amo até hoje. Mas sentia repulsa por seu gênio violento e controlador. Precisava decidir entre não fazer nada e cooperar com os federais, duas opções que eu detestava.

Sabia que, se não fizesse nada, meu pai e eu teríamos de ajustar nossas diferenças lá fora, na rua. Um dos dois acabaria morto, enquanto o outro iria apodrecer na cadeia. Eu estaria me incriminando, e não queria um trato de imunidade. Se precisasse cumprir mais tempo para manter meu pai preso para sempre, paciência. Depois de mandar a carta, fiquei determinado a acabar o que havia começado. Contatei o agente Bourgeois mais uma vez, para lhe dizer que tinha mudado de ideia. Eu usaria o gravador, afinal. Todas as trapaças que meu pai tinha me ensinado eu iria agora usar contra ele.

As próprias palavras do meu pai se tornariam seu maior inimigo.

2. Patch, Grand e Ogden

Meu pai, Frank Calabrese, chefe da família e da gangue Calabrese, nasceu na zona oeste de Chicago, numa área de operários italianos conhecida como "Patch", que significa algo parecido com "remendo". Esse bairro lendário é delimitado pelas avenidas Grand, Western e Chicago, e pela Kennedy Expressway. O Patch, na Grand com a Ogden, foi lar de outros famosos chefões da Organização, como Tonny "Joe Batters" Accardo e Joe "the Clown" [Palhaço] Lombardo. Lá, os pais de Tony e Michael Spilotro, Pasquale e Antoinette, dirigiam o restaurante Patsy's, onde frequentemente jantavam os chefões Salvatore "Sam" Giancana, Jackie "the Lackey" Cerone, Gus "Slim" Alex e Frank "the Enforcer" Nitti.

Outro bairro italiano, Little Italy, corria ao longo da rua Taylor, da Halsted até a avenida Ashland. Cicero, Melrose Park e Elmwood Park se tornaram feudos suburbanos básicos da Organização de Chicago. A gangue da área da rua Taylor era parte do Primeiro Pavilhão, comandado no início pelo ex-vereador John D'Arco, depois por seu sucessor, Fred Roti, tendo como "secretário" Pasquale "Pat" Marcy. Desde os anos 1930, o Primeiro Pavilhão controlava um grande bloco de empregos na cidade, e tinha um braço forte no Departamento de Ruas e Saneamento.

Frank Calabrese nasceu em 17 de março de 1937, filho de James e Sophie Calabrese, no bolsão urbano próximo às avenidas Grand e Ogden. Sua linhagem familiar provinha de Bari e da Sicília, e tanto os pais do meu avô como da minha avó imigraram para Chicago diretamente do Velho Mundo. A família de James instalou-se de início na área da rua Taylor (Little Italy), enquanto Sophie raramente saía do perímetro da Grand e Ogden (o Patch).

Frank era o mais velho de sete irmãos e irmãs. Em ordem decrescente de idade, eram Marie, Nick, James Jr. (já falecido), Christine, Joe e Roseanne. Embora a família tivesse sido criada no catolicismo, os Calabrese não eram praticantes. Com tantos filhos, vovó Sophie conduzia a família como um rígido sargento. Se as crianças não chegassem em casa na hora determinada, com frequência dormiam na casinha do cachorro no quintal, mesmo no rigor do inverno. Para italianos pobres da classe trabalhadora, a vida foi dura nas décadas de 40 e 50. Meu pai dizia que a família era tão depauperada que eles comiam polenta ou mingau de aveia "de pobre" no jantar.

Aos cinco anos meu pai contraiu escarlatina e foi mandado para o Children's Memorial Hospital. Apesar de muito novo, mediante uma combinação de intimidação e carisma, ele assumiu o comando de todo o seu pavilhão infantil, tornando-se o líder *de facto*. Devido à doença, começou tarde a escola primária Otis. Grande e corpulento para a idade, ele mandava no parquinho de brinquedos. Era conhecido por detestar aqueles que atormentavam os menores, e sempre se posicionava ao lado do mais fraco. À medida que foi crescendo, suas mãos se tornaram rápidas e ele brigava por qualquer provocação. Depois de ser expulso da Otis, caiu nas ruas entre a Grand e a Ogden.

Aos treze anos, montou uma banca de jornal com seu irmão mais novo, Nick, na movimentada esquina da Grand com a State. Embora meus avós trabalhassem duro, os garotos Calabrese vestiam roupas de segunda mão e punham cartolina nos sapatos quando as plantas de seus pés sentiam o calçamento. Com quinze anos, ele já ganhava dinheiro suficiente com a banca para que seus pais contassem com ele para sustentar toda a ninhada Calabrese. Por mais baixo que o caixa doméstico ficasse, vovó e vovô podiam recorrer ao filho mais velho para manter a família.

Durante o Natal de 1949, faltou aos meus avós o dinheiro da comida e dos presentes para a festa. Ainda um rapaz novo, Frank separou cem dólares da sua lucrativa banca de jornal. Entregou o dinheiro aos pais, autorizando-os a gastar em comida e presentes para seus irmãos e irmãs, mas com uma condição: que lhe comprassem uma vara de pescar. O dia de Natal chegou, e nada de vara de pescar. A desfeita o aborreceu profundamente, e ele jamais esqueceu o incidente, recontando a história muitas e muitas vezes para mim e meus irmãos.

Até hoje meu pai se ressente de sua falta de educação formal e da dificuldade que tem para escrever uma simples carta. Apesar de não pensar em se juntar a gangues de rua organizadas, acabou se destacando como um sujeito durão. Aos dezesseis anos, começou a acumular detenções por roubos e assaltos. Tinha cabeça quente, e era incapaz de controlar seu temperamento. Antes de se juntar à Organização, construiu pela Grand e Ogden uma reputação de dono do próprio nariz.

Em 1953, meu avô Calabrese chegou à conclusão de que não conseguia mais controlar o comportamento rebelde do filho de dezesseis anos. Então o levou a um centro de recrutamento e o inscreveu para um período no Exército. Vovô mentiu, afirmando que o filho era maior de idade e habilitado a servir. Contra a vontade do meu pai, ele foi enviado para treinamento básico.

Não gostou do Exército e escapou do serviço militar quase imediatamente depois de ser inscrito. Enquanto a polícia militar tentava localizá-lo, ele retornou ao Patch e morou, secretamente, no viveiro de pombos no terraço do prédio de seus pais, que tinha quatro andares. Ninguém o encontrou durante semanas. Após ser mandado de volta para o Exército, meteu-se numa briga com um de seus comandantes no refeitório e foi trancafiado na prisão militar. Fugiu uma segunda vez. As autoridades o caçaram pelos campos de Illinois, até que um pelotão de fazendeiros e cães de caça conseguiu encontrar sua pista. Depois de ser detido, a polícia estadual acusou-o de roubar um carro. Em vez de voltar ao serviço militar, ele cumpriu sua primeira sentença numa prisão federal, em Ashland, no leste do Kentucky. Lá, corpulento e durão, ele se dedicou ao levantamento de peso. Quando foi solto, passou um breve tempo no ringue como boxeador semiprofissional, ganhando alguns troféus de halterofilismo.

Após cumprir sua pena, meu pai teve uma série de exaustivos trabalhos braçais. Com pás, ele e meu avô tiravam carvão da traseira de um caminhão, ou levantavam e descarregavam blocos de gelo de carros frigoríficos para a Companhia de Gelo Jefferson. Em pouco tempo, ele foi promovido a motorista de caminhão na Jefferson, que pagava um ordenado decente. Todavia, seu lado violento fervilhava. Ele vivia discutindo com um colega de trabalho, um negro enorme. Um não gostava do outro. Meu pai então forjou uma falsa trégua com o sujeito e, após uma noite de bebedeira, nunca mais ninguém viu ou ouviu falar do homem. Meu pai não admitiu ter matado o cara, porém uma vez me disse que "depois daquela noite, ninguém mais soube do homem".

Em meados da década de 50, Frank Calabrese, agora já perto dos vinte anos, estava novamente perambulando pelas ruas, cometendo uma série de assaltos à mão armada em postos de gasolina e roubando carros. Foi quando resolveu se meter no "ramo de casamentos". Averiguava onde havia casamentos e assaltava os convidados quando saíam. Outras vezes, ele e um parceiro assaltavam as festas, enfileirando todo mundo e aliviando as pessoas de suas carteiras, relógios e outros valores. Toda ação de rua feita por Calabrese era bem planejada, e ele tomava o cuidado de atacar em bairros fora do Patch. Sendo um assaltante calculista, sua regra número um era simples: nunca roubar em nenhum dos bairros italianos – especialmente onde viviam os chefões.

Entre um roubo em casamento e um assalto a posto de gasolina, aos 24 anos ele se casou com minha mãe, Dolores Hanley, um moça americana de origem irlandesa. Em 1960, com um bebê a caminho – eu –, meu pai mudou sua nova família para um pequeno apartamento de dois quartos, entre as avenidas Grand e Menard, na zona oeste de Chicago. Depois de perder seu emprego como motorista de caminhão de laticínios, meu avô materno veio em salvação do casal. Ele tinha laços com a notória gangue O'Donnell, da máfia irlandesa. Por meio de suas conexões irlandesas na prefeitura, conseguiu um emprego para o genro. Meu pai também fazia um bico com seu novo cunhado, Edward Hanley, no Hanley's, um bar de Chicago localizado na esquina da Laramie com a Madison, de propriedade do sogro. Na época, tio Ed era um promissor funcionário sindical. Mais tarde, tornou-se um dos mais poderosos chefes sindicais do país, presidente da Hereui, a Confederação Internacional dos Empregados em Hotéis e Restaurantes, com 350 mil membros.

Meu pai teve seu primeiro emprego "fantasma" na prefeitura de Chicago como membro da Unidade 150 de Operadores de Equipamentos Pesados. Ele se apresentava para o trabalho como "engenheiro de operações", vinculado ao Departamento de Esgotos. Chegava no serviço de calça e camisa social para pegar seu cheque. Como "fantasma", precisava descontá-lo imediatamente e devolver uma participação para o corrupto do sindicato que lhe arranjara o trabalho.

Ao deixar o apartamento na Grand com Menard, se mudou comigo e minha mãe mais para oeste, para a casa de sua recém-falecida avó na West Grand, perto da avenida Natchez, onde seu pai converteu o porão inacabado numa toca e o sótão em dois dormitórios adicionais. No começo dos anos 60, minha mãe e meu pai dividiram a casa e o espaço reformado com meus avós e o restante dos irmãos Calabrese.

Entre 1961 e 1964, meu pai trabalhou como ladrão e arrombador. Depois de juntar mais de 10 mil dólares, investiu o dinheiro na região de Chinatown e da rua 26, concedendo empréstimos para clientes desesperados a taxas altíssimas – os chamados *juice loans*, ou "empréstimos suculentos". Fornecendo a clientes que não conseguiam crédito com seus bancos locais, mas necessitavam de dinheiro com urgência e sem ter de responder a nenhuma pergunta, em pouco tempo ele montou um próspero negócio. A clientela imediata do meu pai incluía os jogadores da vizinhança, muitos dos quais estavam lisos e desesperados.

Como um tubarão independente dos empréstimos, o negócio Calabrese cresceu rapidamente na área de Chinatown e da rua 26. Isso foi antes de os Estados Unidos serem inundados de dinheiro fácil de financiadoras de cartões de crédito legítimos. Antes de Mastercard e Visa, a agiotagem era exclusiva do crime organizado. Hoje em dia os bancos praticamente assumiram o negócio.

Os *juice loans* funcionam da seguinte maneira: um emprestador, como meu pai, especifica uma porcentagem do valor que o cliente toma emprestado. Dependendo do grau de influência do jogador ou do negociante, ele pode pagar algo em torno de 2,5% a 5% por semana, taxa também conhecida como "pontos". Tal empréstimo é um empreendimento altamente lucrativo. Se alguém toma emprestados 10 mil dólares a três "pontos", está agora comprometido a pagar 3%, ou trezentos dólares, por semana. Esse rendimento é chamado de *"vig"* – uma abreviatura da gíria iídiche *vigorish*, que significa "ganho", "renda", "comissão" –, ou, no jargão de agiotas como meu pai, de "*juice*", o "suco". Além disso, quem tomou o empréstimo ainda deve o principal da dívida original. Por exemplo, se o cliente pagou a Frank Calabrese trezentos dólares por semana durante vinte semanas, temos aí 6 mil dólares em "suco". Mas o cliente ainda deve os 10 mil dólares do montante original. Se ele tem sorte o bastante para abater 5 mil dólares da dívida (além dos trezentos dólares relativos ao "suco" daquela semana), ainda fica devendo 5 mil dólares, mas sua cota fica reduzida a 150 dólares por semana.

Tais empréstimos tornaram-se um grande negócio para a máfia, que atendia tanto a clientes da classe operária quanto a colarinhos-brancos. Um emprestador de rua, se fosse esperto e oportunista, veria-se capaz de, aos poucos, juntar uma boa fortuna nessa atividade, e o negócio do meu pai floresceu sem entraves por parte da Organização. Mas isso em breve iria mudar.

No início de 1964, meu pai chamou a atenção dos chefões da máfia de Chicago quando foi "intimado" por Angelo "the Hook" [Gancho] LaPietra, um influente e temido subchefe, dono de sua própria e extensiva operação de empréstimos na área de Chinatown/Bridgeport. LaPietra ganhou seu apelido pela forma com que assassinava suas vítimas. Se alguém não podia pagar o que devia ou se era suspeito de ser dedo-duro, "Ang" fazia seu pessoal pendurar a vítima num gancho de açougue e torturá-la com um ferro de marcar gado ou um maçarico. Quando o legista determinava a causa da morte, a maioria das vezes era asfixia por causa dos próprios gritos. No começo da década de 60, LaPietra e Jackie "the Lackey" Cerone foram ouvidos nas escutas secretas do FBI, vangloriando-se de como tinham pendurado num gancho um "cobrador" concorrente de mais de 150 quilos, William "Action" Jackson.

LaPietra e seus auxiliares o torturaram durante dias, mantendo-o vivo por meio de drogas.

Meu pai, com 24 anos na época, foi levado de carro a uma boate perto da avenida Harlem para encontrar-se com Angelo Gancho. O motorista era um soldado da Organização, Steve Anerino. Ao chegar, LaPietra lhe disse que a única forma de ele continuar com sua operação de empréstimos seria sob o olhar orientador da Organização. Como incentivo, recebeu 60 mil dólares adicionais para emprestar. Mais tarde, lhe deram outros 80 mil.

Meu pai se associara a um gângster ativo chamado Larry Stubitsch, que fora criado em Chinatown e conhecia bem o bairro. Ele e meu pai trabalharam longas horas juntos, e em pouco tempo tinham espalhado 350 mil dólares por algumas dezenas de tomadores de empréstimos. Stubitsch era ambicioso. Queria se tornar um chefão da Organização, ao passo que meu pai recomendava manter um perfil discreto.

Tendo se tornado um arrecadador de fundos da máfia, meu pai se viu sob tremenda pressão para produzir receitas. Fracassar não era uma opção, e aqueles que usavam mal o dinheiro da Organização, ou não correspondiam às expectativas dos chefes, pagavam com a própria vida. Ele entendeu as vantagens de atuar discretamente, e optou por se tornar um arrecadador sólido em vez de um espertalhão ambicioso e espalhafatoso.

FRANK JAMES CALABRESE, o retrato de um gângster.

Com um 1,75 metro de altura, ele é forte, tem olhos castanho-esverdeados e um sorriso amigável, do tipo "sinta-se em casa". Não parece ser uma ameaça. É o que ele quer que as pessoas pensem. Mas o verdadeiro Frank tem a força de um touro e um temperamento explosivo. Seu código de vestimenta é básico e descontraído, favorecendo cores neutras, nunca vistosas. Durante os frígidos invernos de Chicago, ele prefere um boné de beisebol, camisas de moletom, jeans e jaquetas de esqui em lugar de roupas mais chiques. Para não chamar atenção, raramente frequenta os pontos badalados da Organização, e tampouco costuma ir aos seus encontros.

Seus óculos baratos de plástico escorregam pelo nariz quando ele observa alguém do alto de suas lentes. Se ele tira os óculos, isto é sinal de que uma conversa séria está prestes a ocorrer, exigindo a atenção irrestrita do interlocutor. Nas ruas, Frank preocupa-se em ser vigilante e fala num tom monocórdio, um grau acima do murmúrio. Seu jeito de falar é o protótipo do valentão, com típico sotaque italiano:

"Calça bacana pra cacete, essa sua."

"Eu vou comer vocês dois de porrada."

Ele não demonstra emoção; em vez disso, tira os óculos e olha diretamente nos seus olhos. Fala numa voz baixa e firme, esperando a sua resposta. Em vez de gritar, ele se tensiona de raiva, sua mão direita treme enquanto o olhar fica vítreo. *Só então* ele começa a balançar e berrar.

Sempre que o "Frank pai" fala de negócios, cobre a boca com a mão e usa códigos. Ardiloso e imprevisível, ele introduz na conversa uma risada ou sorriso inesperado, para confundir quem quer que possa estar escutando. Preocupado com escutas eletrônicas, o local favorito dele para conversar é o banheiro, com o exaustor ligado e a água correndo. Quando chega a certas palavras incriminadoras, gosta de fazer gestos com as mãos, em vez de efetivamente pronunciá-las. Raramente usa palavras como "dinheiro", "armas", "facas", "matar".

Embora minha família morasse num porão apertado, era uma época despreocupada. Como filho mais velho, eu, Frank Calabrese Jr., era chamado de Frankie ou Junior, para me diferenciar do meu pai. Recordo-me das primeiras memórias vivendo na Grand com Natchez. Tive uma vida de família típica, cercado pelos meus pais, tias, tios, primos, avós e bichos de estimação – todos morando na mesma casa. Era uma vida comunitária, não muito diferente da que se levaria em um alojamento, porém mais divertida. Lembro-me com carinho do tempo que passava sentado debaixo da escada com a minha boxer, Duquesa. A família inteira se vestia com elegância para aparecer em filmes caseiros. Tenho vívidas lembranças do meu pai fazendo paródias bobas para a câmera. No feriado da Independência, a família toda sempre se juntava do lado de fora da casa e meu pai trazia caixas e mais caixas de fogos de artifício para soltarmos na rua.

De todos os meus tios, meu padrinho, tio James, era o mais tranquilo. Ele e a namorada muitas vezes me levavam para passear de carro, até que o tio Junior, como era chamado, morreu de câncer com 21 anos. Tendo morrido tão jovem, tornou-se o santo padroeiro da família Calabrese. Em 1965, a família adquiriu sua primeira casa nos subúrbios, na região noroeste de Chicago, em Norridge, na esquina da avenida Lawrence com a Cumberland. Finalmente tínhamos um lar só nosso.

Em setembro de 1966, o negócio de empréstimos do meu pai teve o seu primeiro grande pepino. Stubitsch era um fanfarrão que gostava de arrumar briga, inclusive uma rixa com um ex-policial de Chicago, agora associado à Organização, Dickie DeAngelo.

Dickie DeAngelo era amigo do temido e brevemente futuro chefão, "Milwaukee Phil" Alderisio. Exercendo seu ofício desde os dias de Al Capone, trabalhando para "Greasy Thumb" Jake Guzik, Alderisio era encarregado de execuções, consumado chantagista, operador de empréstimos abusivos e estrategista. Viajava bastante para a Turquia, Grécia, Líbano e Ásia, intermediando grandes compras de heroína.

Milwaukee Phil (que na verdade era de Yonkers, em Nova York, e adquiriu o apelido por causa de seu controle sobre a jogatina, prostituição e narcóticos em Milwaukee) tinha um pé atrás tanto com Stubitsch quanto com meu pai, por causa das crescentes operações de empréstimos. Phil era conhecido pelo enorme ego, e podia ser visto descendo a rua Rush, a rua das boates de Chicago, como se mandasse no pedaço.

Embora meu pai tentasse manter o sócio sob controle, Stubitsch confrontou DeAngelo. Iniciado o tiroteio, meu pai se refugiou atrás de um carro e viu seu confiável parceiro ser atingido e derrubado pelos tiros de Dickie na frente do Bistro A-Go-Go, um clube noturno na Higgins Road. Stubitsch levou duas balas na altura do diafragma e foi declarado morto quatro horas depois no Ressurrection Hospital. DeAngelo contou uma história curiosa aos investigadores do homicídio: o tiroteio começara quando quatro assaltantes armados o abordaram dentro da boate, e o entrevero continuou do lado de fora, na rua. A investigação chegou a um impasse quando não se encontrou a arma do crime, e as acusações contra Dickie foram retiradas. Outra versão da história é que ocorreu uma briga entre meu pai e DeAngelo por causa de uma garçonete. Meu pai começou a bater em Dickie. DeAngelo agarrou uma arma e começou a atirar no meu pai, mas foi Stubitsch quem acabou levando os tiros.

Após esse incidente, Angelo LaPietra chamou seu jovem protegido de lado e lhe ordenou a *não* buscar vingança pelo assassinato do sócio. "Estas coisas acontecem, Frank. Às vezes nós gostamos delas, outras vezes não." Meu pai devia deixar pra lá, ou, como LaPietra continuou a explicar: "Enquanto você estiver comigo, nada vai acontecer."

Já que meu pai não era oficialmente um mafioso, isto é, um "homem feito", precisava de um "rabino" ou alguém com suficiente influência para evitar futuros golpes contra ele. Seu nível de arrecadação justificava que LaPietra interviesse a seu favor.

Com seu sucesso, papai vendeu a casa em Norridge em 1970, e fez planos para mudar todo o clã Calabrese para Elmwood Park, um subúrbio de Chicago. Até recentemente, era tradição na cidade comprar o que se conhecia como "três-pisos", prédios de três andares com um apartamento por andar, permitindo a famílias ampliadas morar juntas. Muitos três-pisos tinham porões reformados, e os proprietários podiam ainda acrescentar um apartamento de meio andar no alto, ou um aposento em cima da garagem. Em 1970, os Calabrese se mudaram para seu três-pisos na quadra 75 Norte, 2515, em Elmwood Park. Como a de outras famílias da rua, a propriedade tinha uma passagem privada para a rua principal, permitindo ao meu pai ir e vir a qualquer hora. Ele, minha mãe, eu e meus irmãos ocupamos o apartamento do meio, enquanto meus avós mudaram para o de cima. Tio Nick, mais tarde, ocuparia o apartamento térreo.

O três-pisos dos Calabrese foi apelidado de "o Complexo", com papai atuando como patriarca da família. Ele assumiu uma grande responsabilidade, fazendo-se cercar pela família. Organizava passeios regulares e reuniões em datas festivas, sempre bancando tudo. Quando seu irmão mais novo, Joe Calabrese, se casou, e sua esposa deu à luz gêmeos, concordou-se que tio Joe se mudaria para o porão do Complexo, o apartamento de dois quartos reformado na altura do jardim onde meu tio Nick moraria mais tarde. Em vez de pagar aluguel, ele ajudaria na casa. Joe idolatrava seu irmão Frank. Ele tinha dois empregos, de dia num banco e de noite num posto de gasolina do outro lado da rua. Como meu falecido tio James, Joe e Nick me tratavam como um irmão mais novo. Nós três jogávamos futebol juntos, e Joe e Nick apareciam nos meus jogos na escola.

Um dia, quando meu pai desconfiou que tio Joe estava se encontrando com uma das moças do banco, teve um acesso de raiva e deixou um bilhete na sua porta, mandando que ele se mudasse imediatamente. Depois de ler o bilhete, Joe voou escada acima. Meu irmão Kurt e eu pudemos ouvir tio Joe batendo na porta com força, berrando:

"Frank! Frank!"

Kurt e eu corremos para o nosso quarto, esperando uma briga feroz, quando meu pai veio até a porta vestindo apenas ceroulas. Numa fração de segundo, imprensou Joe contra a parede e começou a lhe dar uma surra e a estrangulá-lo. Vovô e tio Nick vieram correndo para separar os dois. Nunca tinha visto irmãos brigarem com tanta brutalidade. Foi uma altercação dramática. O incidente envenenou a relação entre meu pai e tio Joe durante anos. Meu avô tornou-se o único Calabrese que enfrentava seu filho mais velho. Os dois tinham discussões acaloradas e quase chegavam às vias de fato. Eu me encolhia todo quando um berrava com o outro. Foi quando notei uma mudança no meu pai: ele estava se tornando cada vez mais parecido com Angelo.

À medida que passava mais tempo com seu mentor, Angelo – o "tio Ang", como era conhecido em nossa casa –, o pavio do meu pai ia ficando cada vez mais curto. Quando morávamos em Norridge, a casa vivia cheia de familiares, amigos e parentes mais distantes. Depois que nos mudamos para o Complexo Calabrese, o temperamento do meu pai endureceu. Ele passou a ser cauteloso com as visitas, paranoico e rabugento. Pior, minha mãe percebeu que papai tornara-se explosivo com as crianças. A família atribuiu isso a tio Ang.

Angelo LaPietra era um subchefe irascível, capaz de berrar para manter sua tripulação na linha. Todavia, era mais tolerante com meu pai, que seguia as ordens e fazia bem seu trabalho. Angelo podia confiar nele para trazer mais do que sua cota de rendimentos todo mês. E o mais importante, não causava problemas "ultrapassando o território da Organização". Era o tipo de sujeito de que Ângelo gostava: um soldado e arrecadador de perfil modesto e satisfeito, trabalhando com seus empréstimos, com a jogatina, e cobrando taxas de segurança nas ruas. Não estava buscando subir na hierarquia da máfia. Se promovido, ótimo. Se não, deixava Angelo saber que não estava a fim de criar problemas.

Depois da morte de Larry Stubitsch, o negócio estava em plena expansão, dando a meu pai a possibilidade de pôr mais dinheiro nas ruas. Embora suas ações fossem limitadas, e ele tivesse de se reportar a vários níveis de chefia, adotou uma postura simples: "Como arrecadador, você tem seu valor. Se seguir as regras e trouxer a grana, ninguém vai te incomodar."

Com sua fortuna crescendo, em 1970 ele recrutou tio Nick, no qual podia confiar e a quem podia controlar. Após uma experiência malsucedida na marinha, tio Nick estava à deriva, sentindo-se inquieto e alienado.

Nascido em 30 de novembro de 1942, Nicholas W. Calabrese passara a maior parte dos anos 60 no Exército. Depois de um turno de serviço no Vietnã, e de retornar à vida civil, meu pai convenceu tio Ed Hanley a achar para seu irmão um emprego bem remunerado como organizador sindical. Ele trabalhou em alguns projetos de construção para a cidade, sob os auspícios do Sindicato dos Metalúrgicos, inclusive na construção do Centro de Convenções McCormick e no Edifício John Hancock, com cem andares.

Nick via o irmão mais velho como um sucesso, um cara durão na área, que trabalhava por conta própria e tinha uma grande conta bancária. Em torno de 1970, sentiu o fascínio do respeito que meu pai exercia e expressou interesse em se juntar à turma. Ele começou como motorista, fazendo algumas coletas, um cargo típico de iniciantes. Trabalhando duro, meu tio se estabeleceu como um soldado fiel, que não questionava a autoridade. Meu pai gostava disso.

3. Quem não adoraria um cara como esse?

EM QUALQUER MOMENTO, sempre havia uma dúzia de membros da família Calabrese morando no Complexo, o três-pisos perto da avenida Grand, na quadra 75 Norte, em Elmwood Park. Era um típico arranjo de vida comunal de italianos pós-imigrantes. Meus pais e os três filhos – Frank Jr. (eu, nascido em 1960), Kurt (dezesseis meses mais novo que eu) e Nick (nascido em 1971) – ocupávamos o apartamento principal no centro, espremido entre meus tios, tias e avós.

Um anexo no andar superior incluía o escritório pessoal do meu pai, uma cozinha extra, uma área para refeições com uma grande mesa para dez pessoas, uma lareira e um sofá. Nossa família usava o recinto regularmente, mas ele era aberto para qualquer pessoa do Complexo. Ninguém trancava a porta de seu apartamento. Se eu quisesse dar um pulo no tio Nick ou assistir televisão com meus avós, bastava entrar. Vovó e vovô, Nick e papai falavam italiano e inglês, ocasionalmente misturando as línguas.

Quando meu pai chegava em casa de bom humor, a mesa do jantar era um paraíso onde a família Calabrese podia se sentar e conversar sobre o que se passava em suas vidas. A família inteira se sentava e jantava diariamente às cinco da tarde, com a TV desligada. Esse momento com a família era extremamente importante para o meu pai. Mais tarde, quando ele passou a trabalhar mais horas nas noites dos dias de semana, e à medida que seus filhos foram crescendo, a obrigatória ceia de família tinha lugar todo domingo às três da tarde. Como em muitos lares italianos, comer junto era uma celebração.

Papai adorava refeições preparadas em casa: comida tipo "fiel às origens". Comer era grande parte do seu dia. Não havia uma viagem de carro ou uma saída em que ele não parasse para comer. Minha mãe era excelente cozinheira e preparava ótimos pães e bolos. Um dos pratos prediletos do meu pai é galinha ao limão com batatas Vesúvio, além de ravióli caseiro, calzone, bombas de creme e biscoitos feitos na hora.

Papai não usava guardanapo, nem de pano nem de papel, quando se sentava à mesa. Limpava e enxugava o rosto num pano de prato que mamãe obedientemente colocava sobre seu prato. Ele exigia que os filhos observassem boas maneiras à mesa: nunca pegue o último pedaço de uma travessa, a menos que o tenha oferecido antes a todos na mesa. Não se debruce nem estenda o braço sobre o prato de outra pessoa. Não fale de boca cheia, e não estale os lábios enquanto estiver mastigando. Era rigoroso no que se referia a lavar as mãos antes de comer, e não usava chapéu na mesa!

O Complexo estava situado no lado norte dos trilhos ferroviários de Elmwood Park. Os chefões moravam no lado sul do bairro, onde ficavam as casas mais bonitas. Outros bairros italianos na área incluíam Grand e Harlem, Riis Park, Amundsen Park e Galewood.

Elmwood Park era predominantemente italiano quando a família Calabrese se mudou para lá. Sua população de 20 mil habitantes vivia num denso emaranhado de pequenos sub-bairros. A região tinha uma bela quantidade de delicatessens, padarias e restaurantes italianos. Imigrantes sicilianos abriram seus pequenos e aconchegantes cafés. Além dos italianos (e alguns gregos) morando em Elmwood Park, havia poloneses, irlandeses, alemães e pessoas de descendência europeia mista. Eu era meio irlandês e meio italiano.

Melrose Park ficava a apenas alguns quilômetros a sudoeste. As duas comunidades tinham laços estreitos. A Reserva Florestal do Condado de Cook separava as duas áreas, e a maioria dos filhos de gângsteres frequentava a Escola Secundária Holy Cross em River Grove. Crianças proletárias frequentavam a escola pública em Elmwood Park High. Os jornais locais alimentavam uma rivalidade regional entre italianos e irlandeses sempre que a Holy Cross e o colégio Saint Pat da avenida Belmont jogavam futebol, nas noites de sexta-feira.

A maioria dos residentes sabia quem eram os gângsteres de reputação. Para os habitantes de Elmwood Park, eram gente comum. Todo mundo parecia ter conexões. A despeito de sua reputação, Elmwood Park era um ambiente seguro e protegido para se crescer. Ali, quando alguma ajuda era necessária, todo mundo estava sempre pronto a cooperar.

Durante a década de 70, os bairros estavam inundados de crianças. Havia grupos de duas ou três dúzias de adolescentes saindo juntos. Vestiam calças *baggy*, tênis, jaquetas de couro e camisetas com inscrições em línguas latinas. Reuniam-se nas calçadas ou nos parques da cidade. Havia brigas entre os rapazes quando vizinhanças rivais se encontravam. Outros jovens vinham de Berwyn, Cicero, da área da rua Taylor e das velhas e agitadas origens do meu pai, Grand e Ogden.

Havia um bom número de chefes, subchefes e *capos* da Organização que morava nos subúrbios de Chicago, em Elmwood Park e Melrose Park. No lado leste da avenida Harlem ficava a área de Galewood/Montclare; no lado oeste ficava River Forest. Alguns dos chefões que viviam em River Forest incluíam Tony "Joe Batters" Accardo, Paul "the Waiter" Ricca, e Joe "the Builder" Andriacchi. Eu cresci junto com os netos do chefão da máfia Sam Giancana, que vivia em Oak Park, uma comunidade de classe média alta. Frequentei a escola com o sobrinho de Joe Aiuppa e com o filho de Louie "the Mooch" Eboli. Se o velho de alguém estivesse na cadeia e se perguntasse "O que houve com o pai do Joey?", a resposta era: "Ele está fora, na universidade."

Eu estava no ensino fundamental quando notei pela primeira vez agentes do FBI estacionados em seus carros não identificados na frente do Complexo. Eu tinha uma vaga ideia do que estava se passando entre meu pai e a lei. Não ouvia falar muito disso, mas sabia da existência de mafiosos. Uma vez, quando era muito novo, cheguei perto do meu pai: "Hoje na escola me perguntaram como você ganha a vida."

"Diga que sou maquinista."

"Como um maquinista de trem?"

"Não, um maquinista de guindaste." Papai me mostrou sua carteirinha do sindicato. "Eu trabalhei para a prefeitura como operador de guindaste. Unidade 150."

Os Calabrese sabiam que meu pai não era exatamente um operário com horário de serviço de nove às cinco. Assim como muitos outros italianos, era rígido com os filhos. Se Kurt ou eu saíssemos da linha, tomávamos surra de cinto. Tínhamos nossos deveres a cumprir antes e depois do jantar. Éramos ensinados a ter boas maneiras. Abrir a porta para os mais velhos. Não responder de forma malcriada nem falar palavrão na frente das senhoras.

Um dia tive um pega com um garoto que morava a algumas casas da nossa, na mesma rua. Estava brincando com os outros meninos da minha idade quando esse garoto mais velho veio provocar. Ele estava no segundo ano do ensino médio, enquanto eu tinha apenas treze anos e estava na sétima série. Mesmo assim, nos atracamos. Quando ele estava aplicando uma tesoura no meu pescoço com as duas pernas e me socando, mordi a perna dele com toda força e não soltei.

Quando o marmanjo começou a berrar de dor, pulei e dei alguns socos nele. Aí corri para casa. Um pouco depois, a mãe dele tocou a campainha do Complexo Calabrese. Estava extremamente aborrecida com o que eu tinha feito a seu filho. Minha mordida deixaria uma cicatriz indelével. Meu pai deu de ombros e foi pegar a carteira para lhe oferecer uma compensação caso ela precisasse levar o filho para o hospital.

"Bom trabalho", ele me disse depois. Em vez do tapa com as costas da mão que eu esperava, ganhei uma batidinhas tranquilizadoras nas costas. "Não se preocupe com isso. Pelo menos você se defendeu."

Depois que tio Junior morreu, ainda jovem, grudei nos meus tios Nick e Joe e seu grupo de amigos porras-loucas, sempre buscando divertimentos imprudentes. Uma vez fomos ao parque de diversões em Melrose Park, o Kiddie Land, e liberamos o acesso aos carrinhos bate-bate. Enquanto orientamos todo mundo a guiar no mesmo sentido, dirigíamos no sentido oposto, batendo em todos os outros carros, até que o operador saiu gritando com Nick e Joe. "Foda-se!", eles berravam para o sujeito. No verão me levavam para Riis Park para nadar na piscina municipal. Agarravam-me pelo calção e me jogavam no fundo, como fariam irmãos mais velhos. "Agora nade!"

Eu tinha doze anos em 1972, quando vi pela primeira vez *O poderoso chefão*, no cine Mercury, esquina das avenidas North e Harlem. O filme criou uma bela agitação entre mim e meus amigos. De repente o "crime organizado" tinha virado cultura popular em meio a uma comunidade discretamente versada nos modos da Organização. O fascínio popular com a máfia gerou controvérsias em Elmwood Park quando um artigo sobre a Organização apareceu no *Chicago Daily News*, mencionando Frank Calabrese com uma foto do Complexo e uma foto dele com seu mentor, Angelo Gancho.

A lenda da Organização era bem conhecida em Chicago. Em abril de 1973 um bom amigo meu estava com o pai numa loja de departamentos em Galewood quando ouviram no rádio que o mafioso psicótico "Mad Sam" DeStefano tinha sido encontrado morto em sua garagem. Meu amigo e seu pai sabiam que DeStefano morava a apenas dois quarteirões da loja em que estávamos. Pegaram o carro e foram até a "casa da morte". Parecia um evento de celebridade, com uma pequena multidão aglomerada na calçada. Dentro da garagem estava o ensanguentado corpo de "Mad Sam" com dois tiros de espingarda no peito e um na lateral do tronco, que arrancou seu braço esquerdo. O FBI e os detetives da divisão de homicídios do Departamento de Polícia de Chicago determinaram que Tony Spilotro tinha visitado Mad Sam.

Um dia, quando Kurt e eu estávamos brincando no beco perto de casa, olhamos para o estacionamento ali perto e vimos dois detetives à paisana sentados num dos carros não oficiais. Quando andamos em direção ao carro, os detetives, tendo sido identificados, não souberam o que fazer. De repente, baixaram as cabeças e fingiram estar dormindo. A polícia geralmente ficava estacionada do outro lado da rua, perto do telefone público na lanchonete Kentucky Fried Chicken. Durante os meses de inverno um carro ficava estacionado com o motor funcionando. Dentro, dois detetives à paisana tentavam se manter aquecidos. O telefone do Complexo tocava:

"Ei, garoto, seu pai está em casa?"

"Peraí que eu vou ver."

Eu sabia se devia dizer que ele estava em casa ou não.

Quando meu pai recebia um telefonema de um de seus amigos da Organização, era o clássico código deixa-tocar-uma-vez-depois-desliga-e-liga-de-novo. Se fosse alguém com quem ele precisasse falar, eu saberia. Quando o telefone tocava *duas vezes*, parava, e começava a tocar de novo, era uma ligação diferente da quadrilha. Devido à ocupação do meu pai, era uma questão de hábito da família Calabrese deixar o telefone tocar muitas vezes antes de atender. Todo mundo tinha certeza de que a linha estava grampeada.

Eu aproveitava tanto as minhas raízes italianas como irlandesas. Em feriados longos, um dia era de celebração italiana e o dia seguinte de celebração irlandesa. Quando fiquei mais velho, notei que sempre que a família ia a um evento italiano do lado do meu pai, era organizado e festivo, com muita comida. Havia um protocolo de lugares para sentar, de acordo com a "hierarquia". Quando ia às festas irlandesas do lado da minha mãe, eles eram muito mais relaxados, com pouca comida mas uma boa quantidade de bebida. A atmosfera era barulhenta e todo mundo se divertia muito.

Para os Calabrese, a mistura das culturas italiana e irlandesa foi uma experiência positiva. Do lado do meu pai, eu era o mais velho dos meus primos. Do lado da minha mãe, Kurt e eu éramos os mais jovens.

Papai tinha uma personalidade dominadora que atraía ambos os lados da família. Os parentes irlandeses gostavam dele em especial, e ele era hábil em conquistar as atenções numa sala. Com exceção do tio Ed, o lado irlandês da família tinha pouco dinheiro. Eram tiras ou funcionários públicos municipais. Os filhos frequentavam escolas católicas e eles viviam em casas modestas. Sempre que havia um funeral, punham algumas garrafas de uísque na mesa e uma caixa de cervejas na geladeira. Meu pai ia então até o armazém e voltava com caixas de destilados, de cerveja e uma bela quantidade de comida. Jogava as coisas em cima da mesa com um enorme sorriso. Para seus parentes irlandeses, Frank Calabrese era um cavalheiro gentil e cheio de consideração, que tratava todo mundo com o máximo respeito e igualdade. Parecia não ter outro motivo além de prover a família de minha mãe.

Quem não adoraria um cara como esse?

4. Tal pai, tal filho?

Durante os anos 70, quando a Organização controlava quatro cassinos em Las Vegas, a família Calabrese ficava no Hotel Stardust e obtinha quase tudo como cortesia da casa. Meu pai e seus amigos ficavam sentados à beira da piscina jogando cartas. O Stardust tinha um sistema de *pager*, e se precisássemos falar com ele bastava enviar a mensagem para seu nome fictício, Frank Mauro. No começo eu não entendia, mas logo percebi que era importante manter a discrição caso os agentes da lei estivessem de olho nele ou em membros da família.

Quando estava com treze anos, Kurt, eu e alguns outros filhos de gângsteres fazíamos os nossos próprios cambalachos.

"Pai?", eu dizia de modo que seus colegas ouvissem. "Dá pra você me arranjar algum dinheiro para jogar nas barraquinhas do Circus Circus?"

Ele me dava vinte dólares, e quando eu me virava para ir embora, cada um dos seus amigos me chamava.

"Pega aí, garoto." Voilà! Eu conseguia mais de cem dólares. O mesmo truque funcionava para os outros garotos. Uma das filhas de Tony Centracchio levava o dinheiro para jogar nos caça-níqueis, enquanto os recepcionistas e guardas do cassino fingiam olhar para o outro lado.

Numa outra vez, vovó Sophie e eu fomos ver Wayne Newton no Hotel Aladdin. Meu pai e Frankie Bella, chefe dos seguranças do Stardust, nos levaram para o show com antecedência, pegando um atalho por um salão que ainda não estava aberto. Na volta do show para o Stardust, vovó e eu cortamos caminho pelo mesmo salão, agora atulhado de clientes e dançarinas de peito de fora. Vovó teve de me arrastar dali.

Companheiros de máfia como Tony Centracchio ocupavam as suítes maiores e mais próximas da piscina. Uma vez cheguei cedo ao voltar para o quarto. "Papai, estou de volta!"

Lá em cima das escadas em espiral que levavam ao dormitório, ouvi o som abafado de alguém arrastando os pés ao correr para o banheiro. Comecei a subir quando ele gritou: "Fique aí! Eu já desço!"

Meu pai desceu as escadas correndo. "Eu e Tony estávamos lá em cima assistindo TV de cueca. Ele ficou sem graça e correu para o banheiro."

Minha mãe tinha ficado para trás, e apesar de estar só na sétima série, eu sabia que ele estava aprontando alguma, e não era com Tony e suas cuecas. Senti-me desconfortável mas calei a boca sobre o incidente.

Os gostos pessoais do meu pai em termos de música refletiam seu amor por Las Vegas. Ele gostava do cantor Jimmy Roselli, um *crooner* de segunda linha que vivia na sombra de Frank Sinatra. Seus favoritos incluíam Dean Martin, Louis Prima, Nat King Cole, Billie Holiday, Barbra Streisand e Connie Stevens. Ele conhecia pessoalmente o comediante Pat Cooper, que abria os shows de Sinatra e Roselli.

Papai era amigo de Gianni Russo, o ator que interpretara Carlo Rizzi em *O poderoso chefão* e que, no filme, se casou com Connie, a filha de Don Vito Corleone. Russo veio a nossa casa algumas vezes para comer. Aparecendo num programa de entrevistas tarde da noite na televisão, mostrou uma faca que disse lhe ter sido presenteada por um "mafioso de verdade".

Papai riu para a TV. "Fui que dei essa faca para ele."

Meu pai não era preconceituoso. Falava muito bem das gangues negras de Chicago, que dirigiam loterias clandestinas nos seus bairros – conhecidas como "a política" –, impressionado com o volume de dinheiro que conseguiam espremer de suas comunidades. Todavia, desprezava *todos* os traficantes de drogas, negros e brancos. Ficava impressionado com a maneira como os judeus, assim como os italianos, se mantinham unidos. Ele os via como astutos negociantes, citando como a Organização e suas contrapartes judias haviam trabalhado bem em conjunto, e como, historicamente, respeitavam-se uns aos outros.

Como muitos filhos que tentam imitar os pais, aos catorze anos cometi meu primeiro assalto com arrombamento.

Invadindo a casa de um vizinho enquanto os ocupantes estavam de férias, saí com cerca de cinquenta dólares em dinheiro trocado mais uma penca de bijuterias sem valor. Sem saber o que fazer com minha pesca, levei para o porão do Complexo e escondi dentro de uma velha secadora de roupas desligada. Dentro da secadora havia um saco de pano preto com alguns papéis. Pus as coisas roubadas debaixo do saco preto e fui para a cama.

Algumas horas depois, tio Nick me acordou e me chamou para a grande sala, onde meu pai me esperava com as luzes acesas. Ele me empurrou pelos ombros, forçando-me a sentar.

"Você quer me contar onde arranjou aquelas coisas lá embaixo?"

Eu sabia que tinha sido descoberto e não perdi tempo em confessar. "Invadi a casa lá de baixo aqui na rua."

"Por quê?"

"Não sei. Acho que só pela emoção."

"Filho, isso não se faz. Você sabe o que eles fazem nesta cidade se você rouba?"

Eu tinha uma ideia de quem eram "eles". Esperei pelo tapa na minha têmpora. Mas o tapa nunca veio.

"Não roube de ninguém aqui do bairro. Não quero que você volte a fazer isso. As pessoas perdem os dedos por arrombar as casas de outras pessoas. Você está uma semana de castigo."

Era a primeira vez que ele me punha de castigo.

"Quero que você vá para a cama e pense no que fez." Sinalizou para o meu tio. "Você sabe o que fazer com tudo aquilo."

Havia um acordo tácito entre os caras da Organização de não roubar em certos bairros, especialmente Elmwood Park, River Forest e na área da rua Taylor, onde moravam os chefões. Se você fosse um ladrão conhecido e descobrissem a sua identidade, era um homem morto.

Não consegui imaginar como meu pai descobriu o roubo tão depressa. Acabei sabendo que o saco preto continha os relatórios dos empréstiTrue mos dele e do tio Nick, e canhotos de apostas em jogos de futebol americano. Eu tinha escolhido o mesmo esconderijo que meu pai.

Se por um lado não gostei de ter sido apanhado, por outro fiquei grato por ele ter falado comigo como um verdadeiro pai. Estranhamente, foi bom vê-lo agir no papel tradicional de um pai que se preocupa. Eu tinha vivido um importante rito de passagem, mesmo tendo escolhido a vizinhança errada.

Alguns meses depois, um rito similar porém mais confuso entre mim e ele não terminaria de forma tão calorosa e delicada.

Sentado no porão vendo TV, meu pai me perguntou se a camisa que eu estava usando era nova. Sim, de fato era. Exceto que, num ato de ousadia, eu a tinha afanado numa loja de roupas para jovens na Grand com Harlem. Mais uma vez, fiquei perplexo. Como ele tinha descoberto? Estaria me testando?

"Quanto você pagou pela camisa?"

"Vinte dólares", menti.

Num súbito momento de raiva, ele me deu um tapa forte e rasgou a camisa nas costas. Caí no chão e me encolhi todo, esperando uma surra por ter roubado a camisa. Em vez disso, ele gritou comigo.

"Quem diabos você pensa que é? Uma porra de um graúdo que paga vinte dólares numa camiseta? De agora em diante você compra suas camisas na Sears, como eu!"

Anos depois, enquanto percorria uma loja de equipamentos, meu pai de repente me instruiu: "Fique na minha frente."

Para meu horror, eu o observei surrupiar um punhado de pregos e parafusos. Assim que saímos, dei a ele um par de dólares.

"Para que é isso, Frankie?"

"Da próxima vez, eu pago. Por que arriscar tudo que você tem por umas merdas de uns parafusos?"

Constrangido, ele riu e deu de ombros. "Não sei. Acho que fiz pela emoção de fazer."

5. Rápido com as mãos

Um dia, enquanto estava lavando o Buick Park Avenue Limited do meu pai, ergui o tapetinho do lado do passageiro e lá estavam – três mil dólares em notas soltas. Subi correndo para contar a ele o que tinha encontrado.

"Você pegou alguma coisa?", ele perguntou em tom casual.

"Não."

Ele sabia que eu encontraria. Só não sabia se podia confiar em mim lidando com grandes somas de dinheiro.

Havia muita gente nas ruas da zona sul de Chicago que jogava conforme as regras impostas pelo meu pai. Mas se você o traísse ele era rápido e furioso. Meu pai tinha múltiplas personalidades, e o que dificultava as coisas é que eu nunca sabia com qual delas estava lidando. Ele era um camaleão e podia se transformar num instante. Uma porção de gente conhecia sua personalidade dupla, mas apenas um número reduzido sabia da terceira, a personalidade mortal.

A primeira era o provedor amoroso e cheio de cuidados, o patriarca. A segunda, o pai controlador e abusivo, exigente e rigoroso, o membro da Organização com experiência das ruas e que dirigia uma equipe perversa e lucrativa. E a terceira era o matador, cujo método de assassinato era o estrangulamento, seguido de uma faca na garganta.

Somente suas vítimas e associados da Organização viram a número três em primeira mão. As pessoas próximas a ele a sentiam. Os chefões da Organização – estes sabiam. Ele se sentava aos pés do patrão, Angelo Gancho. Meu pai era cabeça-quente e traiçoeiro. Era intenso até mesmo pelos padrões da Organização. Não era preciso muito para fazê-lo ficar com os olhos vidrados.

Podíamos estar tendo bons momentos, rindo, conversando, nos divertindo, quando alguma coisa na conversa acionava o botão.

Meu pai tinha a força de um furacão em termos de presença. Era um negociante habilidoso e não gostava de acuar um cliente a menos que fosse necessário. Procurava não fazer ameaças, mas sua pessoa metia medo. Se quebrasse a cara de alguém, provavelmente não era a primeira infração. Nos olhos do meu pai, podia-se ver o castigo chegando, ou então você tinha ignorado todos os avisos que haviam precedido sua tomada de atitude física. Ele tinha um problema de raiva – recorria à violência depressa e era rápido com as mãos. Muitos sentiam que era por causa desse temperamento que ele não conseguia obter uma posição de liderança na Organização.

Papai não era de berrar. Não enchia o peito nem apontava o dedo ou rugia acusações. Mas estava sempre à beira de explodir. Aí eram suas mãos que falavam. Não dava socos na cara, mas um golpe calculado na lateral da cabeça com a mão em concha acertando estrategicamente em volta do olho, a têmpora e a orelha. Vinha rápido e inesperadamente, como um gancho de esquerda de Tyson, primeiro desequilibrando a vítima, acabando com seu ponto de equilíbrio, e aí ela ia ao chão. Se alguém atrasasse o pagamento ou a taxa das ruas, ou se o enganasse, ignorando as várias advertências, a segunda personalidade dele entrava em ação e as coisas podiam ficar feias rapidamente. Após alguns minutos numa sala vazia com a porta trancada, muita gente se perguntou se sairia de lá com vida.

Frankie "Ciccio" Furio, um associado de longa data já falecido, trabalhou próximo a meu pai depois que Larry Stubitsch foi assassinado. Foi um dos sujeitos que viu os primeiros sinais de personalidades múltiplas. Ciccio colocou a coisa da melhor forma, dando ao meu pai, seu patrão, o melhor conselho que alguém na sua posição podia dar: "Nunca traga a rua para dentro de casa." Era um código implícito da Organização que jamais devia ser quebrado. Todavia, para mim, papai era o salvador e mentor da família, e um "templo de sabedoria". Tanto tio Nick quanto eu olhávamos para ele como superior, admirando sua força e seus talentos como provedor e líder.

Eu tinha passado meus últimos dias de escola em Elmwood Park. A vizinhança era cerca de 60% italiana. Eu ia à escola com crianças cujos pais trabalhavam para a Organização. Sabíamos o que nossos pais faziam, mas ninguém falava nada sobre isso.

Para mim e meus colegas, ir às escolas no bairro significava obter educação e se manter longe de problemas. Fui ensinado (da mesma forma que muitos dos meus amigos) a nunca bancar o importante, nunca insinuar algo como "sabe quem é o meu pai?". Se de fato chegássemos a nos meter em apuros, as pessoas que mais temíamos *eram* os nossos pais. Eles nos forçavam a ficar longe de confusão, a estudar duro e fazer alguma coisa de nossas vidas. Vá à universidade. Arranje um emprego respeitável.

Kurt e eu cursamos a Holy Cross, a escola secundária católica do local. Durante o ensino médio, de forma geral, não me meti em problemas, tinha talento para o futebol americano e o basquete e era um estudante mediano. Na cidade de Nova York, o poder da máfia tradicionalmente passa de pai para filho, mas a Organização encarava seu legado familiar de outra maneira. Com poucas exceções, os filhos dos membros eram empurrados para serem "legais". Como resultado, muitos se tornaram advogados, médicos e outros profissionais, como se a maioria das famílias da Organização levasse o conselho de Frankie Furio a sério. Não passe o estilo de vida da Organização adiante para seus filhos. Ainda que houvesse alguns irmãos trabalhando juntos nas ruas, não havia muitos filhos envolvidos nos negócios da quadrilha.

Meu pai continuou me testando. Um dia teve uma altercação com o vizinho do lado, que tinha o hábito de estacionar bloqueando a entrada de carros do Complexo. Quando papai abordou o homem, ele retrucou com uma resposta obscena. Era um homem enorme, uma cabeça mais alto que meu pai. Eu corri até a garagem e agarrei um taco de beisebol. Enquanto os dois trocavam palavras, saí da garagem com o taco, pronto para bater.

Vendo-me com o canto do olho, meu pai ficou encarando o homem até ele recuar.

"Fale direito comigo", explicou ao vizinho diplomaticamente, "e não me ameace nem me xingue. Eu falo com você como homem, você fala comigo como homem, e não há problema."

Depois que o cara se foi, botei o taco no chão. Meu pai sorriu, vendo o potencial que eu tinha, sabendo que havia um senso de lealdade que ele podia alimentar e controlar.

Um dos meus primeiros empregos em horário parcial foi como pizzaiolo no Armand's, na avenida Grand, ponto de encontro de uma porção de gente da área. Agora o local está arrendado, após cinquenta anos de atividades, mas houve uma época em que, se alguém entrasse no Armand's, havia uma boa chance de ver ali proeminentes gângsteres da Organização jantando nas mesmas do fundo. No seu auge, o Armand's pagava taxa de proteção ao chefão Jackie Cerone.

Em 1975, cerca de três meses antes do meu 16º aniversário, eu estava terminando a autoescola para tirar minha carteira provisória de motorista. Naquela época tio Nick morava no três-pisos e me levava para guiar mesmo sem a licença.

Um dia, depois da aula, papai me chamou lá embaixo na garagem. Entregou-me uma carta do colégio que deveria ser assinada e devolvida. Confrontou-me numa típica situação mafiosa, obrigando-me a sentar.

"Que isso?"

Era um aviso de deficiência alertando meus pais de que eu estava defasado em matemática, e que ainda tinha tempo de aumentar a nota antes de o semestre terminar. Numa reação rápida, meu pai, zangado, jurou me tirar da autoescola; se eu não passasse no exame de habilitação, teria de esperar até os dezoito anos para tirar minha carteira. Senti um aperto no coração e implorei a ele: se me deixasse terminar as aulas de direção, eu melhoraria minha nota no fim do semestre.

Ele foi inflexível. A resposta era não. A escola era mais importante. Mas na respirada seguinte, ele tinha um estranho pedido.

Ele me deu um cartão de saudações "Para Frank" e me disse que se mamãe perguntasse se o cartão era meu, eu devia dizer que sim. Olhei para o cartão, e era uma mensagem de "Eu te amo" da sua amante.

Foi bizarro. Num instante, ele me pune pelas minhas notas, no instante seguinte quer que eu minta para minha mãe sobre um cartão de sua amante que ele acha que talvez ela tenha visto.

Quando chegou a hora do exame de condução, ele me levou a um de seus amigos que trabalhavam para o Departamento de Trânsito, que me deu todas as respostas. Sempre que possível, ele me mostrava a melhor maneira de burlar o sistema.

Quando terminei o ensino médio em 1978, meu pai estava saindo com Diane Cimino, sua amante de longa data, nas costas da minha mãe.

Ele começou a misturar negócios com família. Escondia bagulhos em casa e me escalava para cumprir pequenas incumbências. Se por um lado eu não tinha a menor vontade de fazer parte da Organização, de outro queria trabalhar com meu pai e gozar da mesma independência que ele tinha. Meu pai não me sentou numa cadeira e me perguntou o que eu queria fazer da minha vida. A possibilidade de participar da Organização tampouco era aventada. Em vez disso, ele foi me preparando lentamente.

Fui me pondo a par do que ele fazia. Eu deveria ser sua arma secreta, seu cara atrás dos bastidores, de perfil discreto como ele. Com base na lealdade pai-filho, estava sempre pronto a fazer o que quer que ele me pedisse.

Eu realmente nunca o vi matar alguém, mas uma noite ele chegou em casa com a adrenalina a toda. Conversava no banheiro com o exaustor e com a água correndo na pia. Eu podia ver o branco dos seus olhos enquanto ele divagava sobre um assassinato que acabara de cometer. Estava quase sem fôlego enquanto cuspia fora as entranhas.

"Acabamos de pegar ele... e foi assim que nós fizemos... nosso cara não tava prestando atenção nas regras... então chumbamos ele."

E aí eu pensei, o que será que os pais dos meus amigos estão contando *a eles* neste momento sobre o seu dia de trabalho?

CERTO DIA, EM 1976, papai chegou em casa carregando uns pesados sacos de pano. Fomos até o quarto dos fundos onde ele e eu levantávamos peso juntos, perto da lavadora e da secadora, e ele me disse: "Quero que você monte a mesinha de dobrar, conte essas moedas e as ponha de volta nos sacos." Eu obedeci às ordens com muito prazer.

Depois de contar as moedas, vieram as viagens de carro, esperar no carro, ir a restaurantes, passar na casa de várias pessoas, encontrar sujeitos na rua. Eu raramente escutava o que se dizia ou quais eram as transações envolvidas. No começo eu não sabia por que estava indo junto, o que ele estava fazendo. Era simplesmente, "Vamos lá, filho, vamos dar um passeio de carro comigo". Ao crescer, fui me tornando seu favorito, e ele me levava um bocado com ele.

Descobri que as moedas – de um quarto de dólar – vinham de uma rede de livrarias para adultos que tio Joe estava administrando para o meu pai. Quando tio Joe se cansou do serviço e das regras inflexíveis do meu pai, tio Nick e eu assumimos como coletores. Uma vez por semana pegávamos o carro para fazer o circuito, esvaziando as moedas das máquinas de filmes pornôs, contando o dinheiro antes de escondê-lo em outra garagem. A arrecadação provinha de seis lojas no centro de Chicago e uma sétima pertinho da fronteira em Indiana.

Numa operação de livraria um interessado pagava dois dólares para entrar na loja (restituíveis no caso de uma compra). Podia vagar até a sala dos fundos, iluminada com luz negra, e alimentar a máquina com moedas para assistir a um filme pornográfico. Anos atrás, as máquinas de filmes eram verdadeiras vacas leiteiras de dinheiro e as livrarias adultas, os únicos lugares aonde depravados sexuais podiam ir. Era uma atmosfera grosseira, que nem meu tio nem eu apreciávamos. Os pervertidos urinavam nas máquinas ou, pior, defecavam no chão.

Descobrimos que o horário de menor movimento da semana, a melhor hora para fazer a coleta, era das sete às oito da noite de segunda-feira. Eu sabia que, quando entrávamos numa loja, meu tio estava "arriscando". Podíamos acender a luz e ver um cara chupando outro no chão.

Sendo um rapaz de dezenove anos que recolhia moedas e encomendava com frequência artigos eróticos, como consolos, bonecas infláveis e revistas, na sombra do meu tio gângster malicioso, eu tive uma visão privilegiada desse áspero submundo.

Meu pai começara lentamente a fazer pressão nos negócios. Estava sempre esperando uma entrada maior de dinheiro. Se trazíamos 8 mil dólares por semana, queria saber por que não eram 9 mil. Sempre que pegávamos dinheiro para comprar filmes novos e estoque de artigos, ele se agitava: "Por que é tão caro?"

Tínhamos uma loja em Mishawaka, Indiana, pertinho de South Bend, que apresentava garotas engraxates nuas. Tinham uma sala com dois grandes bancos onde os clientes se sentavam e uma moça nua vinha e engraxava seus sapatos. Custava sete dólares no caixa. O que mais a garota fazia para o freguês, não queríamos saber, contanto que tivéssemos os nossos sete paus pela engraxada nua.

O que aconteceu com a rede de livrarias é sintomático de como a Organização operava os negócios tão logo os assumia. O que a Organização fazia era sangrar um negócio até não sobrar nada. Se tivéssemos cuidado daquelas lojas, elas poderiam ter gerado uma porção de rendimentos passivos. Quando meu pai inicialmente abordou o proprietário para pagar uma taxa de proteção, acho que ele estava pagando 3 mil dólares semanais pela rede toda. Depois de algum tempo assumimos a contagem das moedas e começamos a acompanhar os negócios porque meu pai queria mais. Era a clássica ganância da Organização. Faziam 3 mil por semana enquanto o dono tinha uma receita de, digamos, 20 mil. Mas o sujeito estava simplesmente gerindo seus negócios e trabalhava duro. Tinha contatos na prefeitura que o ajudavam a obter as licenças necessárias. Se nós o tivéssemos mantido no lugar, meu pai poderia ter feito milhares de dólares por semana sem incomodá-lo, e receberia uma soma razoável por pouquíssimo esforço.

Mas tão logo meu pai se envolve num empreendimento, ele quer ver os livros. A seguir, manda seus homens – como nós – para contar as moedas. Estávamos roubando uma fortuna em moedas em cada loja para o meu pai, e o proprietário sabia. Aí meu pai quebrou o cara. Era disso que se tratava, mais controle e sugar a máxima grana possível.

Ele foi apertando mais e mais, até que uma noite o dono encheu duas sacolas de mercado de dinheiro, jogou-as no porta-malas do carro e se mandou para a Califórnia, para pegar um emprego como funcionário público. Assim foi minha entrada oficial na equipe do meu pai. Mantive meu trabalho nas lojas pornôs escondido dos meus amigos do bairro.

Ele estava aos poucos me preparando e, desse ponto em diante, eu estava apto a levar duas vidas: a minha e a que meu pai tinha programado para mim.

6. A arte de se misturar e sumir

Antes de Nicholas Calabrese ser dispensado com honras da Marinha dos Estados Unidos no final dos anos 60, ele obedecera às ordens sem questionar. Uma noite, durante uma tempestade no mar, o jovem marinheiro foi instruído a fazer uma amarra entre o destroier de mísseis *USS Bainbridge* e o porta-aviões *USS Enterprise* para reparos na comunicação entre as duas naves. Encapsulado numa minúscula gaiola de arame entre os dois navios, com as ondas estourando numa altura de sete metros, poderia facilmente ter sido arrastado e se afogar. Tio Nick mais tarde contou à família e aos amigos que foi o momento mais apavorante da sua vida. Mas obedientemente cumpriu as ordens sem uma única falha. Tal era a lealdade de Nick Calabrese.

Quando meu tio se juntou à tripulação do meu pai no verão de 1970, muitos imaginaram que seria um mero lacaio do irmão. Era um cara de boa aparência, cabelo escuro e de compleição menor que a do irmão mais velho – e não era tão intimidante na coleta dos juros dos empréstimos. Alguns comparavam Nick com o manso Fredo de *O poderoso chefão*.

Quando tio Nick falava, era em tom baixo, respeitoso. Lia constantemente, e gostava de se sentar no sofá para fazer as palavras cruzadas do *New York Times*. Era ele quem pegava as roupas que meu pai mandava para lavar a seco. Era o desajeitado capaz de tropeçar, cair e prender os dedos ao mudar algum móvel de lugar para o irmão. Quando tomavam uns drinques a mais virava um pateta, e ocasionalmente, por diversão, dava um ou dois socos para mostrar como era durão. Criava uma filha, Michelle, com sua primeira esposa, Joy, e um filho e uma filha, Franco e Christina, com a segunda mulher, Noreen.

A iniciação de Nick na turma de Chinatown do meu pai, em julho de 1970, foi um fato arrepiante. Quando ele entrou, como motorista e faz-tudo, meu pai estava se esquivando de uma intimação emitida pela Comissão de Investigação Criminal de Illinois, que averiguava extorsão por empréstimos ilícitos e atividade mafiosa nas ruas de Chicago. Michael "Bones" ou "Hambone" Albergo, um ex-companheiro de jornada do falecido Larry Stubitsch, foi designado coletor para a turma Calabrese. Mas Albergo era visto como o elo fraco que podia ser dobrado para cooperar com os agentes da lei. Quando veio a ordem de cima, de Tony Accardo e Angelo LaPietra, para "aposentar" Albergo, meu pai disse ao tio Nick que precisavam achar um lugar adequado para cavar um buraco de um metro e vinte de profundidade.

De início meu tio pensou que ele estava lhe pregando uma peça, mas, após cobrir toda a zona sul, ficou claro que não era brincadeira. Depois de passar em um ou dois lugares, a dupla se fixou num local entre a rua 36 e a Shields, na frente do Comiskey Park. Pegando uma pá, os dois se revezaram cavando o buraco numa área às escuras, cobrindo o produto final com uma grande tábua de compensado.

Em agosto de 1970, Ronnie Jarrett, um membro da turma Calabrese, roubou um Chevy (para servir de carro de trabalho) e combinou de pegar Albergo sob o pretexto de ir a uma "reunião rápida". Após uma tentativa frustrada, Jarrett apanhou sua futura vítima. Com Albergo no banco do carona, Jarrett parou o carro onde meu pai e Nick estavam esperando. Meu pai entrou no banco de trás, do lado do motorista, enquanto tio Nick se sentou atrás de Albergo. Ambos disfarçadamente calçaram as luvas enquanto Jarrett estacionava perto da cova da 36 com a Shields. Ronnie desligou o motor e Nick, ao ser ordenado, agarrou o braço direito de um Albergo atônito, segurando-o com força atrás do corpo, enquanto Jarrett fazia o mesmo com o braço esquerdo. Meu pai, como carrasco, passou uma corda sobre a cabeça de Albergo e puxou-a com força até o corpo ficar flácido. Albergo foi arrastado para fora do carro e o deixaram apenas com a roupa de baixo. Suas roupas foram jogadas nos trilhos da ferrovia, e para se assegurar de que o golpe estava completo meu pai cortou a sua garganta. Sob o abrigo da noite, ele, Ronnie e tio Nick empurraram Albergo no buraco e cobriram seu corpo com detergente.

Mais tarde tio Nick admitiu ter se mijado todo durante sua primeira ação, e que escondeu o fato por medo de que meu pai debochasse dele impiedosamente. Com um assassinato mafioso nas costas, em menos de um mês ele já estava "totalmente por dentro", tanto com a turma do irmão quanto com a Organização.

Muitos anos depois, passando de carro perto do campo de treinamento dos Chicago White Sox, papai me apontou uma área perto da rua 36 com a Shields, junto ao trem elevado.

"Ali está um", ele me disse, fazendo o sinal da morte, um dedo cruzando a garganta, como uma faca.

Da mesma maneira que nos seus dias de Marinha na gaiola de arame, Nick cumpriu a missão sem questionar. Cumpriu sua obrigação. Fiel aos desejos do irmão, ele dominava a arte de se misturar para sumir, e nos trinta anos seguintes, Nick operaria abaixo do radar dos agentes da lei.

Ao contrário da transição súbita do tio Nick de motorista para executor, a minha ascensão da tripulação de rua do meu pai foi um processo gradual. Quando seu pai lhe pede para fazer algo, você presume que o que ele está lhe dizendo é o melhor para você e para a família. Ele era mestre em usar as pessoas naquilo que elas faziam bem. Era capaz de lê-las depressa. Podia perceber suas forças e suas fraquezas. A força do meu tio era sua dependência e comprometimento. Mas sob pressão, havia vezes em que meu tio não pensava com a clareza que meu pai gostaria. Papai sabia que eu pensava como ele, e que era capaz de lidar comigo mesmo.

Como meu tio, também aprendi a arte de me misturar para sumir, por meio de uma série de regras cotidianas, com a astúcia das ruas. Muito poucas turmas de rua eram tão cuidadosas e circunspectas quanto as do meu pai. Suas regras variavam do uso do senso comum até táticas sutis que mantinham os agentes da lei confusos e distantes. Ele próprio servia de exemplo para sua regra básica: mantenha a discrição.

Fui instruído a nunca tirar um maço de dinheiro em público. Não banque o importante – um *spaccone* –, e se estiver lidando com ou trocando uma grande soma de dinheiro, conduza a transação debaixo da mesa. Aprendi a falar com as mãos na frente da boca, um hábito que ainda pratico. Quando falava numa cabine telefônica, eu me assegurava de estar de costas para o fundo dela, com uma visão de 180 graus da rua. Levava uma pequena pistola calibre 22 de cinco tiros no bolso, que podia dispensar caso os tiras chegassem inesperadamente. Se suspeitasse que estava sendo seguido, guiava devagarzinho e fazia um monte de curvas com a seta ligada. Se um carro parasse ao meu lado, eu olhava de volta intensamente, como fora ensinado a fazer. Se o outro motorista não olhasse para mim, provavelmente estava me seguindo.

Quando era seguido por agentes disfarçados, meu pai, para despistá-los, visitava lugares aonde não ia normalmente. Uma vez acabou num restaurante grego, sentou-se no balcão e pediu um prato. Pediu para falar com o proprietário e, quando este chegou, deu-lhe um aperto de mão.

"Tenho de dizer, eh... este é o melhor restaurante que já comi, e agradeço muito."

Depois de sair do restaurante, os tiras entravam correndo e apertavam o dono.

"Sabemos que você está pagando a ele. O que foi que ele disse?"

"Disse que a minha comida é boa."

Por causa do meu pai, ao deixar um quarto de hotel, sempre deixo as luzes acesas, ligo a televisão e, quando estou saindo, digo: "Pessoal, vejo vocês depois."

Embora adorasse e tivesse uma porção de automóveis, meu pai guiava Fords e Chevrolets em vez de Mercedes, e esperava o mesmo de seus sócios. A seu ver, um Chevrolet, Ford ou Buick top de linha era preferível a um Mercedes ou Cadillac. Era uma questão de percepção.

Suas outras regras incluíam misturar os locais de reunião e coleta na base de uma vez por semana, mesmo que estivessem a apenas uma ou duas quadras de distância. Os membros da turma encontravam seus clientes em ruas laterais que continham uma porção de árvores e arbustos. Evitavam o cenário gângster clichê de dois caras parados numa esquina olhando em volta com as mãos nos bolsos.

Enquanto andava pelas ruas, eu deixava as mãos *fora* dos bolsos. Quando me encontrava com colegas membros da turma ou com clientes, havia duas coisas que era preciso ter. A primeira era o dinheiro e a segunda, a papelada. O dinheiro era dobrado e enfiado num envelope tamanho padrão, a menos que fosse uma quantia extraordinariamente grande. Caminhávamos lado a lado enquanto fazíamos a troca. Depois da transferência, apertávamos as mãos e dávamos um abraço.

As quantias dos empréstimos entravam nos livros com um código. Um sinal de verificação representava cinquenta dólares, um círculo, dez dólares, um traço, cinco dólares. Três marcas de verificação, um círculo e um traço representavam um pagamento de 165 dólares em dinheiro. Se um cliente quisesse dinheiro, quanto? Se um cliente estivesse atrasado no pagamento, por quê? Eu me inteirava da informação e a passava adiante para o meu pai em pequenas reuniões semanais.

Por ser preferível trabalhar sob a cobertura do escuro, a maior parte das transações monetárias era feita à noite. Nos meses de verão, nos encontrávamos mais tarde, e nos meses de inverso, mais cedo. Muitos negócios eram conduzidos em caminhadas ao ar livre. Outra das regras do meu pai era nunca ficar parado no mesmo lugar, em caso de haver por perto alguém com dispositivo de escuta. Depois de se encontrar numa esquina e dar uma voltinha, nós nos separávamos e íamos em sentidos opostos. Se um membro da turma estivesse sob vigilância, o FBI teria de decidir quem deveria ser seguido, uma vez que os agentes habitualmente trabalhavam em pares.

Outra de suas regras era que conversar demais com um cliente era fatal. Tinha sido isso que derrubara o temido executor Frankie Schweihs. Ele não conseguiu se conter e foi gravado se gabando ostensivamente para o operador pornográfico William "Red" Wemette, a quem estava extorquindo.

Cobrar uma taxa de proteção no balcão da frente na presença da clientela de um estabelecimento era inaceitável. Os pagamentos eram coletados num local discreto, apenas na presença do gerente. O abraço era um gesto importante. Ele concluía a transação ou coleta e servia para confundir os agentes da lei, dando a impressão de que aqueles que se abraçavam eram amigos. E ainda podia dizer ao "abraçador" se sua vítima, o "abraçado", estava usando algum aparelho de gravação ou carregando uma arma. Meu pai se preocupava com grampos, um dos motivos pelos quais preferia falar com a televisão ligada no volume máximo, ou caminhar ao ar livre onde houvesse bastante barulho ambiente.

Como a maioria dos chefões, meu pai proibia sua turma de negociar drogas, que ele sentia serem um ímã para os agentes da lei. Se um traficante fosse pego operando com dinheiro de um empréstimo ilícito Calabrese, a turma podia enfrentar sérias acusações de conspiração, com rígidas sentenças de prisão.

Um de nossos associados certa vez trouxe uma penca de novos clientes de duzentos a setecentos dólares por semana cada. Trinta sujeitos para tirar o suco. Mas quando papai descobriu que negociavam ou faziam drogas, em vez de confrontá-los com o assunto, nosso associado engoliu o dinheiro, limpou as dívidas e os mandou passear com um recado: não apareçam de novo por aqui.

As pessoas que buscavam aqueles empréstimos eram ou negociantes ou proletários que jogavam e tinham sofrido algumas semanas ruins. Mas a maioria dos clientes era de negociantes que ganhavam a vida decentemente e precisavam de um financiamento rápido. Para evitar as dificuldades de lidar com um banco e o processo de aprovação de empréstimos, procuravam a turma Calabrese, que cobrava 25 dólares por milhar por semana, ou seja, 2,5%.

A turma podia emprestar 10 mil ou até 20 mil, sabendo que a devolução seria mais que provável. Como garantia, mantínhamos títulos (e chaves) de carros e casas. Os clientes assinavam notas promissórias, o que era o padrão. No auge do negócio de empréstimos ilícitos, a equipe tinha mais de 1 milhão de dólares na rua. Meu pai era considerado um dos maiores tubarões de empréstimos em Chicago. E de fato era.

A turma Calabrese tinha um modelo empresarial simples. Meu pai ficava no topo com a palavra final, seguido de Ronnie Jarrett (quando não estava em cana). Tio Nick e eu organizávamos e fazíamos as coletas. Mais tarde, quando a família "se foi", Ronnie Jarrett supervisionava as operações de rua da equipe. Aproximadamente quinze homens – ou agentes – cuidavam das coletas de empréstimos, jogatina e extorsões. Durante a temporada de futebol americano profissional e durante os vários jogos da fase final (os *playoffs* ou "mata-mata") e outros torneios, a equipe acrescentava mais agentes para coletar maiores rendimentos. Apostas no futebol americano universitário e profissional, parte das mais importantes no mundo das apostas, eram altamente lucrativas.

A turma Calabrese remunerava a Organização com uma parcela predeterminada, e se tornou sócia nas redes de apostas e seus subagentes, reivindicando direitos a agentes que operavam em certos territórios na área de Chicago. A equipe Calabrese dividia os lucros meio a meio com o chefe do circuito de apostas, ou então o circuito podia pagar uma taxa de proteção ou alavancar os agentes de apostas com empréstimos dos Calabrese.

Emprestando dinheiro, meu pai construiu uma rede de conhecidos importantes – políticos, celebridades e empresários – que estavam a apenas um telefonema de distância. Membros da família, primos, tias e tios podiam esconder dinheiro para ele em contas em seus nomes. O dinheiro era do meu pai, mas eles podiam ficar com os juros da conta. Se precisasse do principal de volta, ali estava, pois ninguém consideraria a possibilidade de roubar dele.

Se um empresário pegasse um empréstimo de 40 a 60 mil dólares a cada tantas semanas e devolvesse o dinheiro, isto içava uma bandeira vermelha. Meu pai precisava saber mais sobre essa pessoa. Poderia ser um futuro alvo de oportunidade? Que soma de dinheiro ele estava ganhando? Quanto era seu valor líquido? Qual era seu calcanhar de aquiles? Se ele gosta de mulheres, mande piranhas. Se gosta de jogar, ofereça uma linha de crédito. A ideia era corromper o negócio legítimo e abrir a porta para uma possível extorsão.

Além dos empréstimos abusivos, da jogatina e da coleta de taxas de proteção nas ruas, a extorsão era outra das fontes de dinheiro da turma de Chinatown. Um exemplo foi a maneira como a equipe extorquiu a rede Connie's Pizza, adicionando o nome de Frank Calabrese, pai, à folha de pagamento da empresa durante muitos anos, como "consultor de entregas". O proprietário da Connie's Pizza, Jimmy Stolfe, era cunhado do primeiro sócio do meu pai, Larry Stubitsch.

Estabelecer um esquema de extorsão bem-sucedido exigia tempo e dependia da solidez psicológica do membro da equipe e da habilidade de apresentá-lo como uma proposta comercial. Eu era instruído a fazer programas sociais com os filhos de clientes que deviam dinheiro ao meu pai, de modo a poder me inteirar de sua situação familiar. Uma técnica de extorsão típica começa implantando medo na mente da vítima. Sem que a vítima saiba, os membros da equipe desempenham o duplo papel de predador e protetor. Eis um típico esquema de extorsão:

Digamos que você e eu estejamos saindo juntos socialmente. Eu me torno íntimo de você e te levo a alguns lugares. Apresento você aos caras que são donos dos restaurantes, pessoas que já temos presas no nosso "abraço". A esta altura já conheço o seu perfil e sei que você tem muito dinheiro ou que seu negócio está indo muito bem. Enquanto estamos bebendo juntos, você confia em mim e eu também lhe conto alguma coisa a meu respeito.

Você sente que me conhece; aí uns caras aparecem no seu negócio e dizem: "Você vai ter de nos pagar 200 mil dólares, ou vamos dar um jeito de fechar a sua firma." Com base na maneira como os caras se vestem e falam, você sabe quem são. Você vem correndo para mim: "Estou com um problema." Eu pergunto: "O que você andou fazendo? Andou se gabando por aí? Você fez algo de errado? Pisou no calo de alguém? Deixa eu perguntar um pouco por aí e ver o que consigo descobrir. Eu volto a procurar você." A maioria das pessoas é alvo fácil. Todo mundo tem segredos guardados no armário, coisas obscuras.

O tempo inteiro estou trabalhando dos dois lados da jogada.

O tempo inteiro sou eu. Volto a procurar o sujeito e digo: "Veja, não sei o que você fez, mas tem alguém puto da vida. Eles querem dinheiro, mas como você é meu amigo, posso conseguir uma redução para cem mil, e se você me pagar duzentos por mês, ninguém mais vai incomodar você. São caras violentos. A escolha é sua. Não me importa o que você decidir. Você me pediu ajuda, então estou só lhe dizendo."

Não demorou muito para eu captar do meu pai e do meu tio os truques do negócio de coletas: erguer a voz um ou dois tons, só como ênfase, ou simplesmente encarar a pessoa. Eles sentiam que se você machuca o devedor, prejudica sua capacidade de pagar. Também acreditavam que não era necessário machucar ninguém a menos que recebessem ordens de algum chefe nesse sentido. Se você machucar um cliente, como vai voltar a ter acesso ao dinheiro dele? A regra era: as pessoas merecem uma chance enquanto estiverem tentando pagar. Às vezes tudo que se precisa é um ajuste nos termos, a favor do meu pai, é claro. Por exemplo, pague apenas dez dólares por semana, e basicamente faça um empréstimo de 2 mil em vez de mil. Certifique-se de não falhar nenhuma semana ou o principal sobe mais mil.

E esse era o gênio do meu pai, temível mas razoável. Hoje, os bancos e firmas de cartões de crédito adotaram um método similar. É chamado de "pagamento mínimo".

7. A Organização, o reino do terror

LEMBRO-ME DA MANHÃ DE DOMINGO, no outono de 1983, quando meu pai e tio Nick iam ser iniciados. Eu estava lavando o carro na calçada e ambos estavam ali parados de terno. Raramente os via de terno, mas lembro-me do meu pai dizendo: "Agora estamos dentro. Somos parte do grupo e estamos indo para o jantar. É como uma cerimônia."

As turmas de rua fizeram milhões de dólares para a Organização. Elas são o sangue vital do sindicato. Embora as equipes mafiosas dominantes sejam designadas para as áreas-chave em torno de Chicago, elas não operam necessariamente conforme fronteiras geográficas estritas. As equipes-chave da Organização – Elmwood Park, Melrose Park, rua Rush, rua 26/Chinatown (domínio Calabrese), Cicero, Chicago Heights e avenida Grand – manobram seus tentáculos, que incluem empréstimos abusivos, jogatina, imoralidade, taxas de proteção, extorsão, bens roubados e desmanches de carros.

Havia muitos gângsteres temíveis trabalhando paralelamente ao meu pai que faziam parte do grupo da rua 26/Chinatown. Incluíam o lugar-tenente da zona sul, Johnny "Apes" Monteleone, o encarregado de punições disfarçado de líder sindical John Fecarotta, Jimmy LaPietra (irmão mais novo do Gancho), o soldado das ruas Frank Santucci, e o aterrorizante carrasco e coletor Ronnie Jarrett. Quando o capo de Chinatown, Angelo LaPietra, recebia uma ordem dos chefões Joseph "Joey Doves" Aiuppa e James "Turk" Torellos, o subchefe da zona oeste, dizendo que alguém precisava ser morto, ele tinha um impressionante leque de talentos ao qual recorrer.

Após o assassinato do cobrador de empréstimos Michel "Hambone" Albergo, a turma de rua Calabrese passou de empréstimos e extorsão a assassinatos. No início dos anos 70, os irmãos Calabrese se tornaram membros de sangue da fraternidade composta pelo esquadrão de executores de elite de LaPietra e Aiuppa. O outro time favorito era o Wild Bunch [Turma selvagem] de Butchie Petrocelli. Com planejamento meticuloso e habilidades de espreita, e auxiliada por escudeiros leais como Johnny "Apes" Monteleone, John Parrudão Fecarotta, Ronnie Jarrett, Frankie Furio e a massa de quase duzentos quilos Frank "Gumba" Saladino, a equipe do meu pai tornou-se uma das favoritas de Angelo para "ajeitar as coisas". No que se referia a Angelo, quanto mais discreto um executor, melhor. E o Gancho valorizava o fato de que nem meu pai nem meu tio vestiam a carapuça ou falavam merda como Fecarotta e Petrocelli. Se de um lado papai e Nick eram ambiciosos e organizados, de outro não subiam nas costas dos seus subchefes para uma escalada rápida. Petrocelli era audacioso e publicamente aclamado, e dizia-se que um dia *ele* seria o líder da Organização. Estava marcado para morrer, porque passara de cobranças para extorsões sem aprovação. Petrocelli também violou o protocolo da Organização como anfitrião de festas com prostitutas no Hotel Ambassador East, tornando-se visível demais.

Em junho de 1976, Paul Haggerty, um ladrão de 27 anos, tornou-se suspeito de assaltar uma joalheira suburbana de Chicago ligada à Organização. Depois que Turk Torello e Angelo se reuniram com meu pai para tratar do assunto, um plano foi colocado em ação. Meu pai avisou tio Nick que ambos estariam ocupados por algum tempo. Eles identificaram a casa de recuperação de South Loop na avenida Indiana onde Haggerty estava morando depois de cumprir pena na prisão. Ele e meu tio monitoraram a rotina de Haggerty. Observaram seus hábitos, onde trabalhava, que ônibus tomava e onde ia para se divertir. Então a turma Calabrese entrou em ação. Gumba Saladino agarrou Haggerty na frente da casa de recuperação, deu-lhe alguns socos e meteu-o no banco traseiro de um Ford Mustang com Ronnie Jarrett ao volante. Levaram o estarrecido Haggerty para a garagem da sogra de Jarrett, em Bridgeport.

Após uma sessão particularmente violenta, tio Nick foi encarregado de vigiar Haggerty enquanto Jarrett e meu pai voltavam com Angelo e Turk, que fez algumas perguntas a Haggerty. Quando meu pai e Jarrett foram embora novamente com Angelo e Turk, tio Nick ficou novamente encarregado de Haggerty, que estava algemado, os olhos e a boca tapados com fita. Meu tio trouxe água para ele e o ajudou a ir ao banheiro.

"Acho que agora só Batman e Robin podem me salvar", disse Haggerty a Nick.

Quando meu pai e Jarrett retornaram com um carro que haviam roubado do estacionamento de um cinema próximo, o tempo de Haggerty tinha se esgotado. Enquanto Nick e Ronnie seguravam Haggerty no chão, meu pai passou uma corda em volta do seu pescoço e o estrangulou até a morte. Assim como fizera com Albergo, cortou a garganta de Haggerty para assegurar-se de que estava morto. Em 24 de junho de 1976, uma semana após o desaparecimento de Haggerty, o carro roubado foi encontrado com o corpo do ladrão de joias enfiado no porta-malas. Seu assassinato não seria solucionado nos anos seguintes.

O sombrio senso de humor de Angelo LaPietra (bem como sua admiração por meu pai) veio à tona em 1977, durante a execução do gângster Sam Annerino. Suspeitava-se que Annerino fosse um informante, e da sua eliminação foram encarregadas duas equipes de execução, o Wild Bunch de Petrocelli e o grupo constituído por meu pai, meu tio, Ronnie Jarrett e Gumba Saladino. A tarefa de Shorty LaMantia era atrair Annerino a um local predeterminado, por acaso um edifício vazio que mais tarde viria a se tornar o Clube Ítalo-Americano do Velho Bairro na rua 26. Quando Shorty não conseguiu trazer Sam ao local, apareceu com Angelo LaPietra. Tendo Shorty e Angelo passado pela porta, um dos membros da equipe agarrou Shorty pelo pescoço. Shorty ficou branco como leite, achando que era *ele* o destinado à eliminação. Angelo riu, assegurando-lhe que estava tudo bem, eles estavam simplesmente "treinando" com ele.

Mas apontando para a postura do meu pai, Angelo comentou com Shorty: "Dê uma olhada nesses caras e lembre-se; eles são homens de verdade."

Depois de algumas horas esperando a chegada de Sam, a equipe do meu pai desistiu e se retirou para a casa da sogra de Ronnie em South Lowe, aguardando a ordem seguinte. Pouco tempo depois, meu pai recebeu um recado: Sam Annerino havia sido assassinado a tiros por três homens mascarados, rapazes de Butch, na esquina da rua 106 com a avenida Cicero, na frente da loja de móveis Mirabelli, no subúrbio de Oak Lawn, em plena luz do dia. O lema da cidade de Oak Lawn era "Seja prudente, fique seguro". Annerino não foi nenhum dos dois.

No sábado anterior ao Natal de 1977, durante a noite, uma quadrilha extremamente habilidosa de ladrões de joias jogou uma lona sobre o lado da Levinson Joalheiros que dá para uma viela, na rua North Clark. Usando um maçarico de acetileno, cortaram as barras da janela do banheiro do segundo andar e arrombaram cinco cofres. O grupo trabalhou o domingo inteiro até as primeiras horas da madrugada de segunda-feira, deixando na viela um galão de água usado para resfriar os maçaricos. Foram embora com uma bolada de 1 milhão em joias, peles e dinheiro vivo, mas ignoraram o cofre maior, que continha o cobiçado diamante de setenta quilates Idol's Eye [Olho do ídolo].

Depois de contatar a polícia, Levinson deu um telefonema para Tony "Big Tuna" Accardo. No dia seguinte, almoçando com Accardo no Chez Paul, Levinson pediu ajuda. Os Levinson e os Accardo eram amigos de família próximos, tão próximos que quando o filho de Levinson nasceu, Tony presenteou o menino com uma camiseta com a inscrição "Little Tuna" na frente.

Estava claro que o único sujeito com a capacidade de um golpe dessa magnitude era John Mendell, um perito em alarmes e mago em eletrônica. O FBI e os que estavam por dentro da máfia sabiam que ele tinha o conhecimento, a perícia e o atrevimento para aprontar uma travessura dessas. Accardo, depois de consultar seus subchefes e Tony "the Ant" Spilotro, chegou à mesma conclusão. O golpe na joalheria Levinson tinha as marcas de Johnny Mendell por todo lado.

Accardo fez circular que o serviço na Levinson não havia sido sancionado pela Organização e que não seria tolerado, e que o produto deveria ser devolvido a ele pessoalmente. Um Mendell em pânico sumiu de vista, ocultando o saque nos caibros de seu estabelecimento. Quando Mendell e sua quadrilha concordaram com a exigência de Accardo devolvendo a mercadoria, houve descontentamento entre os ladrões do grupo, que alegaram não ter ganhado nada com o serviço. Iludindo a si mesmo de que tinha "poder em números", Mendell e sua gangue planejaram uma sequência ainda mais ousada que o golpe original.

Numa fria manhã de janeiro de 1978, Michael Volpe abriu a porta do número 1407 da Ashland, em River Forest. Volpe, zelador pessoal de Tony Accardo, periodicamente verificava a casa para se certificar de que tudo estava em ordem enquanto Accardo passava o inverno em Palm Springs, na Califórnia. Numa rápida olhada, Volpe percebeu que aquela não era a imaculada e fastidiosa residência de Accardo à qual estava acostumado. Assim que espiou no vestíbulo espelhado, notou algo errado. Gavetas reviradas, mobília arranhada, um par de calças no chão, com os bolsos do avesso. Como se veio a descobrir, Mendell e seu colega arrombador Steven Garcia tinham atacado de novo. Os outros membros da gangue estavam apavorados demais para aprontar "com o Chefão".

Volpe, um altivo imigrante italiano com mais de setenta anos, cabelos brancos e compleição esguia, que falava um inglês quebrado, sabia o bastante para não chamar os tiras. Em vez disso, discou para o patrão em Palm Springs. Na manhã seguinte, um Accardo lívido pegou um voo de volta para Chicago para lidar pessoalmente com essa chocante invasão.

Ninguém arrombava a casa do Chefão e vivia para contar a história. Na época, a Organização tinha muitas fontes dentro do Departamento de Polícia de Chicago para ajudar a seguir a pista dos autores. Uma delas era William Hanhardt, mafioso ex-Chefe de Detetives do Departamento que depois da aposentadoria se transformara em ladrão de joias condenado. Ele sozinho podia prover a Organização com informação suficiente para localizar os suspeitos usuais.

O primeiro suspeito a "sumir" foi Bernard Ryan, 34 anos, encontrado com quatro balas alojadas na nuca. Com um rádio sintonizado na frequência da polícia ao lado, usado para monitorar o movimento na rua, Ryan era um ladrão de joias bem-estabelecido e arrombador condenado. A seguir veio Steven Garcia, apunhalado inúmeras vezes com um picador de gelo, a garganta cortada de orelha a orelha.

Meu pai, tio Nick, Gumba e Jarrett foram incumbidos de agarrar Mendell. Jarrett, ele próprio um arrombador experiente, localizou Mendell e o prendeu. Foi um clássico cenário de atraia-seu-amigo-para-ser-assassinado. Jarrett havia trabalhado com Mendell anteriormente, e quis lhe mostrar os frutos de seu recente saque guardados na garagem da sogra – o mesmo lugar onde Haggerty foi morto. Era uma cilada. Não havia saque nenhum, apenas meu pai, tio Nick e Gumba ali esperando. Em 16 de janeiro de 1978, Mendell levou uma violenta surra de Saladino, foi estrangulado pelo meu pai e teve a garganta cortada por tio Nick. Depois, seu corpo foi jogado sem a menor cerimônia no porta-malas de seu carro.

A Organização queria mandar uma mensagem de Accardo: não havia exceção; todos os participantes deveriam ser mortos. A campanha de vingança da Organização continuou. Vincent Moretti e o inocente Donald Renno foram capturados. Moretti era suspeito de fazer parte da quadrilha de Mendell e conhecido por roubar e receptar artigos roubados sem dar a parte da Organização. Moretti, assim como Hanhardt, era um tira do Departamento de Polícia que perdera o rumo.

Moretti e Renno foram emboscados por duas turmas de Chinatown depois de John Fecarotta atraí-los para Cicero em 31 de janeiro de 1978, sob o pretexto de acertar uma reunião para um negócio de produção de caixas de pizza. Fecarotta recebeu a companhia do carrasco da Organização, Tony Borsellino, de Johnny "Apes" Monteleone e de Butch Petrocelli, que deram uma mão para liquidar Renno, enquanto Gumba, meu pai e tio Nick davam cabo de Moretti. Desta vez foi meu tio quem aplicou a corda em volta do pescoço de Moretti enquanto Gumba, com seus quase duzentos quilos, participava sacudindo impiedosamente a vítima para cima e para baixo. Meu pai chamou o assassinato de "Strangers in the Night", porque a música de Sinatra ficou o tempo todo tocando ao fundo.

Os corpos de Moretti e de Renno foram encontrados no banco traseiro de um carro estacionado em Cicero com punhaladas múltiplas na cabeça e no pescoço, uma mensagem clara de que haviam sofrido torturas. Renno não tinha nada a ver com o arrombamento, mas teve o azar de ser amigo de Moretti. Estavam juntos quando Moretti foi apanhado. Uma autópsia indicou que Moretti fora surrado e torturado. Seu rosto estava irreconhecível. Suas costelas estavam quebradas e os rins, rompidos.

Em fevereiro de 1978, o corpo de John Mendell apareceu na zona sul num dia de temperatura abaixo de zero, num Oldsmobile cujo canhoto de estacionamento fora encontrado entre os numerosos que esvoaçavam nas ventanias de Chicago. A polícia abriu o porta-malas e o achou congelado, gotículas de gelo em volta dos olhos e da boca. A garganta fora cortada e havia uma corda amarrada em volta do pescoço. Ele vestia apenas um suéter marrom e cuecas. As mãos e os pés estavam amarrados nas costas.

Todo o caso da Levinson Joalheiros era uma prova efetiva de que a Organização não só desfrutava de um livre reinado sobre Chicago para conduzir seus negócios, como de que seu estilo de vingança transbordava todos os limites. As execuções ordenadas pelo Chefão mantinham todo bandido na linha. Bobby "the Beak" Siegel, 1,90 metro, 110 quilos, assassino condenado e ladrão de joias que alegava ter parentesco com Bugsy Siegel, ficou preocupado de talvez ser o próximo da lista. Procurou seu advogado e pediu um teste de polígrafo para mostrar aos chefes que não estava envolvido na invasão da casa de Accardo. O teste salvou sua vida. Mais tarde, também pôde testemunhar contra os mafiosos por causa do teste.

Justo quando a contagem de corpos estava diminuindo, Michael Volpe, o zelador pessoal de Accardo, foi chamado diante de um grande júri. Correu o boato de que antes de Carl Walsh, advogado de Accardo, conseguir chegar, Volpe teria dito mais do que devia. Cinco dias depois, o ancião de 75 anos inexplicavelmente desapareceu, e nunca mais foi visto.

A turma Calabrese tornara-se uma arma secreta da Organização. Enquanto meu pai cumpria suas ordens, sentiu que Accardo havia tomado o saque da Levinson de forma um pouco pessoal demais. Deixar um rastro de cadáveres em carros estacionados pela cidade gerou uma tempestade de fogo, e a imprensa fazia a festa com suas manchetes gritantes anunciando corpos torturados. Essa foi a preocupação do meu pai, e era justificada. Sujeitos como ele não precisavam desse calor todo.

Mas a turma Calabrese não se abstinha de impor sua própria punição a qualquer cliente que os enganasse. Antes dos assassinatos da Levinson, em 15 de março de 1977, o corpo fedido e em decomposição de Henry Consentino, um bandidinho ordinário, foi achado num confisco policial de veículos, a cabeça enfiada numa caixa de empadas de carne num carro abandonado na rua West Division. Segundo uma testemunha, Consentino foi morto como resultado de um empréstimo que dera terrivelmente errado. Depois que o irmão de Consentino tomou um empréstimo de Gumba e meu pai, seguiu-se uma discussão, durante a qual Henry acertou um tiro na perna de Gumba. Meu pai e Jarrett agarraram Consentino e, com o método que já tinha se tornado sua marca registrada, o estrangularam e cortaram sua garganta.

Tio Nick não esteve presente no assassinato de Consentino. Estava num encontro romântico, o que não impediu seu irmão mais velho de posteriormente censurá-lo por não ter aparecido para o compromisso.

Durante toda a década de 1970, criminosos operando em Chicago, fossem assaltantes, agentes de apostas ou ladrões, pagavam uma "taxa de rua" para o quarteto mais sinistro entre os homens fortes da Organização: Tony Borsellino, Harry Aleman, Jerry Scarpelli e Butch Petrocelli. Em troca de sua contribuição, um agente de apostas recebia um telefonema avisando para esvaziar o estabelecimento de modo a evitar uma batida policial. A informação vinha diretamente de tiras corruptos presentes na grande maioria dos distritos policiais que a Organização tinha em sua folha de pagamento. Sujeitos como Petrocelli, Borsellino, Scarpelli e Aleman sobreviviam de sua habilidade de intimidar.

Meu pai tinha um desdém particular por Petrocelli, a quem desprezava como sendo um fanfarrão metido a valente. De outro lado, papai mostrava enorme respeito por Tony "Bors", para ele um sujeito leal e confiável. "Tough Tony" já castigara comprovadamente treze sujeitos para a Organização. Butch e Tony viviam em rixa constante. Butch tinha mais cacife com os níveis mais altos na hierarquia, e soprava na orelha de Rocky Infelise, chefe da turma da zona oeste, que não se devia confiar em Borsellino e que ele estava colaborando com os agentes da lei. Não havia indícios de que Borsellino fosse um delator. Depois de surgirem discrepâncias sobre a quantia que o Wild Bunch deveria entregar para a Organização, com Butch roubando dinheiro, jogou-se a culpa em Tough Tony.

Borsellino procurou meu pai, querendo mudar de equipe e vir trabalhar para ele em Chinatown. Falaram sobre os problemas de Tony com Butch, e como Petrocelli estava desviando dinheiro e espalhando boatos. Meu pai foi solidário com a situação de Borsellino. Ao mesmo tempo, não podia se arriscar a sacudir o barco trazendo-o sem um ok. Ficou decidido que ele falaria com Angelo em nome de Tony.

Meu pai sentou-se com Angelo para explicar que Tony estava sendo sacaneado por Butch e que essa jogada tinha de parar. Mas o Gancho não estava em clima de compaixão e não quis intervir. Segundo Angelo, a única maneira de o meu pai salvar seu amigo era se meter e tomar seu lugar. Não muito depois do encontro, Borsellino foi achado numa fazenda em Frankfort, Illinois, com cinco buracos de bala na nuca.

No final de 1980, o comportamento de Butchie Petrocelli estava ficando cansativo para alguns dos membros da hierarquia da Organização. Suspeitava-se que ele estivesse embolsando parte do dinheiro de suas coletas ao depenar assaltantes e ladrões de rua sem o consentimento da Organização. Pior, Petrocelli cruzou a linha abordando esposas de membros da Organização que estavam na prisão. Seu comportamento exibicionista nas ruas ia gerando cada vez mais tensão, e a casa caiu quando Angelo descobriu que 100 mil dólares em dinheiro vivo que Butch tinha levantado no Natal num hotel do distrito de Gold Coast, com o objetivo de contribuir para a família de seu amigo Harry Aleman, que cumpria pena, tinham ido parar no bolso do próprio Butch. LaPietra e Joe Ferriola, o chefe da equipe de Cicero (e tio de Aleman), ficaram arrepiados com a ideia de Petrocelli cobrar mil dólares de cada hóspede e enfiar a grana no bolso.

Em 30 de dezembro, Petrocelli foi chamado para um encontro com LaPietra num clube social de Cicero. A uma quadra do seu ponto de encontro, ele foi agarrado e arrastado para dentro de um escritório de fachada, enquanto Frank Furio e Johnny Apes esperavam do lado de fora em seus carros. Provas num julgamento concluíram que tio Nick, junto com Frank Santucci e Jimmy LaPietra, seguraram Petrocelli no chão enquanto meu pai lhe aplicava o nó de gravata Calabrese.

Segundo meu tio, o corpo de Petrocelli foi jogado no banco de trás do Ford LTD vermelho, quatro portas, ano 1977, de Butch, e abandonado por meu pai e Furio num beco. Quando a dupla retornou, Jerry Scarpelli, que havia acompanhado Butch, agora precisava vasculhar o carro para recuperar as chaves.

Depois que meu pai, meu tio e Scarpelli voltaram, LaPietra mandou que Nick e meu pai voltassem uma *terceira* vez, agora para queimar o corpo e o LTD. Depois de derramar duas grande latas de fluído de isqueiro Zippo, meu tio jogou uma caixa de fósforos acesos no carro. As janelas ficaram pretas, mas o automóvel não se incendiou apropriadamente. Nick se esqueceu de deixar uma fresta aberta para o oxigênio alimentar o fogo. Sua falha em compreender um princípio básico da física gerou um pouco de preocupação de que Butch pudesse ter sobrevivido. (Não tinha.)

O carro de Petrocelli foi soterrado na época por uma pesada nevasca. Três meses depois, em março de 1981, o veículo foi encontrado, o corpo descongelando depois que as neves de inverno derreteram.

8. Frankie & Johnny's

ALGUMAS FAMÍLIAS COMEM para viver. A família Calabrese vivia para comer. Comer era um acontecimento e uma celebração diária. Meu pai adorava tanto comida, restaurantes e cozinhar que a comida podia suplantar os negócios e seu ardente amor por dinheiro. Havia regras relativas à comida: não se conversa sobre negócios à mesa do jantar, nem no carro, nem em casa, a não ser no escritório com a televisão ligada. Informação era compartilhada só em caso de ser necessário saber. Como precaução, se papai contasse uma história, contava uma versão ligeiramente diferente para cada pessoa. Se algo chegasse de volta aos seus ouvidos, ele saberia exatamente quem na família ou na equipe de trabalho era o responsável pelo vazamento.

Papai adorava comer nos restaurantes do bairro e lanchonetes caseiras (sempre de frente para a porta de entrada). Seu gosto para comida abrangia o mundo todo. Quando a família visitou São Francisco, ele varreu Chinatown, perguntando não onde comiam os turistas, e sim onde jantavam os chineses locais. Nossa família acabou comendo uma belíssima refeição chinesa num lugarzinho onde éramos os únicos não asiáticos no salão. Em Chicago, ele adorava os pratos de cordeiro em uma de suas espeluncas favoritas no bairro grego.

Um dia cheguei em casa da escola e encontrei carneiros mortos, cabeça e tudo, pendurados em ganchos na garagem. "Seu pai chamou seu tio Ang aqui para fazer churrasco no quintal este fim de semana", explicou minha mãe.

Tio Ang tinha a reputação de preparar os melhores pratos de cordeiro. Quando indagado se ele comia as cabeças, retrucava: "É a melhor parte, especialmente os olhos."

Logo que me formei no ensino médio, meu pai me arranjou um emprego na prefeitura. Depois de trabalhar no último ano na divisão de guias e sarjetas, fui promovido para esgotos como funcionário público da prefeitura em período integral. Enquanto frequentava algumas aulas na faculdade, trabalhava para o Departamento de Esgotos.

Quando trabalhei nas guias e sarjetas, havia duas equipes. Uma era a equipe de acabamento, cujo serviço incluía a colocação de novas guias e calçadas. O pessoal de Chinatown e da rua Taylor era designado para essa equipe, onde papai tinha mais influência. Nós viajávamos em grandes caminhões-caçambas para os piores bairros, os conjuntos habitacionais. No Departamento de Esgotos, comecei como trabalhador braçal e fui subindo por meus méritos até chegar a capataz. Nossas responsabilidades abrangiam limpeza, manutenção e varredura dos esgotos da cidade. Nossa equipe limpava os esgotos à mão e abria os hidrantes para enxaguá-los. Ninguém trabalha muito duro para a prefeitura, mas eu levei a coisa a sério. A ética de trabalho que me foi ensinada dizia que quando eu fazia algo, devia me orgulhar, fosse assentar uma calçada, limpar um esgoto ou coletar dinheiro.

Passei grande parte de 1978 e 79 trabalhando numa equipe braçal. Os dias de trabalho não eram especialmente árduos até que fui transferido para o aeroporto, onde trabalhei num "vetor", um grande caminhão que sugava a sujeira e as folhas dos esgotos, começando às seis da manhã. Um italiano dos velhos tempos gostou de mim e me levou para a turma dele, onde aprendi a operar equipamento pesado. Esse italiano tinha sido agente de apostas para a Organização e resolvera entrar na linha.

Desde os seus tempos de funcionário fantasma, meu pai era uma lenda entre as turmas de trabalho da prefeitura, assim como os agentes de apostas e os gângsteres que mexiam os pauzinhos para arranjar um "serviço" público. Eu raramente usava o meu status de filho mais velho do Frank para não aparecer ou deixar de trabalhar.

Muitos dos agentes de apostas e gângsteres que trabalhavam para a prefeitura eram funcionários fantasmas. Mas eu resolvi que não queria ficar sentado o dia todo numa cadeira olhando os outros trabalhar. Estava numa equipe com um cara negro e um velho italiano, e virei o subencarregado que cuidava da papelada.

Uma vez tendo entrado na equipe de trabalho, aprendi a operar a Grua Laranja de Descamação, um guindaste especial com caçamba que entrava nas bacias coletoras, catava a sujeira e as folhas e depositava o material num caminhão. Você puxava a alavanca, o braço se movia. Soltava a alavanca, o braço parava. Eu fiquei intrigado com o equipamento. Fui ficando bom no manuseio. E mais, podia fazer o dobro de dinheiro manejando a máquina de esvaziar bacias coletoras. Trabalhávamos pela cidade toda.

Operar a grua foi uma habilidade que mais tarde me serviu quando fui trabalhar com a turma do meu pai.

Eu surfava as ondas da política enquanto trabalhava para o município. Dependendo de quem ganhasse as eleições para a prefeitura de Chicago, via trabalhadores indo e vindo à medida que os serviços públicos mudavam de mãos com base em quem era aliado de quem politicamente. Uma vez um cara novo que não sabia operar a grua quebrou janelas de carros e de lojas enquanto o resto de nós buscava abrigo, e não conseguiu fazer nada. Fui eu que sentei na cabine para ele e operei a máquina enquanto ele pegava seu cheque de pagamento.

Durante todo o tempo em que trabalhei para a prefeitura, meu pai controlava todas as minhas finanças. Duas vezes por mês eu obedientemente lhe entregava meu pagamento e ele separava uma pequena parte e me dava de volta para eu ter dinheiro no bolso.

Quando, ainda criança, trabalhei no Armand's fazendo pizza, eu não tinha minha própria conta bancária. Trazia meu cheque para ele e ele me estimulava a economizar meu dinheiro. Dos quarenta ou cinquenta dólares, eu ficava com dez ou quinze. Agora aqui estava eu, com pouco mais de vinte anos, entregando meus cheques enquanto ele os depositava em contas no meu nome. Era assim que controlava meu irmão e eu. Num ano em que ganhei 26 mil dólares, duas vezes por mês ele me perguntava quanto dos oitocentos dólares a que tinha direito eu precisava. Então pegava no meu pé: "Para que você precisa de duzentos dólares?" Ele punha o resto no banco e entrava com a quantia na folha de balanço.

Ele nunca roubou o dinheiro. Tratava-se de controle. Ao mesmo tempo, estava lavando seu próprio dinheiro e me pagando em *cash*.

Como uma porção de funcionários públicos, eu fazia bicos de fim de semana, especialmente calçadas e entradas de carro, para suplementar meus rendimentos; era assim que eu arranjava dinheiro para gastar sem que meu pai soubesse. Trabalhando para a prefeitura, eu tinha um monte de amigos que se davam bem lutando no circuito de boxe. Havia um parque num bairro negro vizinho cheio de lutadores italianos. Comecei a praticar um pouco com meus amigos, e em 1979 entrei no Golden Gloves [Luvas de ouro].

Quando comecei a boxear, não podia contar ao meu pai. Finalmente acabei tendo de dizer a ele, porque meus amigos e eu começamos a criar nomes para nós mesmos como lutadores. Alguns dos meus amigos acabaram sendo ranqueados. Certa noite, quando voltei de uma luta, mostrei-lhe o troféu que tinha ganhado, e ele ficou doido. Disse a ele que só queria experimentar. Era estranho que ele se aborrecesse, uma vez que tinha lutado boxe como amador durante algum tempo, e nunca fora derrotado. Ele tinha críticas, mesmo tendo feito as mesmas coisas.

"Nenhum filho meu vai virar uma porra de um boxeador."

Em 1980, disputei o campeonato do Golden Gloves no Anfiteatro Internacional, nos velhos currais de Chicago, diante de 8 mil espectadores. Televisionada pela WGN, foi a única luta a que ele compareceu. Pediu que eu a dedicasse a seu pai que estava morrendo, e que estaria assistindo à peleja de sua cama no hospital. Eu não era o favorito, mas ganhei por decisão unânime.

Ele ficou orgulhoso de mim, porque dei um verdadeiro passeio no ringue e bati todos os meus oponentes. Como ele, fiquei invicto. Naquela época, as coisas estavam bem. Eu ganhava dinheiro trabalhando para a prefeitura. Tinha um emprego e uma namorada. Mas meu coração não estava no boxe. Eu não queria fazer carreira de lutador. Fiz aquilo principalmente porque gostava das jaquetas que você ganha quando vence. Todavia, quando ganhava uma jaqueta, nunca usava, porque achava que ia parecer que eu estava me gabando e querendo chamar atenção.

Enquanto trabalhei no emprego público, vivia à disposição do meu pai a qualquer aceno dele. Às vezes saía cedo do serviço para ter tempo para certas incumbências – como uma ida a Melrose Park como apoio para o tio Nick, quando, por ordem de Joey Aiuppa, precisou dar uma lição num cara que estivera vendendo fogos de artifício sem permissão e sem pagar a taxa das ruas.

Aos sábados eu ia ao apartamento de Philly Tolomeo, enquanto meu pai examinava a contabilidade, fazendo-me sentar ao seu lado para observar. Ele me fazia checar os números e recontar o dinheiro. Era muito sutil. Em nenhum momento ele me pediu, nem disse, que queria que eu começasse a trabalhar para ele em período integral. Dizia-me que Philly sabia fazer dinheiro mas era um fodido, e que precisávamos pegar o dinheiro com ele toda semana.

Depois que comecei a passar mais tempo nas ruas com o pessoal, minhas responsabilidades aumentaram. Havia um cara que conhecíamos, um amigo, que administrava um estacionamento. Estava trabalhando para nós como agente de apostas, mas cometeu o erro de perguntar ao meu tio se ele estava interessado em entrar no negócio de cocaína. Eram os anos 80. Todo mundo estava fazendo isso. Ele era um sujeito legal que simplesmente estava sendo honesto com meu tio. Um monte de gente estava vendendo, inclusive Tony e Michael Spilotro.

Meu pai quis lhe mandar um recado. Então armamos uma. Ele me mostrou como misturar querosene com a quantidade exata de gasolina, colocando a mistura em embalagens de leite. Aí fomos de carro até a garagem do sujeito, enfiamos as embalagens todas numa caixa com um monte de papel, acendemos um fósforo e pusemos a caixa do lado da garagem. Foi o aviso que mandamos. Na época, a Organização de Chicago se opunha rigidamente às drogas. Quando a garagem de um cara é destruída num incêndio, ele sabe que algo não está em ordem, que alguém sabe que ele está fazendo alguma coisa errada. Ele recebeu o recado para parar.

Além do meu emprego público, eu me meti no cenário dos clubes noturnos locais, desenvolvendo um interesse em montar meu próprio negócio.

Eu passava um bocado de tempo com meu pai e meu tio, e ajudava bastante. Eu tinha ideias. Por exemplo, por que não assumir um ponto na Grand e montar uma casa de jogos eletrônicos? Naquela época essas casas faziam toneladas de dinheiro. Os videogames estavam começando a surgir. Porém meu pai derrubava minhas ideias, então passei a mantê-las só para mim. Um dia ele disse: "Não entendo que porra está acontecendo com você. Você tinha grandes ideias. Agora não tem ideias nem ambição."

Eu quis dizer: "Não sou eu, é você!" Se meu filho viesse até mim, especialmente tendo dezenove anos, quisesse começar um negócio, eu trabalharia com ele e talvez até botasse algum dinheiro. Gostaria de ver meu filho se dar bem. Mas tudo girava sempre em torno dele. Então passei a ficar na minha.

De volta aos bairros, os jovens italianos ainda brigavam entre si. As turmas de diferentes bairros se encontravam nas boates, onde sempre havia confrontos. Elmwood Park contra Melrose Park, ou Riis Park contra a rua Taylor.

Uma das boates era a 1-2-3 na Diversey com Central, em Chicago. Em 1993, ela virou uma boate polonesa chamada Jedynka Club. Mas lá no começo dos anos 80, quando você passava pela porta, a 1-2-3 era uma mistura de *Os bons companheiros* e *Os embalos de sábado à noite*. A galera era predominantemente italiana, e cada bairro tinha seu setor lá dentro. O proprietário pegava um cara de cada bairro e o nomeava leão de chácara. O cara ficava com a sua turma, bebia e mantinha a ordem.

A regra na 1-2-3 era que você não podia brigar lá dentro. Quando uma turma estava pronta para brigar com outra, todo mundo se juntava na rua. Na maioria das sextas-feiras, o tráfego nas avenidas Diversey e Central era bloqueado porque havia gente demais badalando e muita briga de rua. Às vezes os italianos enfrentavam outras raças, especialmente quando o distrito de North Austin foi tomado pelos negros. Às vezes era a turma de discotecas com suas jaquetas de couro contra o pessoal do rock, de cabelo comprido e aparência de motoqueiro. Geralmente havia caras de diferentes bairros italianos brigando por causa de uma garota.

Acabei conseguindo um trabalho de fim de semana na 1-2-3 como leão de chácara da turma de Elmwood Park. Eu era perfeito para o trabalho: alto e capaz de me virar, e bem respeitado na vizinhança. O pagamento era de cinquenta dólares por noite, mais os drinques. Não contei ao meu pai, até que uma noite ele me perguntou aonde eu ia. Aí ele me disse: "Que que é isso que você tá dizendo, que tá trabalhando como uma porra de um segurança? Não quero você como porra de leão de chácara valentão numa porra de um lugar maluco." Mas ele acabou concordando em me deixar ganhar cem dólares extras por semana.

Eu me dava bem com os caras do clube, e um dia estava conversando com meu amigo Johnny Galioto, que era sobrinho de James "Little Jimmy" Marcello. Johnny trabalhava na 1-2-3 como *barman* quando ele e eu falamos em montar nossa própria boate.

Nós tínhamos um monte de ideias sobre abrir um *champagne room* – uma boate com saletas privê onde pode haver de tudo. Havia um sujeito do Patch que tinha um lugar chamado Sassafras e estava à procura de alguém para reabrir e administrar. Johnny e eu fizemos um contato. O cara veio até nós e perguntou se estávamos interessados. Nós sentamos e fizemos um acordo no aperto de mão. Ele nos deu 10 mil dólares para ajeitar o clube. Encomendamos um estoque de bebidas e sobraram uns 4 ou 5 mil dólares no caixa. Juntamos os amigos, vidraceiros, eletricistas, pedreiros e carpinteiros. Arrumamos o lugar e ele ficou absolutamente lindo. Batizamos de Frankie & Johnny's. Ficava em Irving Park, logo a oeste do Harlem. Era 1984 e eu tinha 24 anos. Fomos o primeiro lugar da cidade a ter um salão privê VIP. Tínhamos garçonetes em trajes sensuais. As pessoas adoraram.

No começo, meu pai pegou no meu pé:

"Que porra você pensa que é, ser dono de boate?" Para ele, uma boate era algo muito pouco discreto. Além disso, se eu começasse a ganhar dinheiro, ele sentiria que tinha perdido o controle sobre o filho.

Por mais que eu tenha curtido ser dono do meu próprio negócio, aquilo teve seu preço. Durante o dia, trabalhava para a prefeitura, à noite dirigia meu clube noturno, além de acompanhar meu pai e meu tio na equipe deles. Eu corria o tempo todo de um lado a outro, mas adorava a ideia de ter um negócio legítimo. Não era só prestígio, mas eu tinha uma sensação de realização. E havia as garotas maravilhosas. Era um negócio que Johnny e eu curtíamos. Contratamos os melhores *barmen* da área.

Cerca de um ano depois, o dono, um sujeito chamado Poopsy, começou a ficar inquieto. Ele dirigia uma concessão na sede da prefeitura que fazia montes de dinheiro. Usava coturnos pretos, topete e um pequeno chapéu. Quando descobriu de quem Johnny e eu éramos parentes, teve medo do pior. Mas eu estava determinado a manter o sucesso do lugar sendo correto, uma vez que não havia nenhuma papelada comprovando nosso arranjo com Poopsy.

Um fim de semana, Johnny e eu chegamos ao clube para descobrir que as fechaduras tinham sido trocadas e as portas fechadas com cadeados. Alguém deve ter soprado algo no ouvido de Poopsy, porque ele ficou apavorado. Nós nos sentamos e argumentamos com ele.

"Estamos dirigindo um negócio legítimo. Investimos o nosso tempo e não tiramos um centavo do empreendimento."

Mas sabíamos que o clube já era passado. Poopsy acabou nos devolvendo as chaves. Assim que as pegamos de volta, roubamos tudo do local. Carregamos as bebidas e as vendemos. Vendemos tudo que tínhamos posto ali. Depois, trancamos as portas atrás de nós e nunca voltamos. Poopsy ligou, citando o nome de Joey Lombardo para tentar nos assustar e fazer devolver tudo.

Nós lhe dissemos: "Faça o que você tem de fazer, mas você tem certeza de que Joey sabe que você está usando o nome dele dessa maneira?"

Meu trunfo era que Lombardo pai estava na cadeia na época, e nós sabíamos que meu pai e o tio de Johnny, Jimmy Marcello, nos dariam cobertura.

Ainda com vinte e poucos anos, voltei a trabalhar na 1-2-3 em tempo parcial, enquanto Johnny abriu um bar com seu pai na avenida North. Aí larguei o trabalho na prefeitura e me senti pronto para trabalhar com a turma em tempo integral. Meu pai ficou mais do que feliz em ampliar meu papel nos negócios da família.

9. Um clarão branco e uma forte onda de calor

Durante toda a década de 80, debaixo dos narizes dos agentes da lei federais e locais, meu pai e sua equipe de Chinatown ultrapassaram todos os limites. Foi o clímax de uma era durante a qual meu pai sobreviveu à mudança de líderes da Organização, começando em 1969 com o executor Milwaukee Phil Alderisio. Em seguida foi o reinado sanguinário de uma década e meia (1971-86) de Joey "Doves" Aiuppa. Então veio Sam "Wings" Carlisi em 1989. Por todo aquele período, meu pai controlou numerosos jogos de poder entre Angelo LaPietra e Turk Torello. Ele se queixava de que Torello repetidamente passava para trás a equipe da rua 26/Chinatown por causa de Angelo quando oportunidades de dinheiro legítimas – como possuir balcões legais de apostas paralelas – tornavam-se acessíveis às turmas da Organização.

Uma constante permanecia. Sempre que os rapazes lá de cima precisavam que alguém fosse eliminado, meu pai recebia sua cota de telefonemas. Ele era respeitado e temido como matador de sucesso.

O assassinato de Michael Cagnoni em junho de 1981, na elegante Hinsdale em DuPage County, a trinta quilômetros do centro de Chicago, é um caso típico. Cagnoni era um empresário bem-sucedido no ramo de caminhões refrigerados, e sempre se assegurava de que seus veículos cruzassem o país totalmente carregados. Como resultado dessa eficiência de carregamento, a firma de Cagnoni mantinha os clientes satisfeitos, inclusive os interesses de transporte da máfia. Valendo-se da sua alta rentabilidade num negócio duro, Cagnoni oferecia tarifas mais baixas, o que levou seus concorrentes, como a Flash Interstate, uma das subcontratadas locais de Cagnoni, a baixar seus preços.

A transportadora Flash Interstate, em Cicero, era de copropriedade dos chefes mafiosos Joe Ferriola e Turk Torello. Localizada na avenida South Laramie, a Flash servia convenientemente como clube e local de encontros para figuras do crime organizado como Rocky Infelise. Segundo alguém de dentro da Flash, havia sempre 100 mil dólares em dinheiro vivo à espera no cofre para bancar apostas ou operações de empréstimo da quadrilha.

Na tradição dos gângsteres se escondendo "à luz do dia", Ferriola e Infelise frequentemente tinham seus encontros tanto no estacionamento da Flash como na garagem ao lado, a um milímetro dos agentes de vigilância do FBI estacionados nas imediações. Durante mais de treze meses, o FBI manteve escutas com grampos telefônicos e visitas monitoradas. Em meados de 1981, o FBI estava convencido de que a Flash era o local onde muitos esquemas e execuções da Organização eram levados a cabo, durante as visitas de Ferriola, Infelise e um pelotão de outros gângsteres e ladrões de joias.

Cagnoni pagava religiosamente sua taxa de proteção semanal de 2 mil dólares em dinheiro vivo. Com frequência era visto entrando no Hyatt Hotel em Rosemont, onde Joey Aiuppa costumava almoçar. Cagnoni ia até o escritório da Flash para deixar o dinheiro. Em troca de seus pagamentos, as operações de Cagnoni corriam livres de problemas trabalhistas.

Quando percebeu que não podia mais justificar a saída mensal em dinheiro em caso de uma auditoria da Receita Federal, Cagnoni tentou negociar para fazer os pagamentos de alguma outra forma. Estava disposto a elaborar contratos e fazer os pagamentos em cheque. Ferriola e Infelise foram inflexíveis e exigiram o pagamento em dinheiro. Ferriola estava de olho grande no negócio de Cagnoni; então, quando este, desesperado, parou de fazer os pagamentos, contratou um guarda-costas, vestiu um colete à prova de balas e torceu para aquilo dar certo. Enquanto o FBI mantinha um olho na transportadora Flash, outra unidade de vigilância localizou John Fecarotta, Frank Santucci e meu pai se reunindo num pátio de estacionamento a cerca de uma quadra da empresa de Cagnoni.

Depois que Aiuppa apertou o botão do caso Cagnoni, era tarefa do meu pai e da sua equipe cuidar da execução. Durante quase um ano, Cagnoni foi seguido de perto e monitorado em sua opulenta casa no abastado subúrbio de Hinsdale. Tendo estabelecido sua rotina diária, optaram por soltar uma bomba. Meu pai testou diferentes combinações de explosivos, cápsulas e dispositivos de acionamento remoto para determinar a que distância precisariam estar para detonar a explosão fatal dentro ou em volta do carro de Cagnoni. Durante a fase de preparação, houve contratempos, inclusive um malfadado teste que quase arrancou a mão do meu pai.

Após meses de espreita, meu pai e Fecarotta estabeleceram um plano. Introduziram uma porção de C-4 maleável do tamanho de um tijolo debaixo da Mercedes 1978 prateada de Cagnoni. Em seguida, puseram um transmissor dentro de um carro vazio deixado no estacionamento de um restaurante perto da rampa de acesso da avenida Ogden, que Cagnoni habitualmente usava para pegar a I-294. Um receptor de ignição por controle remoto foi preso aos explosivos sob o carro de Cagnoni, ou na noite anterior ou cedo na mesma manhã. Dentro do carro estacionado, uma antena K-40 e um transmissor, modificado para aumentar seu alcance, emitiam um sinal contínuo. O botão do transmissor estava preso com fita sob um bloco de madeira. Assim que Cagnoni passasse, o receptor e os explosivos no carro provocariam o estouro fatal.

O iminente assassinato de Michael Cagnoni tornou-se um ponto de virada para meu tio, pois ele alimentava dúvidas quanto a seu papel de fiel assassino a sangue-frio. Era um homem de família, com filhos, e um dia, enquanto espreitava a residência de Cagnoni, assistiu horrorizado sua esposa, Margaret, ligar a Mercedes da família para levar o filhinho, Michael Jr., à escola.

"Aquela pobre mulher", disse tio Nick mais tarde, "entrou no carro. Se ela tivesse ido para leste e não oeste... eu não sei o que..."

Se ela tivesse conduzido o carro para perto do detonador remoto travado, o dispositivo teria acionado o C-4, matando instantaneamente a esposa e o filho de Cagnoni. Depois dessa escapada por um triz, meu tio confrontou meu pai. Matar gângsteres e manipular negócios para conseguir dinheiro para a Organização era uma coisa, mas assassinar mulheres e crianças inocentes era outra.

Meu pai ficou nervoso e reagiu acertando um soco na cara do meu tio, fraturando seu rosto, sua psique e sua lealdade ao irmão mais velho. Este incidente viria a se provar o começo do fim do relacionamento entre ambos.

Cagnoni posteriormente guiou ele mesmo o carro para sua armadilha. Uma testemunha, James Mammina, declarou que em 24 de junho de 1981, enquanto dirigia seu furgão Ford, viu a Mercedes de Cagnoni manobrar à sua frente e se dirigir para o trevo Tri-State na junção da Ogden com a I-294. Ouviu uma forte explosão, viu um clarão branco, e sentiu uma forte onda de calor pelo para-brisa.

"A fumaça se dissipou e eu pude ver o veículo, ou o que sobrou dele."

Numa macabra foto do FBI, que nenhum júri jamais veria, restos humanos, especialmente cabeça e ombros, estão esparramados no meio da rampa de acesso da I-294. Pedaços da luxuosa Mercedes-Benz estavam espalhados por toda parte, e de até quinhentos metros de distância vieram pássaros se banquetear nas partes do corpo de Cagnoni.

Nos meses que se seguiram, mais corpos foram jogados na esteira do meu pai. Mal tinham se passado três meses da bomba de Cagnoni, Nicholas D'Andrea, um lugar-tenente do chefe de Chicago Heights, Al "Caesar" Tocco, foi encontrado no porta-malas de um carro incendiado em Crete, Illinois. D'Andrea era suspeito de participar da frustrada execução de Al Pilotto, que durante o dia era presidente da Unidade 5, da Central Internacional dos Trabalhadores da América do Norte. À noite Al comandava a jogatina, a prostituição, a extorsão e os empréstimos abusivos no subúrbio sul de Chicago Heights. Pilotto estava jogando golfe quando um visitante surpresa saiu do mato com uma pistola calibre 22. Depois de alguns tiros errados e um ferimento não fatal, o agressor fugiu, perdendo o seu *hole in one*.

Aos 42 anos, D'Andrea era um mulherengo. Estava cortejando sua namoradinha de quinze, Terry. D'Andrea acabou se casando com Terry, e a deixou sozinha quando foi despachado pelos encarregados de encher porta-malas.

Com a morte de Cagnoni num atentado a bomba, o dono de restaurante Nick Sarillo foi a vítima seguinte, quando seu furgão de carga Econoline foi subitamente explodido em abril de 1982. Segundo um testemunho no tribunal, a explosão "teve algo a ver com jogo", e alegou-se que Sarillo, ele próprio um cara durão, recusou-se a pagar Joe Amatto, o líder responsável pelos interesses de jogo da Organização nos subúrbios do norte. Quando a explosão ocorreu, Sarillo estava com o carro na vila de Wauconda, em Lake County, na distante ponta nordeste de Illinois. Sarillo ficou seriamente ferido e coberto de fuligem, mas milagrosamente sobreviveu, e permaneceu em silêncio. Já que não havia lugar para explosivos sob o banco do motorista, eles foram colocados no lado do passageiro. A área do motor entre os dois lados desviou a explosão, e o centro do estouro voou para a parte de trás do furgão.

"Ele parecia saído de um desenho animado, todo preto", recorda-se Chuck Fagan, um delegado de Lake County. "Mas quando você tenta falar com esses caras, é como falar para uma parede. Mesmo com toda a dor e agonia, eles nunca têm nada a dizer."

Anos depois, apesar do silêncio de Sarillo, o Departamento de Álcool, Tabaco e Armas de Fogo seria capaz de ligar as características dessa bomba à de Cagnoni, graças à idêntica placa-mãe conectada aos dispositivos eletrônicos e ao *modus operandi* usado para detonar o bloco de C-4 estrategicamente colocado sob o assento do furgão.

Mas foram as mortes de Richard Ortiz e Arthur Morawski no verão de 1983, apelidadas de "Assassinatos Meio a Meio", que impulsionaram a reputação do meu pai como o grande executor do momento. Ortiz havia atraído a ira de Johnny Apes, que estava irritado com os negócios de drogas de Ortiz e com o fato de que este lhe devia dinheiro – fosse de taxas ou de empréstimos – e o estava enrolando. A Organização também desconfiava de que Ortiz tivesse matado um deles, Leo Manfredi, numa pizzaria em Cicero, sem autorização. Isso significava que Ortiz tinha de sumir.

Meu pai serviu de maestro na eliminação de Ortiz. Em 23 de julho de 1983, depois de estacionar na frente do His 'N' Mine Lounge na rua 22 em Cicero, mandou tio Nick e Jimmy DiFiorti, ambos armados de espingardas, para fazer o trabalho sujo enquanto estacionava o carro estrategicamente em diagonal, bloqueando qualquer chance de fuga. Arthur Morawski, soube-se depois, era uma vítima inocente que estava no lugar errado na hora errada. Simplesmente tinha pedido uma carona para casa. Uma prova básica coletada na cena do crime, uma cápsula de espingarda, foi encontrada na janela traseira do lado do passageiro do carro de Ortiz.

10. Manter as coisas em família

Em meados da década de 80, o panorama doméstico na casa dos Calabrese estava mudando dramaticamente. Depois de quase doze anos ao lado da amante, Diane Cimino, meu pai separou-se e divorciou-se da minha mãe, ou, mais precisamente, ela se divorciou dele. Papai se casou com Diane numa reunião familiar íntima no restaurante de Tony Spavone em Bloomington, Illinois, no começo de 1986.

Acredito que meu pai manipulou minha mãe para ela se divorciar dele. Ele a desgastou com seus modos. Vivendo no Complexo com toda a família dele, ela teve mais do que o suficiente. Ao se mudar para uma casa nova em folha no abastado bairro suburbano de Oak Brook com Diane, ele descobriu que a transição de amante-que-virou-esposa para madrasta de seus filhos não seria fácil.

Nenhum de nós quis conhecê-la, mas nunca nos sentíamos à vontade dizendo não ao meu pai. Meu irmão caçula, Nicky, era apenas um adolescente na época, e recebeu muito mal o divórcio. Papai nos chamou lá em cima, Nicky e eu, para conversar sobre conhecermos Diane. Nicky nem respondia. Meu pai continuou forçando, mas Nicky não dizia nada. Seus olhos estavam cheios de lágrimas. Eu queria me meter e dizer ao meu pai que parasse de insistir, que para Nicky a situação estava sendo muito difícil.

Nicky berrou: "Não quero conhecer Diane porque odeio você pela porra que você fez!"

Meu pai perdeu as estribeiras. Deu um pulo e caiu de porrada em cima do Nicky, as duas mãos batendo, girando e acertando a cara dele. "Você não fala comigo desse jeito, seu porra. Eu acabo com você."

Eu tenho vontade de morrer por não ter protegido meu irmãozinho.

Depois que meu pai se mudou do Complexo de Elmwood Park, aparecia ocasionalmente para um dos almoços ou jantares de feriado preparados pela minha mãe. Todo ano, eu a levava na minha picape para comprar uma árvore de Natal. Um ano eu estava de cama com gripe, e meu pai por acaso estava de ótimo humor e se ofereceu para levar mamãe para buscar uma árvore se ela concordasse em fazer para ele um de seus pratos italianos de galinha prediletos. Kurt foi escalado para ir junto, embora tivesse outros planos. Minha mãe levou um bom tempo escolhendo a árvore, e quando voltaram para casa, meu pai estava de péssimo humor.

Kurt estava azedo, com cara de bunda, e quando meu pai tentava endireitar a árvore na sua base, estourou. Acertou Kurt na cabeça, derrubando-o no chão junto com a árvore, e saiu batendo o pé e gritando: "Olha o que você me fez fazer, seu babaca!"

Depois da lua de mel, ele passou a se sentir ameaçado pela estreita relação de Diane com o pai. Dominic Cimino era um chefe de polícia aposentado de Melrose Park e herói de guerra, muito benquisto em toda a cidade. Uma noite eu estava com meu pai na garagem do pai de Diane. Podia ver que havia algo o comendo por dentro, e que ele estava bolando um plano – de atrair Dominic para a garagem e acabar com ele.

Fiquei sem ter o que falar. Não pude crer. De repente assassinato era a melhor maneira de resolver um problema de família. Eu não sabia mais qual era o limite para ele, e quem ele se dispunha ou não a matar. Ele nunca acabou com Dominic Cimino. Com o tempo, a relação deles melhorou, e Cimino morreu de causas naturais em 2008.

Atirar em membros da família não era um conceito inteiramente novo para o meu pai. Segundo uma história registrada em fita, uma vez ouviram meu tio Ed falando mal dos italianos e da Organização durante uma bebedeira num bar do centro. Depois de confrontar Hanley, Joey Aiuppa preparou uma emboscada numa sauna local com meu pai e Angelo estacionados do lado de fora. A um sinal de Aiuppa, quando tio Ed saísse da casa de banhos, os dois deveriam entrar em ação. Mas o sinal de matar nunca veio. O plano original do meu pai era atrair Ed para um carro dizendo-lhe que acontecera algo com minha mãe, sua irmã.

Perguntei ao meu pai se ele se sentia bem com aquilo, e ele disse: "Uma ordem é uma ordem, e a Organização vem antes da família."

Angelo tornou-se parte da família quando Kurt se envolveu romanticamente com sua neta, Angela Lascola. Kurt e Angela eram muito jovens quando começaram a namorar. No início, Angelo se encheu de amores por Kurt. Ele era filho de "Frankie C", e o iminente casamento de Kurt e Angela "manteria as coisas em família". Mas a relação do casal azedou.

Alguns anos depois Kurt e Angela reataram, o que não caiu bem para Angelo, que na época estava na cadeia. Kurt e Angela continuaram a se encontrar secretamente, e quando Kurt confessou ao meu pai seu amor renovado por Angela, ele ficou puto da vida. Kurt e Angela reagiram fugindo para se casar na prefeitura.

Quando meu pai descobriu, quase matou Kurt. Perseguiu-o de carro a mais de 140 quilômetros por hora, tentando jogá-lo fora da estrada. Quando o alcançou, deu-lhe uma surra e ameaçou deserdá-lo.

EM 1986, NÃO MUITO DEPOIS de seu casamento com Diane, meu pai passou a sofrer de intensas enxaquecas e a ter problemas de visão. Ele não tinha muito entusiasmo por médicos, fato que datava de sua infância, quando passara meses se recuperando de uma escarlatina. Diane o convenceu a fazer um check-up, e quando chegaram os resultados fui me encontrar com ele na sua casa em Oak Brook. As notícias não eram boas. Estava com problemas na glândula pituitária. Sua contagem de glóbulos brancos era ínfima, e temia-se que ele pudesse ter um tumor no meio do cérebro.

Após testes complementares confirmarem o tumor, meu pai exigiu imediatamente uma cirurgia no cérebro. Ao convocar a família para uma reunião, pintou sua condição em cores menos ruins, chegando a fazer brincadeiras. Mas comigo em particular, mostrou-se muito preocupado. Suas ordens foram precisas.

Ele me disse que eu precisava me estabelecer e dirigir as coisas junto com tio Nick, porque havia uma boa chance de ele morrer na operação ou ficar cego. Eu deveria ficar em segundo plano com os chefes, deixar que pensassem que meu tio estava dirigindo tudo.

À medida que seu problema de saúde foi piorando, minha devoção ao meu enfermo pai aumentou. Passamos "tempo de qualidade" juntos recapitulando regras e cenários específicos: nunca acreditar nem confiar totalmente em ninguém. Quaisquer perguntas diretas sobre os negócios, alegar ignorância. Cuidar da minha mãe, e não brigar com meus irmãos por causa de nada material. Ele queria que eu fosse cauteloso e trabalhasse intimamente com meu tio Nick. Sabia que as pessoas nas ruas podiam tirar vantagem da gentileza do tio Nick, sempre que não tivessem grana suficiente para a coleta.

Meu pai sentou-se comigo e com Kurt e puxou uma grande maleta de joias caras. Intimou-nos a dividir tudo pela metade. Kurt e eu nos entreolhamos.

"Nós não damos a mínima para as suas joias. Só queremos que você fique bem." Nós sabíamos como era difícil para ele abrir mão do controle.

No dia da operação, meu pai insistiu que ambas as famílias estivessem presentes na sala de espera. A vontade do meu pai era forte. Ao mesmo tempo, parecia vulnerável quando o levaram de maca. Pela primeira vez na minha vida, meu pai grande e forte parecia impotente.

Uma atmosfera constrangedora se abateu sobre a sala de espera quando as duas famílias do meu pai ocuparam cantos opostos. De um lado, Diane e sua família; do outro, minha mãe e meus dois irmãos e tio Nick. Depois de horas de cirurgia, os médicos tiraram do crânio do meu pai um tumor do tamanho de uma bola de golfe. Mas o prognóstico era bom. Ele teria dores por algum tempo, mas a cirurgia correra tranquilamente. Fiquei animado.

Uau! As coisas iriam mudar para melhor. Com uma segunda chance na vida, meu pai seria mais humilde. Veria a luz e talvez se afastasse da vida com a turma. Talvez o tumor fosse a razão para suas múltiplas personalidades e comportamento abusivo, e após a cirurgia o "papai bonzinho" voltasse permanentemente.

Passei a maior parte do tempo com tio Nick enquanto meu pai convalescia. Fazíamos o serviço de rua e coletávamos os pagamentos de empréstimos e taxas, e montamos um escritório provisório no porão da casa do meu pai em Oak Brook. À medida que ele ia melhorando, bolei um plano audacioso. Pintei para os amigos e associados mafiosos do meu pai um quadro abertamente sombrio acerca da sua saúde. Toda vez que topava com um amigo dele ou um associado da Organização, eu balançava a cabeça tristemente. Em pouco tempo espalhou-se o boato de que meu pai estava muito doente e possivelmente não sairia dessa. Perguntei a ele: "por que não bancar o doente e se afastar da turma, para não ter mais obrigações com a Organização?"

Ele considerou a ideia seriamente, mas à medida que foi ficando mais forte, mais remota ia ficando a possibilidade de "se afastar". Todas as minhas esperanças de uma aposentadoria se desfizeram quando ele me disse que estava ansioso por voltar à ação e reafirmar sua presença nas ruas. "Vou voltar às ruas e botar todo mundo na linha! E vou começar primeiro aqui pelo bairro. Vou deixar a bunda de todo mundo doendo!"

Enquanto se recuperava, meu pai perdeu um par de incumbências da Organização: o assassinato de Emil Vaci no Arizona, e os assassinatos de Tony e Michael Spilotro.

11. Philly Beans

Com seus verdes parques espalhados e grandes vias expressas, Oak Brook, em DuPage County, estava muito longe do Patch. Era ali que ficavam os quartéis-generais corporativos mundiais da rede McDonald's. Um cruzamento de ruas em Oak Brook podia ter o tamanho de um quarteirão urbano na Grand e na Ogden. Embora estivesse fora da sua zona de conforto construir uma grande casa de sonhos para ostentar, meu pai contratou um arquiteto para projetar sua nova McMansão.

Ele não se propôs a construir a maior casa do bairro, pois agora vivia entre a nata da Organização. Joe "Nagall" Ferriola tinha uma casa a uma quadra, enquanto o complexo de Joe Aiuppa ficava logo abaixo, descendo a rua. A casa do meu pai apresentava uma grande escada de madeira desembocando num enorme foyer aberto. Os dormitórios eram espaçosos, tamanho gigante, se comparados com os dias de sardinha enlatada no três-pisos de Elmwood Park. O interior era semelhante ao da casa do gângster da televisão Tony Soprano. Anos depois, sempre que minha mãe e eu assistíamos à série de TV, dávamos boas risadas associando a residência dos Soprano e seus sofisticados utensílios com a casa do meu pai em Oak Brook.

Ao contrário dos chefões atuais da Organização de Chicago, que converteram grande parte de suas fortunas em empreendimentos comerciais legítimos, para o meu pai era difícil fazer a mesma transição. Ele geralmente era rígido e inflexível demais para ser um sócio empresarial comportado, para não dizer silencioso. Exatamente como no caso do dono de livrarias adultas, ele desgastava as pessoas e as afugentava com suas exigências. Como resultado, sua incursão nos negócios legítimos limitava-se a copropriedades de barraquinhas de cachorro-quente e outros comestíveis com seus colegas de máfia.

Meu pai, tio Nick, Kurt e eu abrimos uma empreiteira, e contratamos alguns dos meus amigos de Elmwood Park. Juntos reformaríamos imóveis para vendê-los com lucros significativos. Depois que larguei meu invejável emprego na prefeitura, os empertigados empreiteiros Calabrese ganharam a licitação para um trabalho de alvenaria e revestimento num anexo do North Central College em Naperville. A sociedade revelou-se tensa desde o começo. Com meu pai no controle de tudo, as tarefas mais simples podiam levar horas para ser completadas.

Os negócios da Organização nas ruas de Chicago floresciam. Papai controlava seu império como um Gengis Khan. Seria preciso a maior das sutilezas para conseguir levar um Calabrese a se desfazer do seu dinheirinho suado – isto é, até o dia em que ele se enroscou com Philip "Philly Beans" Tolomeo, coletor autônomo de empréstimos da Organização.

Philly Beans começou como um policial de Chicago que tinha crescido com outro tira que virou a casaca, Mike Ricci. Trabalhavam lado a lado até que Philly foi expulso da corporação. Na verdade, Philly dirigia o Bistro A-Go-Go na noite em que Larry Stubitsch foi alvejado e morto por Dickie DeAngelo. Quando jovem, Philly tinha aquele jeitão de italiano bonitinho de *Os embalos de sábado à noite*, que as moças adoravam.

Philly tinha um fraco por menores de idade e adorava arrancar as fortunas de mulheres mais velhas. Todavia, Philly, o topa-tudo, era efetivamente capaz de conseguir uma tonelada de dinheiro de novos empréstimos nas ruas. Tinha muitas conexões e era especialmente benquisto. Meu pai tinha certeza de que conseguiria lidar com Philly Beans e fazer com que ele entrasse na sua equipe. Joe Ferriola sentia que, se havia alguém capaz de conseguir isso, este alguém era Frankie C.

Conheci Tolomeo em Melrose Park, numa barraca de cachorro-quente que meu pai possuía em conjunto com Mike Ricci, Nick, Johnny DiFronzo e Ronnie Jarrett. Recordo-me de ver Philly Beans conversando no telefone público, trajando um berrante casaco esportivo com calças combinando, e um vistoso chapéu de feltro amarelo-ferrugem.

Em 1987, Philly Beans tinha empréstimos por toda a cidade. Era um dos maiores arrecadadores da equipe. Embora fosse capaz de fazer muito dinheiro, era um "babaca", e eu e meu pai precisávamos ficar em cima dele. Todo sábado à noite meu pai e eu nos encontrávamos ao lado da Armand's Pizza, dentro de uma imitação de carro antigo, depois da hora de fechar. Eu esperava meu pai entrar atrás. Philly chegava pela porta dos fundos, e mais tarde chegava Ronnie Jarrett. Tolomeo nos mostrava sua papelada de empréstimos para conferir. Uma "aplicação de empréstimo Calabrese" típica era escrita à mão numa ficha de cadastro, completada com informações vitais do cliente, inclusive número da carteira de habilitação, data de nascimento, informação sobre emprego e salário, que joias e títulos possuía, e do que podia dispor como garantia. Meu pai e eu passávamos por essa rotina com Philly toda semana.

Quando meu pai voltou a trabalhar com a turma depois da convalescença, ele somou dois mais dois e concluiu que Philly estava emprestando dinheiro dele e tirando os juros para si. Aparentemente ele tinha feito algum curso na Escola Bancária Bernie Madoff/Charles Ponzi. Papai mandou meu tio verificar alguns dos fregueses de Philly que eram delinquentes e acabou descobrindo que ele tinha uma longa lista de devedores fantasmas. Afinal, Philly não estava distribuindo dinheiro de empréstimo dos Calabrese para novas contas; estava embolsando o dinheiro ele mesmo. Para compensar o déficit nos pagamentos, Philly Beans fazia constar alternadamente diferentes clientes como atrasados. Nos dias em que lhe faltava grana ou em que os números não batiam, ele repetidamente tomava a gentileza do tio Nick como fraqueza, e meu tio muitas vezes completava a diferença do seu próprio bolso.

Meu pai confrontou Philly com a demolidora evidência na M&R Auto, uma oficina de reparos em Elmwood Park de propriedade de um mecânico amigo, Matt Russo. Papai deu uma surra terrível em Philly, quebrando seu osso malar. Philly Beans acabou devendo ao meu pai mais de 300 mil dólares.

Meu pai e meu tio fizeram uma visita a Elmwood Park para resolver o problema de Philly com sua mãe. Meu pai explicou a ela que Philly tinha roubado uma larga soma de dinheiro de "certas pessoas" e que seu filho poderia estar em sérios apuros. Mesmo que não a tenha ameaçado, deu-lhe uma saída e propôs que usasse a casa como garantia para o empréstimo. Ele prometeu não despejá-la e lhe deu a opção de assinar a transferência da casa de 300 mil dólares para ele ou colocá-la em nome de algum dos parentes de Nick.

Uma vez tomada a casa, ele tratou Philly Beans com a máxima dureza, dando-lhe repetidos tapas na nuca e pouquíssimo dinheiro semanal para viver. Philly sabia que se pisasse na bola outra vez, acabaria com bem mais do que a cara quebrada. Desta vez, era a vida dele que corria perigo. Só fora poupado porque precisava trabalhar para restituir o restante dos trezentos paus que tinha roubado. No entanto, Philly entendia que, tão logo tivesse devolvido o dinheiro, se tornaria dispensável.

Philip Tolomeo desapareceu da área de Chicago. Descobriu-se que a turma Calabrese não era o único grupo do crime organizado que ele havia logrado. Além de se apropriar do dinheiro do meu pai, pegara dinheiro de outra equipe da Organização. Tolomeo fugiu para a Califórnia, onde se encarregou de outros serviços de sedução de senhoras e viúvas inocentes. Quando sua sorte acabou na Costa Oeste, Philly Beans entregou-se ao FBI. Antes de entrar no Programa de Proteção a Testemunhas, deu aos federais registros detalhados de coletas de empréstimos que fizera em nome da família Calabrese, quando trabalhava na turma da rua 26/Chinatown.

Agora o governo deveria tomar conta de Philly Beans até conseguir montar um caso contra a minha família. Isso se revelou altamente problemático para o FBI e o Programa de Proteção a Testemunhas porque Philly sucumbiu aos seus velhos hábitos de sedutor: foi preso solicitando os serviços de uma prostituta menor de idade e teve de ser retransferido. Pouco tempo depois, o FBI descobriu que ele estava de volta ao negócio de empréstimos ilícitos, trabalhando para a máfia do sul da Filadélfia. Foi preso novamente, e teve de ficar isolado no Programa de Proteção até o caso ser efetivado.

Apesar de seu jeito extravagante, Philly seria um problema para meu pai e a equipe se fossem a julgamento. Seu estilo macio, fanfarrão, e o conhecimento de primeira mão que tinha do funcionamento interno da equipe poderiam ajudar o governo a convencer qualquer júri.

12. Os rapazes lá no oeste

Se o envolvimento do tio Nick no assassinato de Emil "Mal" Vaci não tivesse sido tão terrível, a cena poderia ter saído direto do filme *Quase, quase uma máfia*. Meu tio, Parrudão e Frank Schweihs foram mandados pelos chefes para o Arizona e Las Vegas para resolver alguns problemas. Tudo que podia dar errado deu errado e, para Nick, acabou virando uma viagem bastante surreal.

A triste sorte de Emil Vaci começou no Hotel e Cassino Stardust em Las Vegas, durante os anos 70. O Stardust era dirigido por Al Sachs, Bobby Stella e o ás da jogatina da Organização, Frank "Lefty" Rosenthal, encarnado por Robert De Niro no filme *Cassino*. Lefty trabalhava sob vários cargos e funções para contornar as exigências de licenças para jogo. Ele não se defendera de acusações anteriores de conspiração para fraudar um jogo de basquete da Universidade de Nova York, quando abordou o armador Ray Paprocky. O proprietário registrado do Stardust, Allan Glick, e sua companhia, a Argent, operavam outras três propriedades em Vegas: o Hacienda, o Fremont e o Marina. Mas o Stardust era o carro-chefe de Glick.

Em 1979, o FBI tinha começado a investigar a trilha do dinheiro de Las Vegas. Naquela que mais tarde veio a ser conhecida como Operação Espantalho, coordenada pelo escritório do FBI de Kansas City, uma série de grampos do FBI revelou o "*skim*", um infame esquema de sonegação fiscal de Las Vegas. O *skim* é dinheiro vivo que entra e é "desnatado"* no ato, não contado, embolsado e escondido das declarações de rendimentos para o governo. Durante os anos 70, esse dinheiro era desviado para os

* No original, "skimmed". (N.T.)

quartéis-generais da máfia em Chicago e Kansas City. Parte do trabalho de Rosenthal era assegurar que o Stardust mantivesse seus números de *skim*.

Operando no vizinho Fremont havia um hábil gerente de caça-níqueis, George Jay Vandermark, que tinha quase 1,90 metro de altura, pesava quase cem quilos, uma versão mais velha de Alfred E. Neuman. Vandermark era fácil de identificar por causa da sua marca registrada: óculos de aro preto de chifre e aparelho de audição nos dois ouvidos. Um gênio de longa data nos caça-níqueis, Vandermark tinha montado um sistema no Fremont onde um conjunto de cabines de troco ficava no meio do cassino, bem debaixo do nariz dos inspetores da comissão de jogos, gerando renda pura mediante a calibragem errada das balanças que contavam as moedas pelo peso. Enquanto as cabines de troco "legítimas" estavam apenas "contando" novecentos dólares para cada mil entrantes, as cabines "extras" geravam 100% de fundos não contabilizados, não informados, "desnatados", da ordem de milhões de dólares por ano. A quantia exata efetivamente enviada de volta a Chicago era outra história.

Não demorou muito para Lefty Rosenthal transferir Vandermark do Fremont para o Stardust. Foi então que Dennis Gomes, do Departamento de Controle de Jogos de Nevada, descobriu o *skim*. Só que não conseguiu provar, pois a cada vez um vazamento nas agências legais de Las Vegas alertava os gângsteres de batidas iminentes nas salas de contagem dos cassinos. Gomes, cansado dessas dicas, agiu independentemente e montou sua própria batida inesperada no Stardust.

A batida espontânea de Gomes revelou um *skim* de 7 milhões de dólares de Vandermark. O problema era que a Organização tinha recebido apenas 4 milhões. Percebendo que acabara de abrir uma lata de minhocas para Vandermark, Gomes se dispôs a avisá-lo, só para ser informado pelo filho de Jay que seu pai saíra "de férias" para o México em meados de maio de 1976.

Alguns dias depois, o filho de Vandermark foi achado morto, aparentemente por uma overdose de drogas. Vandermark retornou aos Estados Unidos depois que o filho foi assassinado. Em vez de voltar a Las Vegas, ele se mudou para Phoenix e se instalou no Arizona Manor, um local badalado para celebridades, sob o nome de George Skinner. O Manor era gerenciado por Emil Vaci – que organizara excursões de jogo de Phoenix para Las Vegas e era ligado à Organização. Vaci deu a dica para John Fecarotta e Jimmy LaPietra. Eles fizeram uma visita a Vandermark no Manor e o levaram para um passeio. Depois de Vandermark ser morto no próprio local, seu corpo foi retirado numa cadeira de rodas, levado para o deserto e enterrado.

Quase cinco anos depois, em 1981, um grande júri em Kansas City indiciou um punhado de chefes da máfia, inclusive Joe Agosto e o chefão de Kansas City, Nick Civella, por "desnatar" a receita e redirecionar fundos de jogo dos hotéis de Las Vegas para contas da máfia. Porém, após sete condenações em 1983, o governo ainda queria saber do desaparecimento de Vandermark.

Em 21 de janeiro de 1986, Emil Vaci foi interrogado por um grande júri sobre o desaparecimento de Jay Vandermark. Os chefões da Organização estavam preocupados que seu depoimento não só os expusesse a todos, mas afetasse toda a operação de *skimming*.

A aparição de Vaci diante do grande júri foi problemática. Geralmente os gângsteres, recorrendo à Quinta Emenda diante de um grande júri, passam apenas um curto tempo a portas fechadas. Vaci passou mais de três horas lá dentro. Embora não tivesse revelado nada, a Organização teve sérias dúvidas e, já que era melhor se prevenir do que remediar, decidiu-se em Chicago que Emil Vaci precisava sumir.

Ficou resolvido que um grupo de executores de elite seria enviado de Chicago para o oeste, não só para tratar da preocupante presença de Vaci no grande júri, mas também para cuidar de Tony Spilotro em Las Vegas. Spilotro e seu grupo estavam fora de controle, fazendo assaltos e chamando a atenção, irritando Tony Accardo e Joey Aiuppa. Spilotro se tornara uma das mais celebradas figuras do crime da Organização desde Capone. Suas escandalosas farras de crimes de alto nível afligiam a Organização e continuavam gerando publicidade indesejada na medida em que a imprensa de Las Vegas informava regularmente assaltos e invasões de residências que não eram autorizados pelos rapazes "de casa".

A hierarquia da Organização estava de saco cheio com os problemas vindos do oeste, e a irritação chegou ao auge quando Joey Aiuppa e Jackie Cerone foram sentenciados à prisão porque Spilotro estava fora de controle em Vegas. As histórias que chegavam aos ouvidos de Aiuppa diziam que Spilotro estava envolvido com a mulher de Rosenthal, Geri (interpretada por Sharon Stone em *Cassino*). Os velhos bigodes, como eram conhecidos, franziam o cenho para a violação de um tabu de longa data, dormir com a esposa de um mafioso de alta patente. A cereja do bolo eram os assaltos e assassinatos não autorizados, que apenas atraíam mais atenção para Spilotro e sua turma, chamada de Hole on the Wall [Buraco na parede].

Em março de 1986, tio Nick recebeu um telefonema de Parrudão Fecarotta para ir para o oeste, para o Arizona. Por estar transportando explosivos (fornecidos por Little Jimmy Marcello) dentro de seu saco de viagem, meu tio optou por pegar um trem em vez de ir de avião. Ao chegar à estação de Phoenix, foi recebido por Parrudão e Frank "the German" [Alemão] Schweihs. Os três foram juntos de carro para Las Vegas, com o objetivo de passar duas semanas "em cima" de Tony e Michael. O plano inicial era pegar primeiro Spilotro, depois ir para o Arizona e cumprir a incumbência referente a Vaci.

O trio ventilou algumas ideias sobre como matar os Spilotro. Frank Alemão sugeriu executá-los a tiros com uma Uzi nos escritórios de um advogado local que ficavam num porão. Ou então, que tal matá-los nas escadarias do tribunal depois de alguma audiência à qual tivessem comparecido? Discutiu-se a possibilidade de morte por explosivos. Meu tio, que não era de correr riscos, não estava convencido. Não adiantava uma execução no estilo caubói, como teria feito Butch Petrocelli.

"Se matarmos esses caras com uma Uzi em plena luz do dia", raciocinou meu tio, "eles vão fechar a cidade. Só há uma ou duas entradas e saídas de Las Vegas. Nunca vamos sair com vida."

Como o grupo descobriu, era extremamente difícil encontrar os dois irmãos Spilotro juntos e vulneráveis. Chegando de volta ao Arizona, vindo de Vegas, tio Nick conheceu Paul "Indian" Schiro, um arrombador de carreira que servia como ponto de referência para a Organização no sudoeste. Era um velho amigo de Emil Vaci, fato que não pareceu impedi-lo de ajudar a planejar sua morte.

À medida que os dias e semanas se passavam, em Chicago o chefe Aiuppa, na prisão, ia ficando impaciente com os rapazes no oeste. Já tinham gasto perto de 100 mil dólares, enviados via Federal Express por Sam "Wings" Carlisi, escondidos dentro de um carregamento de cigarros. Após semanas espreitando os Spilotro com resultado zero, meu tio estava começando a se preocupar por ter desperdiçado tanta grana da Organização sem ter nada para mostrar. Temendo que a Organização, impaciente, pudesse apertar o botão contra *eles*, decidiram que Emil Vaci teria de ser morto primeiro, e pronto. Mas como?

Uma proposta: meu tio se vestiria como entregador da FedEx, entraria pelos fundos da butique de roupas da mulher de Vaci e daria um tiro nele. Esse plano foi frustrado porque havia um homem da companhia telefônica nos fundos, no alto de um poste, instalando novas linhas telefônicas. Seria um federal?

Outra opção: assassinar Vaci na frente do Ernesto's, o restaurante onde ele trabalhava como maître.

Depois de ser subitamente chamado de volta para Chicago e redespachado, o grupo, agora composto por Nick, Paul Schiro, Jimmy DiForti, John Fecarotta e Joey Hansen (deixando Frank Alemão em Chicago), voltou ao Arizona com um plano novo. Os quatro mafiosos rapidamente voltaram ao trabalho. Cavaram três buracos a 45 minutos da cidade. Estacionaram um Pontiac Grand Prix 1986 (que Frank Alemão roubara antes) para guardar lugar ao lado da vaga habitual de Vaci no estacionamento. Segundo um relatório e a citação redigida em 26 de março de 1986, todos os quatro pneus do Pontiac tinham sido rasgados por vândalos, o que levantou preocupações entre o esquadrão de que talvez houvesse alguém possivelmente sabendo do golpe.

Antes do assassinato, meu tio e Parrudão foram de carro de Phoenix a Las Vegas, possivelmente para pegar armas. No caminho de volta para Phoenix, pararam num cassino em Bullhead City, já no Arizona, onde

Fecarotta ganhou uma bolada de 2.100 dólares. Curiosamente, foi meu tio quem assinou o formulário de imposto, usando seu próprio nome, o que, mais uma vez, décadas depois, o colocou na proximidade do assassinato de Vaci.

Fecarotta iria mais uma vez de Phoenix a Las Vegas antes da morte de Vaci. Depois de ser forçado a testemunhar numa audiência em Washington, D.C., numa investigação dos vínculos da Organização com centrais trabalhistas, Parrudão sentiu que estava atraindo a atenção dos agentes da lei. O capo Jimmy LaPietra mais tarde consideraria a partida de Fecarotta para Las Vegas como abandono de suas obrigações para com a Organização em Phoenix.

O plano final foi simplificado. Tio Nick e Hansen iriam agarrar Vaci uma noite após o trabalho, jogá-lo numa van Econoline estacionada bem ao lado de seu carro, alvejá-lo e estrangulá-lo, e então depositar o cadáver em um dos três buracos fora da cidade.

O papel de cada membro do grupo foi definido na noite da execução: Nick daria os tiros, Joey Hansen seria o motorista da van, e Paul Schiro e Jimmy DiForti ficariam de vigília. Depois do horário de fechar, na noite de sábado, 7 de junho de 1986, Vaci, que acabara de comprar um terno novo para vestir numa cerimônia em que renovaria seus votos conjugais, saiu para pegar o carro. De repente, tio Nick abriu a porta da Econoline e o agarrou. Seguiu-se uma luta. Juntos, Hansen e meu tio arrastaram Vaci até a van. Primeiro Vaci achou que estava sendo assaltado. Mas quando Hansen saiu do estacionamento e meu tio puxou a pistola calibre 22 com silenciador, Vaci soube exatamente o que estava se passando, especialmente quando notou o grande plástico azul no chão da van.

Vaci implorou, "Eu não disse nada, rapazes. Vocês não precisam fazer isto. Eu não disse nada".

Meu tio segurou a 22 contra a cabeça de Vaci e apertou o gatilho. Nada aconteceu. A arma tinha emperrado. Mas não por muito tempo. Ele acertou Vaci diversas vezes na cabeça com a 22. O corpo foi embrulhado dentro do plástico azul. A caminho de uma das covas, Hansen refletiu em voz alta: Será que Vaci estava morto? Para se certificar, tio Nick lhe deu mais um tiro na cabeça. Nervosos com uma viagem de 45 minutos com um cadáver na van, Nick e Joey resolveram esquecer os buracos cavados, encostar do lado da estrada e jogar o corpo embrulhado no plástico no leito de um canal seco. Quando se afastavam às pressas, meu tio notou que sua arma de reserva, uma 38, estava faltando. Mais tarde ela apareceu – embrulhada no plástico azul junto com o corpo de Emil Vaci.

13. Matança dos Jivago

O DESTINO DE TONY E MICHAEL SPILOTRO no sábado, 14 de junho de 1986, uma semana depois da morte de Emil Vaci, é bem conhecido pelo filme *Cassino* e pelo interesse nacional que a história alimentou. Tony e meu pai (sendo papai um ano mais velho) cresceram na mesma vizinhança, no Patch. A primeira ligação da família Calabrese com os Spilotro foi quando a família do meu pai alugou um apartamento no terceiro andar ao lado do prédio que abrigava o Patsy's, o pequeno restaurante da família Spilotro.

Batizado em homenagem ao pai, Pasquale Spilotro, um imigrante da província italiana de Bari, o Patsy's era um lugarzinho acolhedor localizado bem na Grand com a Ogden. A cozinha italiana à maneira da velha terra (e seu estacionamento adjacente, usado para encontros de mafiosos) era um ímã para as principais figuras da Organização, Tony Accardo, Sam Giancana, Jackie Cerone e Gussie Alex. Em certa época, seis irmãos Spilotro trabalhavam no restaurante do pai antes de sair para cuidar de seus próprios negócios.

Lembro-me de estar parado com meu pai na esquina da Grand com a Ogden quando ele me falou do Patsy's e que Pasquale Jr., que nós conhecíamos como dr. Pat Spilotro, era o mais duro e inteligente dos irmãos Spilotro. Ele disse que era irônico, porque o dr. Pat fora o único irmão a se afastar dos problemas e virar um grande dentista e homem de família. Ele foi o dentista da nossa família durante anos.

Assim como meu pai, Tony foi para as ruas depois de cair fora da escola. Sua primeira detenção ocorreu em 1955 por furto em lojas e roubo de bolsas. Em 1962 ele começou sua associação com Lefty Rosenthal, tentando fazer arranjos de jogos colegiais de basquete e futebol americano. À medida que a notoriedade de Tony crescia, ele foi subindo rapidamente a escada da Organização, ficando ombro a ombro com Joey Aiuppa, Turk Torello, Angelo e Jimmy LaPietra e, mais tarde, Joey Lombardo.

Meu pai me dizia com frequência que ele e Tony se estranhavam quando eram mais moços na Grand com a Ogden. Tony não metia medo no meu pai. Uma noite estavam numa boate e Tony ficou olhando feio para o meu pai da outra ponta do bar. Isto é para se ter uma ideia de como meu pai era brigão. Quando viu Tony entrando no banheiro sozinho, meu pai entrou atrás, trancou a porta, virou e perguntou se Tony tinha alguma coisa em mente. Tony disse que não, então os dois voltaram para o salão, ficaram um par de horas sentados, conversando sobre as coisas e resolveram a parada. Eles se entendiam. Tony respeitava meu pai porque ele não recuava, ao contrário da maioria das pessoas nas ruas.

Enquanto Tony podia ter respeito pelo meu pai, houve um tempo em que meu pai considerou seriamente convidar Michael Spilotro para se juntar à sua turma de Chinatown. Dos dois irmãos, Michael tinha mais personalidade, e mais tarde sua boa aparência lhe rendeu alguns papéis na televisão (uma vez interpretando um agente do FBI) com Robert Conrad e Larry Manetti em *Magnum*. Tanto Conrad como Manetti são atores nascidos em Chicago.

Uma coisa que Tony e meu pai tinham em comum era que os dois eram líderes natos, mas o que os chefes não gostavam é que ambos eram rápidos com as mãos e violentos demais.

No começo dos anos 70, Tony foi despachado para Las Vegas para suceder a Marshall Caifano como os olhos e ouvidos da Organização na Cidade do Prazer, trabalho para o qual meu pai estava na fila. A escolha recaiu sobre um dos dois porque o que os chefes queriam em Las Vegas era alguém que fosse temido e pudesse manter todo mundo na linha. Penso que meu pai teria se saído melhor, porque era mais discreto e escutava os chefes.

Com Michael em Chicago em 1971, Tony se mudou para Las Vegas e logo se reencontrou com seu amigo Lefty Rosenthal. Em pouco tempo excedeu suas atribuições de supervisionar o *skim* dos cassinos da Organização, passando a organizar assaltos a residências, cafetinagem, garotas de programa e roubos à mão armada, exigindo que todos pagasssem uma taxa das ruas – e todos pagavam.

Ele montou a Joalheria Gold Rush na avenida West Sahara com o auxílio de outro amigo de infância, Frank Cullota. A Gold Rush servia como ponto de encontro dos criminosos que vinham para o oeste. Em pouco tempo ficaram conhecidos como a Gangue do Buraco na Parede. Receberam esse nome porque abriam caminho nos lugares por meio de buracos feitos em paredes, portas e telhados. Desse elenco de estrelas participavam ainda o irmão de Tony, Michael Spilotro, Sal Romano e seu líder, Frank Culotta. Como sócio e amigo íntimo de Nicky Santoro, o ator Frank Vincent interpretou Culotta no filme *Cassino*, de 1995. Culotta serviu de "consultor técnico" para o filme.

Em 1978, a Gangue do Buraco na Parede havia evoluído de roubos, assaltos à mão armada e extorsão para o comando de execuções de agentes-chave do FBI. Em 1979, o nome de Spilotro entrou no Livro Negro, barrando sua entrada em qualquer cassino de Nevada. Isso serviu para acelerar as travessuras da Gangue do Buraco na Parede.

No primeiro andar da Gold Rush ficava a seção de joalheria, onde eram vendidos anéis, braceletes e colares com descontos excepcionalmente elevados. O andar não era acessível ao público; ali, Tony vendia rádios sintonizadas na frequência da polícia e equipamento de vigilância para assaltantes.

Quanto mais temerário Tony se tornava com suas vítimas, equipe e visibilidade, pior ia ficando sua situação "lá em casa", isto é, em Chicago. Enquanto Tony era a mente criminosa dominante entre os dois irmãos, Michael era ambicioso e queria escalar o suficiente a hierarquia para provar o gosto do status do irmão. Para todos era evidente que Michael estava montado na reputação temível do irmão. Ambos estavam envolvidos em esquemas de extorsão, assaltos, garotas de programa na Las Vegas Strip e apostas ilegais. As coisas começaram a mudar rapidamente para Tony quando Angelo LaPietra e Joey Aiuppa foram condenados a cumprir pena no caso do dinheiro ilegal dos cassinos da Operação Espantalho.

A eliminação de Tony e Michael uma semana depois de Emil Vaci é a matéria da qual as lendas do crime são feitas. Uma vez que o esquadrão de execução formado por tio Nick, John Fecarotta, Jimmy DiForti e Frank Alemão saiu sem nada, os encarcerados Joey Aiuppa e Angelo LaPietra tiveram uma palavrinha com Sam Carlisi, o chefe. Tony tinha que ser liquidado, e Michael devia ser incluído. O reinado de Spilotro em Las Vegas estava chegando ao fim.

Quando Tony obteve uma interrupção de seu julgamento por extorsão por causa de sua "condição cardíaca", adicionou mais um prego em seu caixão. Aiuppa ficou furioso de estar passando seus anos dourados numa prisão federal, e sentiu que era devido ao comportamento espalhafatoso e descontrolado de Spilotro que estava atrás das grades. O golpe de misericórdia foi o caso de Spilotro com Geri Rosenthal, esposa de Lefty.

Enquanto o relógio batia os segundos rumo ao fim de Tony e Michael Spilotro, os dois irmãos foram chamados de volta para Chicago, aparentemente para uma importante reunião em que Michael seria "iniciado" e Tony promovido a capo.

Foi Parrudão Fecarotta quem, uma semana antes, deu a tio Nick o sinal verde indicando que os Spilotro estavam condenados a morrer. Quando se reportou ao meu pai, e eu estava na sala, meu tio nos contou o plano para matar tanto Tony como Michael. Meu pai não ficou contente. Estava decepcionado pelo fato de os chefões não o terem envolvido no planejamento do golpe.

Vi preocupação na face do meu pai pelo fato de Michael estar incluído. Ele achava que os chefes estavam perdendo a mão e se perguntou o que impediria que ele e tio Nick estivessem algum dia na lista de eliminações. Conversamos por algum tempo sobre como as coisas estavam mudando.

Sábado à tarde, 14 de junho de 1986, tio Nick foi sozinho de carro até o shopping center de Oak Brook, na rodovia 83, pouco a sul de Bensenville. Ali, no estacionamento da Venture, uma rede de lojas de departamentos da região, encontrou-se com Parrudão e Jimmy LaPietra. Mais tarde foram apanhados por Jimmy Marcello, que os levou a um endereço em Bensenville.

Segundo meu tio, ao entrarem na casa, foram recebidos por John DiFronzo, Sam Carlisi e Joe Ferriola. Depois de trocarem cumprimentos, tio Nick e o grupo foram até o porão, onde ele viu Louis "Mooch" Eboli, Louis Marino e três outros "cavalheiros" que não reconheceu ou não conhecia. Como se tratava de uma "festa de assassinato formal", todos estavam usando luvas.

Com tudo no lugar, Marcello deixou a casa para apanhar os irmãos Spilotro. Voltou com eles cerca de trinta minutos depois. Foram ouvidos cumprimentando pessoas no andar de cima. Nick estava no porão. Não sabia exatamente quem estava em cima, além de Marcello, Michael e Tony.

Segundo o testemunho de Nick, Michael entrou no porão primeiro e foi agarrado por Eboli, Marino e meu tio. Nick testemunhou que ele e Marino o seguraram no chão enquanto Eboli rapidamente passava a corda em torno do seu pescoço e o estrangulava. Enquanto meu tio estava distraído com a morte de Michael, ouviu Tony dizer: "Caras, vocês vão se meter em encrenca." Depois, percebendo que era o fim, pediu para dizer uma oração. Pedido negado. (DiFronzo e Marino nunca foram acusados.)

Após os assassinatos, Marcello levou meu tio, Fecarotta e Jimmy LaPietra de volta para o shopping center. Tio Nick acompanhou Fecarotta e LaPietra para largar o carro de Tony num hotel, onde foi encontrado mais tarde. Nick não sabe como os Spilotro chegaram ao seu "lar funeral" em Indiana, mas concluiu que cada equipe tinha uma responsabilidade específica e nenhum conhecimento do que as outras equipes faziam.

Ann Spilotro, mulher de Michael, mais tarde testemunhou que Michael lhe dissera que ia se encontrar com Marcello no sábado à tarde junto com Tony, e que estariam subindo na Organização. Na noite anterior, sexta-feira, 13 de junho, Michael disse a Ann que se não estivesse às nove da noite na festa de formatura à qual planejavam comparecer no dia seguinte, algo tinha dado errado. Deixaram seus anéis e joias dentro de um saco plástico. A filha de Michael, Michelle, testemunhou que na manhã de sábado atendeu a um telefonema de um homem que conhecia como Jim, que pediu para falar com seu pai. (Foi Michelle quem identificou Jimmy Marcello, voz número 6, como "Jim" num "reconhecimento de voz" conduzido pelo FBI. Segundo as fitas do FBI, o nome em código de Jimmy Marcello para os Spilotro era "os Jivago".)

Meu pai me disse inúmeras vezes que foi Aiuppa quem ordenou a morte de Tony, e que queria o serviço feito antes que ele e Angelo se apresentassem para a prisão. Aiuppa não se importava como; só queria o serviço feito. Embora apenas Tony tivesse provocado a ira dos chefões da Organização, matar Michael foi considerado uma precaução necessária. Se tivesse permanecido vivo, sempre haveria a preocupação com vingança, ou pior, com as informações que ele tinha e que eram suficientes para derrubar toda a Organização.

Para Frank Culotta, os irmãos Spilotro sabiam que era o fim da linha. "Eu sabia que ele ia ser morto", disse Culotta, "e quando ele desapareceu, me perguntaram: 'Você acha que ele fugiu?' 'Não, ele está morto.' 'Como você sabe?' 'Ah, vamos lá, Tony não vai fugir. Ele sabe que não pode ir a lugar nenhum'".

Havia um boato de que Tony tinha seu próprio *skim*, e que pouco depois da sua morte, quando as autoridades foram até sua casa em Las Vegas, acharam milhões escondidos numa parte oca do piso, debaixo de um colchão d'água. Teria Spilotro "desnatado" durante anos, sem dar aos chefes a quantia certa?

Primeiro o FBI pensou que Tony e Michael tinham sido enterrados num ferro-velho em Illinois. Isto se baseou numa pista e levou a uma investigação que se revelou infrutífera. O gângster Al "Caesar" Tocco e o rei dos açougueiros Nicholas "Nicky" Guzzino estavam entre aqueles que fizeram um trabalho malfeito no enterro dos cadáveres, o que levou à descoberta dos corpos por um fazendeiro de Indiana ao longo da rodovia 41.

Betty Tocco, esposa de Al, subsequentemente testemunhou que na manhã de domingo, 1º de junho – Dia dos Pais –, Tocco telefonou às seis horas berrando que ela devia sair de casa imediatamente para apanhá-lo num posto de gasolina na rodovia 41 perto de Enos, Indiana. Betty fez uma curta viagem de vinte minutos e encontrou Tocco sujo e desgrenhado, com seu macacão de trabalho azul. O posto de gasolina ficava a cerca de um quilômetro e meio do local onde foram enterrados.

Segundo o testemunho de Betty, Al estava zangado por ter sido separado de Nicky, Tootsie e Chickie; Nick Guzzino, membro da diretoria executiva da Unidade 5 da Central Internacional dos Trabalhadores da América do Norte e depositário dos fundos de pensão; Dominick "Tootsie" Palermo; e Albert "Chickie" Roviero. Tocco e seus três "coveiros" receberam instruções para o sepultamento.

Ao reconstituir os assassinatos dos Spilotro, Ross Rice, do FBI, concluiu que se tratou de uma operação altamente compartimentada. Havia sujeitos na casa do assassinato em Bensenville que não se conheciam, e isso foi proposital. Ficou óbvio que membros das várias equipes receberam suas respectivas incumbências diretamente do topo. Tocco, como chefão de Chicago Heights, ficou encarregado de enterrar os dois irmãos.

Betty Tocco continuou seu depoimento recordando que Al estava irado com Chickie, Nicky e Tootsie por eles terem ido embora com um dos *walkie-talkies*. Enquanto cavavam ficaram apavorados quando um carro desceu a estrada perto demais do local do enterro. Depois que se separaram e Tocco não teve mais como se comunicar, ele andou a noite toda, e finalmente, por volta das seis da manhã, conseguiu chegar ao posto de gasolina na rodovia 41, onde Betty foi apanhá-lo. Depois de levar o marido para a casa de Chickie e descobrir que ele não estava lá, foram até a companhia de saneamento de Al, a Companhia de Lixo de Chicago Heights, com ele ainda vestindo as mesmas roupas imundas.

SEGUNDO O AGENTE APOSENTADO do FBI James Wagner, ex-presidente da Comissão do Crime de Chicago, Tony Spilotro era "um matador e um indivíduo muito perigoso com 'síndrome de homem pequeno'" e "temperamento explosivo", além de "muito arrogante e do contra". Desde a sua morte, Tony Spilotro tornou-se uma lenda imortalizada da máfia.

O agente aposentado do FBI Zack Shelton relata um jantar de 1978 que teve com um colega, um sujeito brigão chamado Ron Elder, no restaurante de Tony. Estavam em Las Vegas para capturar Spilotro como parte da Operação Espantalho. Enquanto Shelton e Elder comiam, ouviram comentários em voz alta vindos da mesa no canto oposto do restaurante.

"Os filhos da puta do FBI estão aqui... aqueles merdinhas de agentes do FBI..."

A esta altura Elder se levantou e foi até a outra mesa para descobrir Tony Spilotro com seus associados e namoradas.

"Estamos aqui tentando aproveitar um jantar, e não gostamos de ouvir os seus comentários de boca cheia da nossa mesa. Se você tem mais alguma coisa a dizer, vamos lá fora agora."

Elder voltou para a sua mesa, e os agentes terminaram o jantar sem problema. Posteriormente durante a viagem, os agentes estavam fichando e tirando as impressões digitais de Tony no escritório do FBI de Las Vegas quando Bud Hall, colega de Zack, surgiu na porta e espiou para dentro.

"Bud deu uma olhada em Tony de cima a baixo", recordou Shelton, "e disse: 'você realmente é um pequeno bostinha, não é?'"

Se é de conhecimento geral que Tony serviu de modelo para o personagem Nicky Santoro, interpretado por Joe Pesci no filme *Cassino*, de Martin Scorsese e Nicholas Pileggi, há semelhanças arrepiantes entre Tony Spilotro e outro personagem cinematográfico ficcional do trio Pesci/Scorsese/Pileggi: é Tommy DeVito, de *Os bons companheiros*, de 1990. Além da impressionante semelhança de Tony com o Santoro de *Cassino*, o personagem Tommy de *Os bons companheiros* encontra um destino similar ao de Tony e Michael depois de ser convocado pelos chefes hierárquicos a pretexto de ser "iniciado". Quando chega, é eficientemente executado num porão residencial, o que é parte Spilotro, parte Sam Giancana.

Em *Cassino*, há outra cena famosa na qual o Nicky inspirado em Spilotro apunhala um homem até a morte com uma caneta-tinteiro num bar. Lembro-me do meu pai contando uma história parecida sobre Tony Spilotro, exceto que num contexto bem diferente.

Quando *Cassino* foi lançado, meu pai falou sobre aquela cena. Só que sua experiência não aconteceu num bar. Aconteceu num lava-carros na avenida Harlem, descendo um pouco a rua onde Tony e Michael moravam em Oak Park. Meu pai estava passando de carro por acaso e viu Tony brigando no estacionamento, apunhalando um cara com uma caneta. Saiu correndo para ver se Tony precisava de ajuda. Tony estava bem, mas meu pai lhe disse para se mandar rapidinho dali.

Eu via Michael no seu restaurante, o Hoagies Pub. Ele e Tony vendiam maconha e cocaína no local. Mais tarde, contei ao meu pai o que achava que estava ocorrendo com Tony e Michael. No começo meu pai achou que eu estava enganado, pois eu tinha de tomar cuidado para ele não descobrir como eu sabia que estavam vendendo cocaína. Michael, meu pai e o subchefe da zona oeste, Tony Centracchio, saíam juntos socialmente e fizeram alguns negócios em conjunto.

Centracchio, que faleceu em 2002, supervisionava a rede de jogatina por vídeo nos subúrbios do oeste enquanto investia legalmente seu dinheiro numa joalheria, numa revenda varejista de tapetes e, o mais estranho, numa clínica de abortos. Um grampo do FBI colocado na clínica revelou que Centracchio fazia sexo com uma funcionária consideravelmente mais jovem.

Enquanto meu pai se recuperava da cirurgia no cérebro, discutiu o assassinato dos irmãos Spilotro com meu tio e comigo enquanto fazíamos a contabilidade no porão da casa de Oak Brook.

Depois que Tony e Michael apareceram mortos, meu pai me disse para parar de ir no dr. Pat. Temia que Pat pudesse tentar alguma coisa pelo fato de seus irmãos terem sido assassinados. Então, achamos dentistas novos.

Meu pai tinha uma regra rígida e clara que remetia ao caso de Tony Spilotro com a mulher de Rosenthal, Geri. Ele nunca ia intencionalmente à casa de um homem da Organização se a esposa deste estivesse sozinha. Em vez disso, mandava Kurt e eu. Quando Ronnie Jarrett estava na cadeia, eu e Kurt íamos lá entregar o dinheiro mensal para a esposa e os filhos de Ronnie.

Meu pai tinha medo de ficar comprometido se fosse à casa de um amigo que estivesse na prisão. A esposa estava solitária, e talvez estivesse à procura de um ombro para chorar. Isso podia criar problemas. E se ela tentasse alguma coisa com meu pai e ele dissesse não? E se a mulher fosse até o marido e dissesse que meu pai tinha tentado lhe passar uma cantada? Na cabeça do meu pai isso poderia representar um problema enorme dentro da Organização, especialmente depois de Butch Petrocelli e Tony Spilotro terem se envolvido com esposas de outros caras de lá.

A morte dos Spilotro emitiu ondas de medo não só pelas ruas, mas também pelos escalões da Organização. As coisas *haviam* mudado. Todo mundo precisava ficar mais esperto, mais cuidadoso, e não confiar em *ninguém*. A nova regra era: se meu pai e meu tio fossem convocados pelos chefes, não iriam juntos. Em vez disso, inventariam desculpas dizendo que o outro estava doente. Meu pai e meu tio especulavam quem na Organização podia querer a morte *deles*.

Eu fui instruído pelo meu pai e meu tio de que, no caso de eles serem mortos como Tony e Michael, eu teria uma lista mental de quem procurar para vingar suas mortes.

14. Ah, não, você não!

Eu deveria estar no banco traseiro de um Buick roubado que servia como carro de trabalho na noite em que meu tio matou John Parrudão Fecarotta. Em setembro de 1986 eu estava com 26 anos e totalmente dedicado à equipe do meu pai e ao seu modo de vida. Depois de assumir um papel maior nas operações do dia a dia, eu estava pronto para dar um passo gigantesco ao planejar e auxiliar meu primeiro assassinato no mundo da máfia.

Decidiu-se que John Fecarotta precisava ser eliminado. Ele estava rapidamente perdendo moral com meu pai e seus patrões, Johnny Apes e Jimmy LaPietra. Jimmy "Tires" DiForti sabia disso, também. Os dias de Parrudão estavam contados.

Uma vez emitida a ordem por Jimmy LaPietra, meu pai, meu tio e eu planejamos cuidadosamente o assassinato de Fecarotta no porão do duplex de vovó Sophie. Como eles haviam tido problemas sérios, concordamos que meu pai não deveria estar no carro; do contrário, Fecarotta perceberia a jogada. Meu pai concordou com relutância que eu ficaria no banco traseiro do Buick roubado e que Big John ficaria mais à vontade comigo do que com ele. Enquanto meu pai tinha reservas quanto ao meu envolvimento na execução, meu tio era 100% contra, tanto que insistiu em fazer a coisa sozinho. Embora liquidar Fecarotta sozinho sentado no banco da frente pudesse ser extremamente arriscado, ele queria prosseguir sem mim.

"Veja, posso fazer isso sozinho", ele disse ao meu pai.

Acredito que meu pai deixou meu tio convencê-lo a não me deixar ir porque, em primeiro lugar, estava dividido em relação à minha participação. O combinado era que, embora meu tio fosse fazer a coisa sozinho, em vez de levar só uma arma, ele levaria um apoio... em caso de necessidade.

Meu pai era o mestre das "reuniões". Ele tinha conseguido o sinal verde para eliminar Fecarotta ao elaborar uma lista de agravos que apresentou a Jimmy LaPietra, sucessor de seu irmão Angelo, que estava numa prisão federal. A lista das indiscrições de Parrudão era longa e convincente. Detalhava como ele não pagava o dinheiro que devia a Johnny DiFronzo pelos seus carros, e como sua namorada o acompanhara para o oeste na época da execução. E relatava como ele tinha gasto 100 mil paus do dinheiro da Organização seguindo Tony e Michael Spilotro em Las Vegas e Emil Vaci em Phoenix, o episódio em que ganhou a bolada de 2.100 dólares num cassino, um dinheiro sujeito à taxação – e portanto rastreável pela Receita –, e como tinha insistido com meu tio Nick para que assinasse o formulário de pagamento. Isso desagradou aos chefões em Chicago, especialmente porque os membros do esquadrão de execução deviam estar viajando sob identidades falsas e ninguém deveria saber que estavam perto de Las Vegas.

A relação entre os irmãos Calabrese e Parrudão azedou de vez depois que tio Nick foi persuadido a assinar pelo dinheiro ganho por Fecarotta em meio à crescente sensação de que Parrudão era um estorvo sem tamanho. Mas o que aborreceu mais o meu pai foi o fato de Fecarotta invadir o território Calabrese, obrigando um cliente de empréstimos, Richie Urso, jogador inveterado, a pagar a hipoteca de sua casa no número 268 da Gage Road, no subúrbio de Riverside, em Illinois. Fecarotta estava meses atrasado com sua hipoteca (até mafiosos financiam casas) e foi longe demais elaborando *papéis* que ressaltavam as obrigações financeiras de Urso para com ele, deixando meu pai completamente de fora. Big John sem dúvida sabia que Urso tinha pesadas dívidas com a nossa turma.

"Quero a porra do meu dinheiro", exigiu meu pai, segurando uma lâmina perto dos genitais de Urso.

"Mas estou pagando a Fecarotta."

"Você paga essa porra pra mim. O empréstimo é meu."

"E os meus pagamentos para Fecarotta?"

Um acalorado encontro entre meu pai e Fecarotta se revelou improdutivo. Quando meu pai arranjou uma "reunião" com Jimmy LaPietra, meu tio estava ao lado para recapitular todas as práticas questionáveis e fraudulentas de Fecarotta. Por meio do capo Jimmy LaPietra eles tiveram seu desejo satisfeito, sinal verde do chefão da Organização, Sam "Wings" Carlisi, para eliminar Big John. Meu pai e sua turma perderam pouco tempo planejando o assassinato.

Ao entardecer de 14 de setembro de 1986, exatamente três meses depois de Tony e Michael terem sido assassinados, tio Nick apanhou Parrudão no Buick sob o pretexto de plantar uma bomba num dentista em dívida com o sindicato que havia traído a Organização. Embora o dia estivesse razoavelmente quente, os dois homens usavam finas e escuras luvas de couro. Primeiro meu tio quis usar luvas de trabalho do tipo utilizado em construção, que chamariam menos atenção em Chicago numa noite quente de setembro. Quando não conseguiu achá-las, pegou um par de luvas pretas no lugar.

Fecarotta jamais suspeitou que a bomba tirada por Nick de uma sacola de papel era de mentira, fabricada com rojões presos com fita e amarrados com um barbante metálico, disfarçados de modo a parecer uma carga de explosivos. E Fecarotta tampouco notou que a pistola 38 que meu tio tinha reservada para ele no porta-luvas estava sem o pino e totalmente inutilizada.

Com Fecarotta – experiente motorista – guiando o carro e tio Nick sentado no banco do passageiro, encostaram num beco do outro lado da rua da Brown Banquets, na avenida West Belmont. A Brown's era o salão onde vovó Sophie jogava bingo. Embora fosse noitinha de domingo, uma das preocupações do meu pai era que nenhuma das senhoras da vizinhança reconhecesse meu tio caminhando pela West Belmont.

O plano exigia que Nick saltasse do carro, tirasse a arma da sacola contendo a bomba e matasse Parrudão. Em vez disso, Fecarotta captou a jogada dentro do carro e berrou: "Ah, não, você não!"

Ao se debater com Fecarotta dentro do carro, meu tio puxou o braço esquerdo para a linha de fogo e alvejou tanto a si mesmo como Fecarotta.

Seguiu-se uma luta pela arma, e Big John segurou o cão do revólver de modo que era impossível dar um segundo tiro. Ele abriu o tambor esparramando cartuchos de 38 por todo o chão do Buick. Então Fecarotta pulou fora do carro e saiu correndo. Nick saiu feito um raio em perseguição, puxando sua segunda arma. Fecarotta corria pela sua vida, atravessando a West Belmont em direção ao salão de bingo. Nick o atingiu mais duas vezes antes de alcançá-lo e dar um tiro direto na sua cabeça.

Antes da execução, tio Nick deveria se comunicar com meu pai e Johnny Apes, que estavam servindo de apoio em carros separados com rádios de comunicação portáteis, para lhes informar que ele e Fecarotta estavam em posição. Este seria o sinal de que meu tio estava saindo do carro, e pronto para liquidar Parrudão. Mas em meio à confusão, ele não teve oportunidade de fazer a chamada, de modo que nem meu pai nem Johnny Apes apareceram no beco para pegá-lo.

Não vendo meu pai nem Johnny, meu tio se recompôs e resolveu caminhar os pouco mais de mil metros para onde tinha originalmente escondido seu carro. No caminho, jogou o revólver num bueiro de esgoto. Para não parecer suspeito, tirou as luvas escuras (agora cheias de sangue). Ao tentar enfiá-las no bolso da calça, inadvertidamente deixou-as cair no chão, a apenas alguns metros da cena do crime.

Sangrando enquanto passava por uma ducha de jardim, meu tio se inclinou para lavar o sangue do braço. Então foi até seu carro e conseguiu guiar para casa. Quando meu pai deu de cara com o irmão em casa, quase precisou ser amarrado.

"Que porra, onde você estava?", meu pai perguntou. "Por que você não ligou? Fiquei correndo daqui pra lá feito a porra de um burro."

Pouco antes de Johnny Apes chegar, meu pai instruiu Nick a enfeitar a história. ("Assim você fica parecendo um herói em vez de babaca.") Quando meu pai abriu a porta, anunciou a Johnny com um sorriso: "Fecarotta manjou o lance. Se jogou em cima do Nick e deu um tiro nele."

Naquela noite eu deveria receber uma mensagem de *pager* do meu pai às nove horas, avisando que estava tudo bem, que Fecarotta estava *morto*. Se não, minhas ordens eram de esvaziar a casa e o escritório de qualquer coisa incriminadora caso os tiras chegassem com um mandado de busca. A mensagem nunca veio. Esperei até meu pai telefonar. Falamos em código. Aparentemente, as coisas não tinham corrido tão tranquilas quanto nos nossos ensaios no porão da vovó. Como era típico do meu pai, a informação foi esparsa. Ele soltou apenas que tinha as coisas sob controle.

Meu pai então levou tio Nick a um apartamento em Cicero para uma cirurgia de extração da bala. O cirurgião não era o dr. Kildare e sim um veterinário enviado por Jimmy Marcello. Ele remendou meu tio, fez curativo no ferimento e lhe deu alguns analgésicos. Mais tarde nessa mesma noite, o veterinário voltou para terminar o serviço, removendo alguns fragmentos de osso do braço do meu tio.

Enquanto meu pai xingava o irmão, eu olhava para ele com admiração. Depois de levar o tiro, ele conseguiu cumprir a ordem do meu pai sozinho, sem se preocupar com quem estaria lá para apanhá-lo. Quando me encontrei com tio Nick, ele me puxou de lado e cochichou: "Frankie. Joguei o revólver no bueiro. Você precisa dar um jeito de pegar."

Eu ainda tinha meus contatos na prefeitura e no Departamento de Esgotos, de modo que fui até lá com um caminhão e com a Grua Laranja e limpei o bueiro onde ele disse que tinha jogado a arma. Eu a encontrei e devolvi para ele antes do meu pai descobrir. Ele não ficou sabendo até bem mais tarde que eu havia recuperado a arma.

Na época em que Fecarotta foi morto, eu estava disposto a fazer da turma e da Organização a minha vida. Mas em vez de me tornar um "iniciado" e ter o mesmo fim que Fecarotta, queria ficar próximo do meu pai. Queria ser como ele. Eu aceitei bem o assassinato de Fecarotta porque ele havia sacaneado meu tio em Vegas. Se tivesse sido por causa de algo como o dinheiro da Organização, não teria me oferecido. Mas a minha família era outra coisa. Fecarotta pôs em risco a liberdade do meu tio. Eu estava disposto a ficar no banco traseiro.

O que eu não percebi foi que, me deixando de fora, meu tio estava tentando me dizer que a turma e a Organização não eram o que pretendiam ser. Tio Nick sabia que meu pai e seus modos controladores seriam a minha ruína. Mantendo-me fora do banco traseiro, foi como se meu tio me dissesse: "Esta vida não é para você. Você precisa se afastar." 14 de setembro de 1986, esta foi a noite em que meu tio salvou a minha vida.

Quando reapareceu nas ruas com o braço enfaixado e uma tipoia, meu tio brincava com os amigos dizendo que tinha levado um tombo idiota em casa. Conhecendo Nick, ninguém duvidou da história. O que ele não contou a ninguém – e que ele próprio não percebeu – foi que mesmo lembrando de me dizer para recuperar a arma, ele esqueceu das luvas com sangue que inadvertidamente tinha deixado cair na avenida West Belmont.

15. Até que ponto pode ser ruim?

CERTA NOITE, durante o outono de 1987, Lisa Ann Swan, uma bela loira de linhagem italiana e norueguesa, saiu com amigos e foi ao Eric & Me, um bar local em Elmwood Park. Lisa crescera em Galewood, um bairro a leste de Elmwood Park. Todo mundo no Eric & Me se conhecia. Se você não fosse do local, ficava ali parado com cara de bunda.

Lisa me viu do outro lado do bar. Sabia quem eu era, mas não tínhamos sido apresentados. Quando perguntou a sua amiga se eu estava namorando alguém, a amiga olhou para ela como se ela tivesse duas cabeças: "Ele é um cara legal, mas o pai dele é outra história. É um homem terrível. Eu *jamais* me envolveria com aquela família."

Lisa pronunciou aquelas famosas últimas palavras: "Até que ponto pode ser ruim?"

Quando Lisa e eu nos conhecemos, ela tinha ouvido dizer que eu era boxeador. Quando fomos apresentados, após um pouco de conversa descobrimos que queríamos as mesmas coisas da vida.

Desde o começo, tivemos um jeito peculiar de namorar. Encontrávamos às dez e meia ou onze da noite. Lisa ficava me esperando atrás de um restaurante, sentada num carro com o motor ligado. Quando eu chegava, geralmente estava carregando um gordo envelope cheio de negócios das ruas.

Quando nos conhecemos, saímos três noites seguidas. Fomos patinar no gelo na sexta-feira. Quando chegamos ao rinque de patinação no centro, ele estava fechado para uma festa privada. Lisa disse: "Vamos embora." Mas eu insisti.

"Olha só", eu disse.

Entramos na festa só com a minha conversa, e Lisa e eu (mais duas de suas amigas) acabamos comendo e patinando por conta da festa. Eu percebi que ela ficou impressionada com o talento do meu papo. No sábado, como segundo encontro, eu a levei na festa de Natal anual do Clube Ítalo-Americano. Ela achou estranho como os caras do sul da Itália que moravam no bairro se abraçavam e se beijavam.

Lisa chamou o Clube Ítalo-Americano de "Clube de Baile da Brilhantina do Frankie". Ela estava circulando com um par de amigas enquanto eu saía, fumando charutos e bebendo com amigos. Imaginei que talvez ela não tivesse gostado de mim, porque não passamos muito tempo juntos naquela noite. Ela estava com um belo vestido vermelho de veludo liso e esmalte carmim nas unhas. A festa acontecia num salão de banquetes nos subúrbios do oeste. Apresentei Lisa a Jimmy LaPietra. Havia uma monte de políticos lá. Parecia uma recepção de casamento com as pessoas prestando homenagens, um encontro formal "informal".

Na terceira vez que saímos juntos, nossa relação já tinha engrenado. Levei Lisa para a casa do meu pai. Suas amigas ficaram chocadas. *"Ele vai levar você para conhecer o pai dele? Isso deve ser sério."* Ela achou meu pai encantador da primeira vez que se encontraram. Ele não era o que suas amigas a levaram a acreditar. Era jovial. Engraçado. A princípio gostou dele, ainda que parecesse um pouco controlador em relação aos filhos, mas ela deduziu que ele estava simplesmente sendo um típico e rigoroso pai italiano. Mais uma vez, até que ponto pode ser ruim?

Assim como eu, Lisa era meio italiana e vinha da classe trabalhadora. Sua mãe e avó tinham nascido em Trieste, não longe da fronteira com a então Iugoslávia, empoleirada na parte nordeste superior da Itália. O lado Calabrese da minha família era do sul da Itália. Italianos do norte e do sul são como óleo e água. As pessoas do norte olham os sicilianos de cima para baixo, e muitas vezes alegam que somente *elas* falam o verdadeiro italiano, e que a mistura que se fala na Sicília não é uma língua de verdade.

O bairro de Lisa, Galewood, situava-se do outro lado de Elmwood Park, delimitado pela avenida Harlem. Tal como Elmwood Park, Galewood era o lar de uma porção de gângsteres. Podia-se identificar facilmente uma casa da Organização pela cerca de ferro lavrado e a estátua no pátio da frente, de um soldado romano ou uma madona. O gramado era ornado com arbustos plantados em espiral e detectores de movimento instalados sobre a varanda da frente. Se por um lado a família de Lisa desprezava a reputação dos gângsteres da Organização e seus métodos, acho que eu era um cara tão bacana, e tão divertido, que conseguia me vender com facilidade.

Eu fiquei absolutamente calado acerca da vida dupla que levava trabalhando para a turma do meu pai. Quando estávamos com amigos e amigas, frequentemente eu dizia, a qualquer hora, "Tenho que ir".

Eu desaparecia durante horas, dias, e retornava aos meus amigos como se nada de excepcional tivesse acontecido. A maioria dos meus amigos presumia que eu estava cumprindo com minhas obrigações familiares quando na realidade estava trabalhando secretamente para meu pai, coletando dívidas de jogo e taxas das ruas, mantendo e arrecadando pagamentos de empréstimos, cuidando dos livros, e ajudando tio Nick.

Durante os anos em que meu pai me preparou, desde a época do ensino médio, fazíamos a nossa contabilidade por toda a cidade, em lugares onde deixávamos nossas armas ou carros de trabalho escondidos e o dinheiro reunido em maços e codificado secretamente. Nos encontrávamos nos sábados à noite; eu não podia levar meu carro direto para a casa do meu pai. Usávamos casas de outras pessoas, porões e garagens como nossos "escritórios". Frequentemente nos reuníamos no porão da minha avó. Eu chegava no meio da noite, estacionava a algumas quadras e caminhava até um local predeterminado por volta das duas da manhã. Ali fazíamos a nossa contabilidade semanal. Meu pai havia escolhido o sábado à noite para essas reuniões justamente para manter os filhos com a guarda baixa e fora de seus círculos sociais. Como é que você diz a uma garota que está por aí coletando dívidas de jogo e contando moedas no quartinho dos fundos de uma loja de livros adultos?

O dinheiro vivo arrecadado dos empréstimos e das apostas era guardado em esconderijos espalhados por toda a cidade. Meu pai escondia dinheiro em cofres alugados em vários locais. Estavam em meu nome, nos nomes dos meus irmãos e do meu tio. Em intervalos regulares, nós íamos a esses lugares e "fazíamos a troca", ou seja, girávamos a grana pondo dinheiro novo. Eu ia com meu pai. Entrávamos, fazíamos o giro e saíamos com o dinheiro velho. Meu pai era muito preciso com dinheiro. Contava meticulosamente, juntava, separava em maços, e marcava tudo por quantia. Ele sabia a soma exata e onde as coisas deveriam estar. Mantinha uma longa lista dos esconderijos.

Parte do dinheiro ficava escondida no "Chalé Calabrese", nossa casa de verão em Wisconsin, perto do lago Geneva. Ali deixávamos latas de lixo ou tambores lacrados cheios de dinheiro. Púnhamos uma colcha de pano no fundo com algumas bolas de naftalina, uma camada de dinheiro, mais algumas colchas e naftalinas, e aí mais dinheiro, até encher o tambor. Conseguíamos esconder uma bocado de dinheiro num tambor de duzentos litros. Colocávamos utensílios domésticos em volta do tambor para disfarçar. Aí ligávamos nosso sistema de alarme, armando a garagem. Além da casa no lago Geneva, podia haver um esconderijo de dinheiro em qualquer lugar: numa garagem cheia dos carros clássicos do meu pai, ou numa garagem em Stone Park.

Tudo era levado em consideração. Tínhamos até um par de esconderijos na casa da minha avó. Eu sabia onde estavam as coisas, e embora minha avó não soubesse o que fazíamos, ela gostava de xeretar. Colocávamos armadilhas para descobrir se ela andava xeretando. Uma vez descobrimos um envelope aberto, e soubemos que vovó havia atacado. Púnhamos o dinheiro numa prateleira mais alta para ela não poder alcançar.

Sempre que meu pai, meu tio e eu nos encontrávamos para a prestação de contas semanal, havia uma chance de estarmos sendo observados pelos agentes da lei. Sempre que tínhamos vigilância sobre nós, entrávamos em alerta vermelho. Tínhamos um código para um informar ao outro se estávamos sendo seguidos. "Meus pés estão me matando" significava que eu estava sendo seguido. Por exemplo, se eu dissesse, "Estão doendo *realmente* muito", isto significava que havia uma porção de carros do FBI me seguindo. A outra palavra do código para FBI era "Scarpe Grande", que em italiano significa "sapatos grandes", uma referência aos sapatos usados pelos agentes do FBI.

Às três horas da manhã, eu saía pela porta dos fundos da minha casa, dirigia-me para a viela e cortava caminho por um atalho secreto. Andava duas quadras até onde meu pai estava estacionado com os faróis apagados e o motor desligado. Ele dava algumas voltas para se assegurar de que não estávamos sendo seguidos. Estacionávamos o carro a dois quarteirões do "escritório" e passávamos por trilhas ocultas, becos e vielas.

Para permanecer sempre um passo à frente da lei, meu pai mantinha uma série de pseudônimos e carteiras de identidade, respaldados por falsas carteiras de motorista, cartões de Seguro Social, cartões de crédito, carteiras das Forças Armadas, e até um distintivo acompanhado de uma carteira de identidade com foto do "Departamento Americano de Segurança e Investigação". Algumas das identidades ele comprava por meio de anúncios em revistas. A carteira de motorista de Indiana ele requereu pessoalmente.

A ideia era que, com mais de 1 milhão de dólares escondidos, e com um leque de identidades para escolher, meu pai podia "desaparecer" numa questão de horas sob o nome de James L. Treviso, Shelley Morris ou Bruno Adams. Outros pseudônimos efetivamente tinham raízes nas árvores genealógicas dos Calabrese e dos Hanley. Como Primo Massie, um primo do meu pai por parte de mãe. Ou Tony Cononi, um tio por parte de mãe. Ou Eugene Vincent McLaughlin, um primo irlandês da minha mãe.

A equipe frequentemente trocava de escritório. No tempo em que trabalhei para a prefeitura, eu dividia minhas horas restantes trabalhando com a turma. Pelo fato de estar em dois empregos e trabalhando muitas horas, era difícil ter um horário de sono normal. Uma vez perdi a hora e dormi demais. E entrei em pânico.

Eu sabia que meu pai estava esperando no local combinado. Calculei que ele tinha esperado dez minutos, e então continuado sozinho. Assim, levantei, saí correndo pela porta dos fundos e desci a rua. Como eu desconfiava, ele não estava lá. Entrei no meu carro, dei umas voltas para ter certeza de que estava tudo limpo, estacionei a algumas quadras e fui a pé até o porão da minha avó.

Quando cheguei no pé da escada que descia para o porão, virei para encontrar meu pai ali parado.

"Pai, desculpe, perdi a hora."

Ao que ele respondeu soltando uma série de socos. Bum. Bum. Bum. Esquerdas e direitas do lado da cabeça. Em vez de revidar, caí no chão tentando me proteger. Vi o olhar vitrificado nos seus olhos.

Tio Nick estava sentado numa cadeira por perto. Não conseguia acreditar no que o irmão estava fazendo, mesmo que ele próprio não fosse imune a algumas porradas de vez em quando. Todavia, ele não interrompeu. Simplesmente balançou a cabeça. "Seu doente filho da mãe", murmurou ao irmão, para em seguida sair e subir.

Alguns instantes depois, meu pai parou de me bater e disse: "Escute aí, seu filho da mãe. Chegue na hora! Pare de me desobedecer. Eu não acredito..."

"Tudo bem, tudo bem."

"Levante-se, vá lá em cima, lave a cara e desça aqui de volta."

Eu subi, lavei a cara e desci de volta, e ficou tudo bem, como se nada tivesse acontecido. Pelo resto da manhã, meu pai foi o "pai dos negócios", examinando números. Meu tio não voltou naquela noite. Mais tarde, ele e eu conversamos. Concordamos que não dava mais para aguentar. Não bastava termos de nos preocupar com o FBI, agora tínhamos que nos preocupar com possíveis surras, o humor do meu pai, que personalidade ele estava vestindo no momento.

16. Vaca assustada

LISA E EU NOS CASAMOS em 4 de setembro de 1988. Antes de entrarmos na corte para obtermos nossa licença de casamento, Lisa foi presenteada com um acordo pré-nupcial, com os cumprimentos do meu pai. Ou assinávamos o documento ou não conseguíamos a licença. Ao assinar o acordo, ela pôde ver que eu estava constrangido.

Uma bandeira vermelha precoce foi hasteada quando ela e eu discutimos os convites de casamento por telefone. Assim que ela começava a citar nomes – como LaPietra – eu rapidamente cortava a conversa. Posteriormente, disse-lhe para não citar nomes por telefone, no caso de haver uma terceira parte à escuta. Lisa imaginava que meu pai era algum tubarão da agiotagem ou das apostas; não tinha a menor ideia de que estava diante de algo muito pior.

Tivemos uma festa de casamento no Al's em Cicero, pequena para os padrões dos gângsteres. Foram convidadas cerca de duzentas pessoas em comparação com as quinhentas ou mais que viriam num casamento padrão da Organização. Consistente com sua filosofia de misturar-se para sumir, meu pai queria que fosse um casamento discreto, de modo que convidamos apenas um número reduzido de amigos. Ao mesmo tempo que era importante não ofender membros do alto escalão da Organização, era importante não atrair a imprensa nem os agentes da lei. A desculpa do meu pai para não convidar muitos sujeitos da Organização foi que eu queria um casamento pequeno, e não havia espaço suficiente no salão.

Invariavelmente a polícia acampou do lado de fora para filmar e fotografar. Havia um bocado de comida e bebida. Lisa e eu pagamos a festa, embora meu pai desse aos convidados a impressão de que tinha sido ele quem bancara a conta. Mais tarde tio Nick me contou que andava correndo pelas ruas que havia uma porção de gente se sentindo ofendida, e isso ficou claro. Não recebi envelopes daqueles que não tinham sido convidados.

Lisa estava ansiosa para se juntar ao nosso colorido clã Calabrese com sua horda de irmãos, irmãs, tios, tias e uma miríade de primos e primas. Porém acabou descobrindo mais tarde que na nossa família ninguém realmente gostava de ninguém, e que as brigas eram constantes. Meu pai reclamou da roupa que Lisa vestiu e que ela não demonstrou suficiente respeito.

Após o casamento, Lisa se tornou versada no excêntrico estilo de vida de Melrose Park. Casacos de pele com monogramas de iniciais erradas. Roupas da moda vendidas em liquidação nas casas de esposas de gângsteres. Quando Rocky Infelise foi preso por extorsão, foi fotografado trajando a mesma jaqueta verde de caça Eddie Bauer que todos os outros usavam, furtada de um iate roubado.

Lisa gostava de ir à casa de Ruth Aleman, esposa de Harry Aleman, junto com minha mãe. Ali achavam montanhas de coisas boas. Lisa ficava eufórica. Aí estava uma moça apavorada de quebrar a lei, mas que não dava a mínima de ir à casa de Ruth comprar roupas da moda. Ruth tinha araras e mais araras de roupas montadas no dormitório. Mantinha as etiquetas de preço na mercadoria, e nós pagávamos 50% do que estava marcado. Ruth juntava um bocado de mercadorias, e tinha especialistas que iam às lojas fazer roubos especiais por encomenda.

Em vez de comprar nossa própria casa, Lisa e eu alugamos casas de propriedade do meu pai. Meu relacionamento com ele com frequência era errático e confuso, especialmente quando ele tratava pessoas de fora melhor que seus filhos. Quando Johnny Marino, um amigo do bairro, comprou um dos imóveis que meu pai alugava, o velho deu um jeito de arrumar o financiamento e conseguiu uma promoção para ele junto à prefeitura.

"Engraçado", Marino me disse, "estou pagando seiscentos dólares mensais por uma hipoteca e você está pagando setecentos dólares de aluguel. Eu gosto do seu pai, mas me parece que ele me trata melhor do que trata você e seus irmãos."

Quando Lisa e eu demos uma festa no primeiro aniversário da nossa filha Kelly, convidamos meu pai e Diane para o Papa Milano's, um restaurante na zona norte. Ele estava sentado com um de seus associados, pedindo pratos italianos especiais enquanto tomava um vinho mais caro que o resto do pessoal da festa. Depois, acusou Lisa e eu de bancarmos os importantes por dar uma festa de aniversário tão produzida. Na semana seguinte, ele subiu nosso aluguel em duzentos dólares por mês.

Um dia meu pai deu um pulo na minha casa. Estava zangado por eu não estar disponível, pois estava em casa tomando conta da minha filha. Quando abri a porta – bum! – levei duas na cara exatamente no instante em que Kelly corria para dar um abraço nele exclamando "Oi, vô".

Meu pai viu a confusão no rosto de Kelly. "Ria como se estivéssemos brincando", ele cochichou.

Uma noite cheguei tarde em casa, evitando acender a luz para Lisa não notar minha cara vermelha e inchada. Primeiro ela achou que eu tivesse me metido numa briga. Mas aí vovó Sophie acabou explicando a Lisa que meu pai batia regularmente nos filhos e no seu irmão Nick. Depois disso, Lisa parou de fazer perguntas e simplesmente sacudia a cabeça de desgosto.

Durante um Natal, a família estava jogando Imagem & Ação, e meu pai distribuía as cartas. Com papai no time adversário, Lisa desenhou a figura de uma "vaca sagrada". Ao desenhar uma igreja, uma cruz e uma vaca, meu pai gritou: "Vaca assustada!"

"Tudo bem", Lisa disse. "Quem trapaceou no jogo? E quem não sabe ler?"

Kurt eu trocamos olhares nervosos, tentando fazer um sinal a Lisa para que calasse a boca e deixasse barato. Meu pai podia explodir a qualquer momento.

A esposa de Kurt, Angela Lascola, se tornou a boa amiga de Lisa. Ambas percebiam que Kurt e eu tínhamos nossas diferenças com papai. Angela e Lisa confiavam uma na outra. "Você tem de estar nesta família e viver no mundo deles para acreditar", Angela disse a Lisa. E estava certa.

Lisa notou que o Natal trazia à tona o melhor do meu pai.

Da mesma forma que ela via a violência, via a gentileza. Ele ia para as igrejas dos arredores para pegar endereços de famílias necessitadas. Juntava caixas de comida, um peru, comidas enlatadas e incluía um envelope de dinheiro. Ele próprio entregava as caixas, embora preferisse dá-las anonimamente.

Mas a gente se perguntava: Será que ele está fazendo isso pelas famílias ou para aplacar sua consciência? Equilibrar o bem e o mal? Havia esse lado dele, de pura gentileza, e era por isso que mantínhamos as esperanças. A gente pensava que a gentileza e as boas ações eram um sinal de mudança por vir.

E então havia os bilhetes. A grande piada era quando Lisa e eu chegávamos em casa e havia um bilhete grudado na porta: "Frak, ligue pra mim!" O bilhete tinha de ser do meu pai. Só ele podia escrever tão errado seu nome e o do próprio filho.

No decorrer de toda a nossa turbulenta relação, eu mantive minha raiva represada em torno da minha mulher. Um dia Lisa saiu e o pneu do carro furou. Ela me ligou pedindo ajuda, mas eu estava ocupado com meu pai.

"Não posso ir agora", sussurrei no telefone.

"Que droga é essa?", ela disse. "Estou aqui encalhada."

Nessa noite, em casa, eu estava comendo um cheeseburger e Lisa me jogou na cara:

"Por que você não veio me ajudar?"

Eu a ignorei, então ela insistiu: "Estou falando com você!"

Eu olhei para ela com um olhar vazio, enquanto amassava lentamente o sanduíche. Quando ele saiu espremido entre os meus dedos, ela disse: "Ok, já disse tudo que tinha a dizer."

Naquele dia eu estava trabalhando com meu pai e fiquei tremendamente incomodado não só por não poder ir ajudá-la, mas por não poder lhe dizer que eu tinha acabado de levar dois tapas na cara. Lisa ficou brava e começou a gritar comigo e me bater. Eu tentei não prestar atenção nela, então saí. Quando voltei, disse a ela: "Por favor, nunca mais bata em mim. Eu nunca vou encostar um dedo em você, então por favor não me bata."

17. Armação para uma queda

A TURMA CALABRESE ENTROU NOS ANOS 90 compensando dinheiro que Philly Beans tinha roubado. Em certo momento meu pai tinha entre 500 mil e 1 milhão de dólares na rua em empréstimos, com taxas variando de 3% a 10% por semana. Membros da equipe como Ralph Peluso dirigiam um modesto grupo de agentes de apostas. Os agentes de Peluso tinham uma carteira de trezentos a quinhentos apostadores ativos. Dino o Grego, de Cicero, manipulava apostas e agiotagem adicionais para o grupo de Chinatown, e Ralph Conte e Johnny Nitti contribuíam com seu próprio grupo de clientes. Contando os agentes de apostas e os coletores de juros dos empréstimos, as operações do meu pai tinham subido para pelo menos duas dúzias de membros trabalhando nas ruas e arrecadando dinheiro em seu nome, ou então pagando taxas de rua por suas próprias operações.

Meu pai culpava tio Nick por deixar a situação de Philly Beans Tolomeu fugir do controle. Ele descontava nos outros membros da equipe, exigindo que contribuíssem com seus ganhos semanais para ajudar a compensar a diferença pela sua renda perdida.

Graças a Philly Beans, a turma Calabrese estava agora no radar dos agentes federais. A cooperação de Philly Beans com estes lhes deu informação fresca sobre como meu pai dirigia sua equipe. O FBI precisava montar uma operação sob disfarce para desenterrar mais fatos. Os agentes decidiram focar em Matt Russo, que operava uma oficina de reparos de automóveis na divisa entre Elmwood Park e River Grove. A M&R Auto de Russo tinha se tornado um ponto de encontro regular da família Calabrese.

Os federais colocaram a M&R em observação alugando uma sala do outro lado da rua, de onde tiravam fotografias. Seria a M&R simplesmente mais uma fachada da Organização? O lugar-tenente da Organização em Elmwood Park, Joe "the Builder" Andriacchi, entre outros, mandava consertar o carro na M&R, provando que mesmo sujeitos da pesada precisavam de um mecânico honesto. Russo mostrou ser o canal.

Meu pai gostava de bater ponto no estabelecimento de Matt, que era visto como um cara direito: além de sua oficina de reparos, Russo se dedicava à carreira de imitador de Elvis. Matt era sete anos mais velho que eu, e nos tornamos bons amigos.

Russo logo iniciou suas próprias operações ilegais quando contratou um serviço de guincho para atender o crescente número de chamados. O novo motorista da M&R apresentou Russo a um grande esquema de roubo de carros que envolvia fazer duplicatas de chaves dos carros dos clientes. Depois de consertar os veículos, uma vez devolvidos a seus donos, os carros seriam roubados para fazer dinheiro fácil.

Matt gabou-se para seu novo motorista que era chegado da nossa turma, e que teria a bênção do meu pai se lhe repassasse uma parte da grana, enquanto John Fornarelli, um jovem funileiro, alugava o espaço vizinho a Russo.

O motorista do guincho pagava a Russo na hora, em dinheiro vivo – 2 mil a 8 mil dólares por veículo. Não se sugeriu que eles desmanchassem o veículo para vender as peças. O motorista afirmou que tinha uma fonte "em algum lugar lá no sul" que pegaria o veículo inteiro.

Depois de mover dezenas de carros roubados, Russo recebeu uma visita do FBI, sendo levado para um quarto de hotel nas proximidades, onde ficou sabendo que o seu motorista era na verdade um agente do FBI disfarçado. Tanto Matt como Fornarelli foram pegos com a boca na botija. Além do circuito de roubo de automóveis, o agente disfarçado tinha feito um acordo paralelo em que Matt e Fornarelli o supririam com alguns quilos de cocaína e metralhadoras.

Era hora de Russo entrar no jogo e cooperar. Mas no esquema das coisas, o FBI via Russo como um peixe pequeno, e estava de olho num prêmio maior: a turma Calabrese.

Matt pirou. Duas coisas lhe passaram pela cabeça. Primeiro: armar para o meu pai podia ser um erro fatal. Segundo: meu pai e eu não tínhamos feito nada de errado. Não sabíamos de nada sobre o esquema do guincho e dos carros. Meu pai havia advertido Russo para não fazer nada de ilegal na sua presença, nada que pudesse atrair a atenção. O FBI lembrou a Matt que ele precisava salvar a si próprio. Russo relutantemente concordou em usar um equipamento de escuta para ajudar o FBI a nos prender.

Alheio naquela época ao que estava realmente acontecendo, eu queria entrar em mais detalhes nos negócios. Descobri que Ralph Conte podia me conseguir valiosas contas de negócios de carros se eu conseguisse uma garagem para servir de loja.

Meu pai abordou Russo sobre a possibilidade de assumir a funilaria ao lado. Russo disse a ele que Fornarelli já tinha concordado em esvaziar o local, especialmente após fazer algumas melhorias, inclusive a instalação de uma nova porta de garagem.

Assim, quando abordei Fornarelli sobre pegar seu espaço, fiquei surpreso em descobrir que Russo já dissera a John que os Calabrese haviam insistido para assumir o local. Pelo trabalho que tivera, Russo daria a Fornarelli 10 mil dólares para sair.

Meu pai e eu confrontamos Matt e lhe perguntamos por que ele dissera a Fornarelli que estava sendo expulso por nós, o que não era verdade. Russo (com equipamento de gravação) explicou que a nova sociedade comigo podia lhe trazer dinheiro extra, e ele estava precisando desesperadamente. Para grande alívio de Russo, meu pai comprou a história.

Era uma oportunidade de ouro para os federais. Como estavam instalados do outro lado da rua, nós estávamos diretamente sob suas vistas. Eles precisavam documentar mais uns poucos atos predicados* e nossa equipe poderia encarar um possível indiciamento sob o Ato de Organização Corrupta e Influenciada por Extorsão [Racketeer Influenced and Corrupt Organization Act – Rico]. Para grande surpresa de todos, nossa nova loja de acessórios estava em ordem e desvinculada das atividades de

---

* Um ato predicado é uma infração ou um conjunto de infrações que os promotores têm que provar para conseguir uma condenação nos termos das leis federais sobre extorsão.

agiotagem. Quando meu pai manifestou suas reservas a Russo sobre seu amigo motorista de guincho, Matt lhe assegurou que recorria a ele só de vez em quando.

Como se descobriu, meu pai tinha lidado anteriormente com o misterioso dono do guincho. Uma tarde, depois que tio Nick deu ao meu pai o cartão comercial do motorista como um dos potenciais novos clientes de Philly Beans, ele pegou o cartão e discou o número.

O homem do outro lado da linha ficou agitado: "Quem é que está falando? Quem é?"

Meu pai desligou o telefone. "Não faça negócios com esse sujeito. Ele é agente ou informante do FBI."

"Como você pode dizer isso depois de um telefonema?", perguntei.

"Um verdadeiro dono de guincho não ficaria perguntando 'Quem é? Quem é?'. Estaria acostumado a receber chamados de guincho nas mais diversas horas. Estou lhe dizendo que ele não presta."

Quando Matt tentou conseguir um empréstimo para o motorista do guincho por meio do meu pai, ele recusou. "Não vou dar a ninguém a porra do meu dinheiro", disse a Russo, "e se *você* estiver fazendo algo de errado, eu não quero ficar sabendo."

As advertências do meu pai a Matt caíram em ouvidos surdos. Russo já estava no esquema do FBI. Sob vigilância, meu pai e eu não estávamos fazendo nada ilegal. Mas quanto tempo se passaria antes do meu pai ceder à tentação?

A certa altura, quando meu pai teve um problema com um para-choque, Matt o puxou de lado e disse: "Posso lhe conseguir um para-choque bem barato..."

Ao que meu pai respondeu: "É melhor que você não esteja dizendo o que eu penso que você está dizendo, Matt."

"Ah, não, Frank. Estou só brincando."

Quando abri a minha nova funilaria, meu pai me ajudou a fechar um acordo com a revendedora Calozi-Ettleson Chevy em Elmhurst para fazer alguns serviços de revisão nos seus carros usados. Era mais barato para eles mandar fazer o serviço fora na M&R do que ter na contabilidade sua própria oficina para reparos mecânicos, lavagem e funilaria.

Em seguida, contratei um colega de vizinhança, Johnny Marino, e trouxe Lisa, grávida na época, para ajudar. A M&R Auto e Funilaria estava a caminho! Sempre que um carro usado da revendedora era trazido, Russo fazia o necessário serviço automotivo – troca de óleo, pneus novos, regulagem e outros reparos básicos – e aí o passava a Marino e a mim para lavagem e funilaria, para o carro ficar com cara de novo na loja. A revendedora pagava a Russo e à M&R por cada carro. Russo então pagava a mim a minha porcentagem pelo serviço de lavagem e funilaria.

No começo, sempre que eu devolvia semanalmente carros acabados para a revendedora, eles me entregavam um cheque para dar a Matt. Um dia Russo me disse que a revendedora ia começar a mandar os pagamentos por correio.

"Por que pôr o cheque no correio?", perguntei. "Eu estou lá o tempo todo. Basta eu pegar." Não me dei conta de que pagamentos baseados em serviços fraudulentos e enviados pelo serviço postal dos Estados Unidos constituíam fraude postal, fortalecendo o caso do FBI.

Enquanto de um lado Matt estava sob pressão para entregar a nossa turma, não demorou muito para meu pai deixar a ganância tomar conta dele. Em duas ocasiões distintas, ele mordeu a isca.

Russo abordou meu pai e disse que estava atrasado no pagamento de suas taxas. Em vez de se conter e não se envolver, meu pai instruiu Kurt a ir até o banco e retirar os fundos necessários. Ao acertar um empréstimo a Russo, meu pai convenceu Matt a ceder uma pequena porcentagem da M&R. Fez um acordo pelo qual nossa família pagaria apenas as peças quando mandássemos os carros para conserto, até Russo devolver o dinheiro.

Em seguida, Matt disse ao meu pai que corria o risco de perder sua casa. Estava três meses atrasado com os pagamentos da hipoteca e o banco estava prestes a executá-lo. Matt estava em lágrimas, dizendo que não sabia o que sua esposa e os três filhos iriam fazer. Meu pai respondeu comprando a casa e colocando-a no nome de Kurt e no meu. Instruiu Matt a assinar uma nota promissória dizendo que pagaria mensalmente um aluguel a meu pai. Nesse meio-tempo, Russo poderia comprar a casa de volta pelo mesmo preço que havia vendido – ou menos, se a casa desvalorizasse.

Eu fiquei encarregado de cobrar de Matt o pagamento mensal da casa. Um sábado à noite Matt me disse que não tinha o dinheiro e não fazia ideia de quando poderia pagar. Era provavelmente um golpe orquestrado pelo FBI para ver se meu pai ou eu ameaçaríamos Matt fisicamente ou não. Em vez disso, calmamente eu me ofereci para adiantar o pagamento até Matt estar em condições. Quando meu pai descobriu que eu assumi o pagamento, convocou um encontro com Matt e comigo.

"Matt", meu pai disse num tom equilibrado, "se você está com problemas de me pagar, venha a mim diretamente e diga. Nós podemos dar um jeito. Não posso ter o meu filho desembolsando esse dinheiro. Isso não está certo."

Então meu pai virou-se para mim e sacudiu o dedo, zangado: "E você, eu devia quebrar suas pernas por bancar essa porra de bonzinho."

Para o pesar do FBI, o cara errado, eu, é que estava sendo ameaçado no grampo.

Meu pai fora magnânimo com Russo por uma participação nos negócios, mas seu instinto predatório em breve tomou conta. Ele exigiu 10% do que Matt e eu gerássemos na oficina. No verso de cada ordem de serviço haveria um código: um círculo significava dez dólares; uma marca de checagem significava 25 paus; um risco, cinco dólares.

Meu pai disse a Matt e a mim que haveria três lados que lucrariam com o negócio da M&R. O primeiro seria ele e eu. O segundo, Matt. E o terceiro iria para "algum outro lugar". "Algum outro lugar" significava a Organização.

Matt e eu estávamos basicamente pagando a extorsão do meu pai, e no verdadeiro estilo da Organização, meu pai queria pagamento em dinheiro vivo!

Eu fiquei puto da vida por meu novo empreendimento de negócios ter sido cooptado pelo meu pai. Àquela altura eu soube que precisava sair desse negócio. O FBI estava ansioso por alcançar seu alvo. Mais um episódio poderia levar a família Calabrese a sofrer acusações de extorsão.

Um dia recebi uma ligação de um amigo na revendedora Chevy. A gerência tinha notado que alguns dos reparos automotivos nos carros mandados para a M&R não haviam sido completados conforme o prometido. As contas foram bloqueadas sob acusação de má-fé. Quando confrontei Russo sobre isso, ele negou qualquer irregularidade.

Senti as paredes se fechando em torno de mim. Meu pai me extorquindo, e meu sócio fraudando nosso maior cliente. Frustrado, encarreguei Johnny Marino das operações de funilaria e larguei o negócio. Fui trabalhar para a revendedora Chevy como vendedor de carros. Não me importei com as longas horas. Afinal, era melhor trabalhar longas horas vendendo carros do que ser o capacho do meu pai na M&R.

Mas era tarde demais para me mandar. Já tinham armado para eu sofrer uma queda.

A última peça da armação veio quando o gerente da revendedora me disse que um carro que teoricamente deveria ter sido revisado por Russo fora vendido ao colunista do *Chicago Tribune*. Quando o repórter percebeu que não fora feito nenhum serviço no carro, ameaçou expor a revendedora no jornal. Telefonei para Matt.

"Que merda está acontecendo? Por que você não está fazendo o serviço nos carros?"

"Eu fiz o serviço."

"Matt, eu acabei de inspecionar o carro pessoalmente. Você *não fez* o serviço."

Uma pausa do outro lado da linha.

"Matt, me encontre na revendedora Chevy às sete e meia", eu disse.

Entrementes, meu pai parou na oficina para ver Matt. Marino estava lá. Estava escuro do lado de fora.

"Vamos lá", meu pai disse a Russo. "Vamos dar uma volta. Siga-me e vá no carro do Johnny." Meu pai queria que Matt desse uma olhada num carro, então convocou Matt, e Johnny para trazê-lo de volta à oficina. Marino estava ao volante com Matt no banco do passageiro. Quando meu pai encostou o carro em cima da ponte sobre o rio, fez um sinal para Johnny também encostar. Enquanto meu pai vinha se aproximando do carro de Johnny para dar as instruções, Matt ficou histérico: *"O que ele está fazendo?"*

"Relaxe", disse Marino. "Vamos ver o que ele quer."

Matt estava convencido de que meu pai ia matá-lo e jogá-lo no rio. Mas não aconteceu nada. Após o incidente Matt ficou sentado imóvel no carro na frente da oficina durante vários minutos.

Russo não apareceu na revendedora naquela noite para se encontrar comigo. E tampouco apareceu para o trabalho no dia seguinte. Uns dois dias depois, quando parei na sua casa, descobri o lugar vazio. Russo, a esposa e os filhos tinham ido embora. Ele tinha se entregado ao FBI e entrado para o Programa de Proteção a Testemunhas.

Com Russo e Tolomeo nas mãos do FBI, o inferno estava prestes a se abrir no território Calabrese.

18. Flórida

Depois que Matt Russo sumiu, meu pai e eu concluímos que ele estava colaborando com o FBI. Agora a pergunta do tio Nick estava respondida: Por que havia uma janela espelhada de sentido único de frente para a M&R Auto do outro lado da rua? Se Matt era um dedo-duro, seria só questão de tempo antes de surgir algum indiciamento. Meu pai estava sentindo o calor da situação, então arranjou uma visita ao seu ex-cunhado, tio Ed, para uma consulta.

Eu sabia que se meu pai fosse ver meu tio Ed, Hanley não estaria muito disposto a ajudar. Alguns anos antes, tio Ed procurara meu pai quando um agente de apostas e alguns de seus amigos da zona sul surraram seu filho Tommy num clube noturno local, batendo na sua cabeça com uma garrafa de cerveja e mandando-o para o hospital. Quando tio Ed pediu ao meu pai que desse um jeito nos caras, papai não fez nada. Na época dos incidentes os negócios estavam florescendo, e mesmo sabendo quem eram os culpados, papai disse que "estava trabalhando no assunto".

Tio Ed ainda era presidente da Hereui, o sindicato dos empregados em hotéis e restaurantes. Houve uma época em que o Departamento de Justiça considerava o Hereui um dos sindicatos mais corruptos dos Estados Unidos, embora tio Ed jamais tivesse sido condenado por crime algum. Seu poderoso sindicato lhe dava acesso a políticos e juízes, inclusive caras como o congressista e presidente do Comitê de Meios e Conduta da Casa, Dan Rostenkowski, o ativista Jesse Jackson, o prefeito Richard M. Daley e o presidente Bill Clinton.

Nervoso com a possibilidade de Russo falar, meu pai abordou Ed sob o pretexto de que ainda estava trabalhando para achar os agressores do seu filho. E aproveitou para trazer o assunto de seu próprio problema: o que deveria fazer se os federais apresentassem um caso Rico contra ele?

A resposta do tio Ed não foi exatamente o que meu pai queria ouvir: já que não havia assassinatos envolvidos, a melhor saída era sumir e se esconder por sete anos, até a prescrição pelo estatuto. Se papai tivesse sido mais receptivo com os problemas do filho do tio Ed, ele talvez tivesse se mostrado mais prestativo.

A equipe explorou a ideia de fazer meu pai desaparecer, inclusive encenando um falso assassinato. Tio Nick acertaria tiros num dos seus carros, fazendo dezenas de buracos de balas, e depois botaria fogo no veículo. Meu pai iria de carro para o sul e montaria uma base na Flórida, onde já possuía um armazém e uma casa para o inverno. Dentro do armazém havia aposentos modestos para moradia, com chuveiro, uma cama pequena e algumas roupas. Ele já tinha dinheiro suficiente guardado para viver confortavelmente na Flórida por sete anos.

Em vez de encenar elaboradamente sua morte, ele resolveu que fugiria secretamente. Para mim, o momento não poderia ser pior. Lisa estava para dar à luz a qualquer momento. Agora, meu pai, que eu estivera evitando durante semanas desde que saíra do desastre da M&R, exigia que *eu* o levasse de carro até a Flórida para ajudá-lo a se instalar ali. Subiríamos a costa da Flórida, onde eu pegaria um avião de volta a Chicago, mas provavelmente não a tempo do nascimento do bebê. De início, protestei.

"Lisa vai ter o nosso bebê a qualquer hora dessas..."

"Você quer dizer que não vai fazer isso pelo seu *pai*?", ele perguntou incrédulo. "Você *precisa* fazer isso por mim! O que é mais importante que o seu pai?"

Atender ao desejo do meu pai me colocaria entre a cruz e a espada. Receei que se contasse a Lisa ou à minha mãe aonde estava indo e o que estava fazendo poderia dar a impressão de que as considerava meros acessórios. Lisa não ficou nada contente quando soube da notícia. Eu estremeci ao mentir à minha mãe, quando ela perguntou quais eram meus planos para a chegada do bebê.

Meu pai e eu levamos um dia inteiro carregando a van, forrando o revestimento interno com 600 mil dólares em dinheiro. Quando estávamos prontos para começar a longa viagem até a Flórida, a realidade da fuga do meu pai penetrou na minha cabeça – eu não iria vê-lo por sete anos, pelo menos. Parte de mim ficou triste, mas, pensando melhor no assunto, fiquei em êxtase! Livrar-me dele por sete anos resolveria meus problemas e compensaria a tristeza e gravidade da minha ausência por ocasião do nascimento da minha filha.

Guiando a van para o sul, passando as fronteiras interestaduais, eu estava vestido de forma casual, com minhas calças de ginástica verde-claras, azuis e amarelas, uma malha de moletom vermelha com as mangas cortadas. Calçava os tênis Zodiac cor-de-rosa e verde-amarelos que meus amigos viviam gozando.

Na estrada, meu pai curtia comer em paradas de caminhão e ficar em motéis Super 8. Quando paramos para comer num ponto de caminhoneiros na divisa com o Kentucky, o restaurante inteiro parou o que estava fazendo para observar os dois gângsteres de Chicago. Que bela visão: eu, musculoso, trajando roupas esportivas berrantes, calçados tecnicolor e óculos escuros, uma cabeça mais alto que o meu pai mafioso. Ele, parrudo e ranzinza, também de óculos escuros. Aí ele ergueu a cabeça para mim e silvou num sussurro: "Seu babaca estúúúúpido!"

"Queêêêê?"

"Eu lhe disse para não chamar a atenção. Olhe pra você! Todo mundo nesta porra de lugar está olhando sua roupa, cacete!"

Quando chegamos à Flórida, meu pai estava pronto. Descarregamos o dinheiro e sua coleção de documentos falsos. Ele estava preparado para o seu novíssimo estilo de vida clandestino. Além de ter uma casa para o inverno nas proximidades, em Port St. Lucie. Já estava familiarizado com a área.

Na manhã seguinte subimos a costa da Flórida de carro, de modo que eu pudesse pegar o voo de outra cidade. No aeroporto, senti uma mistura de emoções: estava triste por dizer adeus ao meu pai. No entanto, mal podia acreditar que estava rompendo com ele. Era uma sensação agridoce.

Ao nos abraçarmos e beijarmos no portão de embarque, meu pai tinha lágrimas nos olhos. Não conseguia me soltar. Era o mesmo cenário, tudo de novo. O pai bonzinho, o pai amoroso, diante do filho mais velho. E essa foi uma sensação boa. No voo para casa, pensei na perspectiva de as coisas mudarem para melhor. Meu pai poderia voltar em sete anos tendo sentido uma terrível falta de mim. Teríamos outra chance para uma relação pai-filho normal.

Uma semana depois, eu estava sentado para um café da manhã na casa da minha mãe. Ouvi alguém abrir a porta dos fundos. Dei um salto para descobrir que era o meu pai, de volta da Flórida. Não ter controle sobre sua turma, sua família e sobre mim era demais para ele.

"Eu sou homem e não vou fugir da porra de ninguém", murmurou ele.

Meu queixo caiu, eu não acreditava naquilo. Fiquei arrasado de desapontamento. Os planos, a viagem e o drama haviam se dissipado no ar.

Meu pai estava de volta para ficar.

19. Eu peguei o dinheiro

No inverno de 1991, eu estava me escondendo, evitando qualquer contato com meu pai. Não nos falávamos havia meses quando fui à casa de vovó Sophie no número 3645 da avenida North Pacific em Chicago, ao norte de Elmwood Park. Sophie estava morando numa das metades do duplex de propriedade do meu pai, enquanto minha mãe morava na outra metade, no número 3643, com Kurt e Nicky.

Desci as escadas para o porão da minha avó, onde, no passado, meu pai, meu tio e eu tínhamos nosso escritório, cuidando meticulosamente dos livros da turma. Fui até uma parede especial que tínhamos construído. Em vez do revestimento comum, havia um painel de duratex sobre madeira compensada, afixado com parafusos revestidos em vez de pregos.

Soltei os parafusos e removi o painel e a placa de compensado, deixando à mostra um espaço de armazenamento secreto. Tive o cuidado de não tocar nas armas penduradas no interior. Estiquei o braço para pegar uma sacola de pano azul-clara pendurada ao lado delas. A sacola estava cheia de maços de dinheiro de 10 mil dólares cada, cuidadosamente embrulhados, 9 mil em notas de cem e os mil restantes em notas de cinquenta. Em cima de cada maço, numa nota de cinquenta, havia um símbolo rabiscado por meu pai em tinta vermelha, um código usado para manter o rastro do dinheiro e das denominações que ele havia enfiado nos seus muitos esconderijos pela cidade. Meu plano original era guardar as notas de cinquenta externas com a inscrição em vermelho para quando eu devolvesse o dinheiro, de modo a poder colocar em cima de cada maço a nota marcada correspondente. Meu pai não teria sido mais esperto.

Eu estava pegando o dinheiro para abrir um restaurante. Meu plano era ter sucesso por minha própria conta. Imaginava que se conseguisse ganhar dinheiro suficiente para substituir o que havia pegado, e tendo um par de negócios bem-sucedidos, talvez meu pai me respeitasse ou ao menos me deixasse em paz. Não queria recorrer ao Plano B, que era simplesmente pegar o dinheiro, agarrar minha família e sair correndo.

Calculo que levei entre 600 e 800 mil dólares. Não me preocupei em contar. Não estava roubando do meu pai nem da Organização. Era dinheiro ao qual eu sentia ter direito depois de anos contando moedas, cuidando dos livros, fazendo cobranças, pressionando clientes atrasados, dando apoio ao meu tio e, especialmente, levando porradas e aguentando os abusos físicos e verbais do meu pai. Sabia que ele me devia uma significativa quantia de dinheiro de empreendimentos nos quais éramos sócios, como o de reforma e revenda de casas. Sabia que nunca receberia a minha parte e que acabaria sendo passado para trás, do mesmo jeito que meu pai chantageara tio Nick e Ronnie Jarrett quando foram coproprietários da barraca de cachorro-quente.

Apesar de não termos nos comunicado durante meses, meu pai não tinha motivo para desconfiar que eu roubaria dele. (Se tivesse sabido, teria vindo atrás de mim e me matado.) Semanas e meses foram se passando depois que peguei o dinheiro, e meu pai não veio procurá-lo. Primeiro investi em dois restaurantes. Ajudei a começar o La Luce em West Lake, na Ogden, e me tornei sócio no Bella Luna, uma pizzaria e casa de massas em North Dearborn, cujo dono e gerente era o meu amigo de infância Danny Alberga.

Também distribuí a riqueza do meu pai entre a família: dei 50 mil dólares ao meu irmão mais novo, Nicky, que queria frequentar a faculdade em Boca Raton. Depois, dei a minha mãe 30 mil dólares. Em seguida coloquei o dinheiro numa casa para minha família. O resto deixei separado, torrando em viagens a Las Vegas com meus amigos, cheirando cocaína (um hábito que tinha adquirido) e financiando uma operação de pequeno porte de venda de cocaína pela cidade. Em pouco tempo, estava dirigindo a minha própria pequena equipe, começando pequeno e administrando a operação com o mesmo espírito que meu pai, de forma discreta e cuidadosa.

Embora os agentes da lei me tivessem sob vigilância em ambos os restaurantes, eu sempre estava um passo adiante, e tinha o cuidado de não ser pego nem vendendo nem de posse da droga. Havia numerosas ciladas montadas pelo DEA [Força Administrativa de Narcóticos], que usava informantes para me queimar e me incriminar. Mas eu não mordia a isca. Meu pai tinha me criado para ser cauteloso e esperto, e baseei minhas práticas no tráfico segundo o mesmo modelo usado pelo meu pai no ramo da agiotagem. Seja discreto. Tenha o cuidado de não se expor demais. Trate apenas com gente em quem você confia, e transporte a mercadoria com rapidez.

Um sujeito que eu suspeitava estar cooperando com a lei quis me encontrar pessoalmente. Mandei um recado de volta: "Se eu quiser me encontrar com pessoas, entro num clube social." Mais tarde descobri que ele estava *de fato* cooperando com os agentes da lei, o que reforçou a minha regra de vender somente a quem eu conhecia. Mas com toda a minha cautela, ainda assim cometi dois erros: (1) gastar meu dinheiro por aí como um *spaccone*, comportamento contrário ao que o meu pai tinha me ensinado, e (2) consumir a minha própria droga. À medida que as vendas foram aumentando e os restaurantes dando certo, meus planos de repor o dinheiro do meu pai evaporaram. As drogas tinham me dado coragem de decidir *não* devolver o dinheiro.

Meu pai observava de longe o sucesso que eu estava desfrutando.

Ouvi que ele estava impressionado com o bom desempenho dos dois restaurantes. Meu pai não tinha ideia de quanto dinheiro era necessário para começar um restaurante, ou quanto eu tinha botado para virar sócio do Bella Luna. Logo ele começou a dar as caras, a fazer perguntas, e nós voltamos a nos falar. Percebi que ele estava tentando descobrir de que maneira poderia se envolver nos negócios. Menti a ele sobre o montante que fora preciso para fazer o La Luce decolar. Coloquei-o na folha de pagamento por algumas centenas de dólares semanais para mantê-lo a distância.

Naquela época eu estava nadando em dinheiro. Danny Alberga, dono do Bella Luna, e eu estávamos certa vez andando de carro à procura de equipamento para restaurantes, pois estávamos reformando a casa. Estávamos na avenida Madison, onde havia montes de sem-teto. Eu tinha um jipe branco novinho em folha, de capota arriada porque era verão. Estávamos saindo de uma das lojas de artigos para restaurantes e eu disse a Danny: "Dê uma olhada debaixo do banco. Devo ter algum dinheiro esquecido aí."

Danny pôs a mão debaixo do banco e havia uma sacolinha de papel pardo com 20 mil dólares dentro, dois maços de 10 mil.

"Você ficou louco?", ele berrou. "Aqui tem vinte paus!"

A esta altura, Lisa tinha saídas melhores em vez de me pedir dinheiro.

Havia um monte de coisas sobre as quais não falávamos. Para ela, menos informação era mais. Não era que ela quisesse ouvir mentiras; era simplesmente que ela não queria ouvir. Todavia, se soubesse que eu estava cheirando cocaína ou que tinha roubado do meu pai, ela teria me deixado.

Lisa mal bebia e se opunha ferozmente a usar drogas. Uma vez fomos a Boston. No hotel, fui até o terraço e fumei um baseado com meus amigos. Os maridos e esposas todos fumaram, menos Lisa. Ela ficou tão zangada que tivemos a maior briga no avião durante a viagem de volta.

Em breve as peças foram se juntando: pistas como encontrar uma nota de vinte dólares enrolada, e envelopinhos de papel dobrados dentro da gaveta. Quando Lisa me confrontou, neguei que usava, alegando que os itens pertenciam a um dos meus amigos.

Danny Alberga também não aprovava meu uso de drogas. Mas eu estava ganhando dinheiro com as vendas e tive a maior sorte de não ser pego. Se soubesse o que eu estava aprontando com o dinheiro dele, meu velho teria me matado.

No começo meu uso de drogas era apenas brincadeira de fim de semana. Cheirava uma ou duas carreiras às sextas, de noite. Mas estava tendo problemas com meu pai e fui entrando mais na coisa. Eu me culpo por isso. Quando comecei a vender, meu uso fez uma curva ascendente.

Eu frequentemente chegava em casa branco como cera e gelado, com o coração batendo a toda. Lisa achou meu esconderijo. Uma vez ela grudou um panfleto *Doze passos para a sobriedade* no lugar onde tinha encontrado as drogas. Um par de vezes jogou milhares de dólares de cocaína privada abaixo e deu a descarga.

O fato de usar cocaína gerou tensão na minha vida familiar. Na época em que o nosso segundo filho, Anthony, nasceu prematuro e foi colocado na unidade neonatal, eu estava comprando pequenas quantidades, convertendo-as em quilos e vendendo para o meu seleto grupo de clientes. Com as operações de agiotagem e jogatina do meu pai, eu precisava manter o *meu* negócio de drogas na máxima discrição, de modo que nossos caminhos nunca se cruzassem.

Alarmado com meu uso crescente, Lisa tentou convocar a ajuda de membros da família.

Chamou Kurt, e se encontraram na Câmara de Comércio de Chicago, onde ela trabalhava. Num restaurante do outro lado da rua, ela disse a Kurt que eu estava dando muito trabalho. Kurt fez sua cara de paisagem e nunca mais lhe deu retorno. Ele tinha seus próprios problemas com meu pai. Então Lisa chorou para minha mãe, mas ela não quis se envolver. É claro que Lisa não podia recorrer ao meu pai nem ao tio Nick.

Kurt efetivamente me cobrou sobre o meu hábito de usar drogas.

Tal como Lisa, ele não consumia. Tivemos uma conversa. Mas ele não sabia como falar comigo sobre o assunto. Nunca me disse que Lisa tinha ido falar com ele. Eu só descobri mais tarde. Eles fizeram uma intervenção terapêutica, mas não deu muito certo. Quando eu estava vendendo drogas, nós nos mudávamos de uma casa para outra. Minha vida estava um caos.

A cocaína me fazia sentir que podia pensar com clareza. Aí descobri que há dois tipos de usuários: há o viciado e o que abusa. Se eu fosse um viciado descontrolado, Lisa teria me abandonado imediatamente. Mas eu era do tipo que abusava e continuaria a usar até enfrentar as questões referentes ao meu pai. Este foi provavelmente o motivo que fez Lisa deixar barato e não pegar no meu pé.

Depois que roubei o dinheiro e comecei os restaurantes, minha relação com meu pai voltou a degelar. Papai fez dos restaurantes o seu ponto de curtição. Sentava-se nos fundos e tomava um pouco de vinho.

Percebi que ele estava apreciando nossa relação reavivada. Agora que eu não estava mais envolvido com sua equipe, podíamos fazer as coisas darem certo. O único problema era como devolver o dinheiro antes que ele desse falta. Se eu conseguisse repor a grana, estaria livre.

Eu adorava ver meu pai fazendo o papel de papai orgulhoso, recebendo cumprimentos de amigos e associados pela forma como eu estava me saindo bem com os restaurantes.

Numa noite de inverno de 1992, depois que ele bebeu taças de vinho demais, resolvi levá-lo para casa. Papai se desculpou profusamente: "Obrigado por me levar para casa. Você sabe que não gosto de ser um pé no saco."

"Não, pai, não me incomodo. Estou até curtindo."

Ao sair do carro, ficamos parados na frente da casa dele. Ele chorou, me beijou e me disse o quanto me amava. Pai e filho juntos num longo abraço.

"Também amo você, papai", eu disse. "Foi uma noite gostosa."

"É, mas sabe", ele disse, e se desgrudou do abraço, me agarrou pela camisa e me sacudiu violentamente. "Você precisa deixar de ser tão bonzinho, porra. *Precisa deixar de ser tão bonzinho, porra!*"

20. O olhar de mil metros

Primavera de 1995. Eram onze da manhã num fim de semana quente. Eu estava morando em Elmwood Park quando meu pai e Kurt apareceram do lado de fora da minha porta de tela trancada. Quando os dois chegaram, pude ver a face inchada e o vermelho nos olhos de Kurt. Soube imediatamente que se tratava do dinheiro.

Tio Nick, Kurt e eu éramos as únicas pessoas que sabiam os esconderijos para o dinheiro do meu pai. Na hora em que ele deu falta, imediatamente acusou Kurt e lhe deu uns tapas. Sabia que Kurt tinha mais medo dele do que eu. Depois de agredir Kurt, descobriu aquilo de que suspeitava: tinha sido eu quem pegara o dinheiro. Durante os meses seguintes, continuou a culpar Kurt, convencido de que ele tinha tomado parte no esquema, o que não era verdade. Ameaçou Kurt dizendo que o dinheiro que eu não pagasse, ele é que ficaria devendo.

Fitei Kurt parado na varanda, depois meu pai. Vi o olhar frio, vítreo, nos seus olhos. Era como se ele estivesse transfixado por algo ao longe. O olhar de mil metros. Meu pai estava no modo cortador-de-gargantas da Organização. Eu sabia disso porque ele me ensinara a olhar nos olhos do meu oponente. Os olhos eram a janela da alma, exceto que o que eu vi nos olhos do meu pai não era alma, e sim uma fúria gelada.

Meus dois filhos, Kelly e Anthony, estavam no hall de entrada com Lisa. Não tinham ideia do que estava acontecendo, e meu pai não quis entrar em casa, o que era péssimo sinal.

Ele quis que eu saísse. E eu pensando: Corro pra cima pra pegar minha arma e depois saio lá fora? Talvez seja melhor atirar nele pela porta. Ou simplesmente saio e falo com ele? Com Lisa e as crianças num possível fogo cruzado, saí desarmado.

Já corria pelas ruas que meu pai e eu tínhamos batido cabeça mas voltamos a nos falar. Meu pai não sabia que eu usava e vendia cocaína. Se soubesse, teria me matado imediatamente.

Assim que pus os pés do lado de fora, ele me agarrou pelo braço e começou a me puxar rua abaixo. Mesmo sendo uma cabeça mais alto que ele, não resisti nem ergui a mão contra ele.

Ele me deu umas porradas de mão aberta na cara.

"Você pegou a porra do meu dinheiro."

No começo, neguei.

"Pegou sim. Caralho, você pegou minha grana."

Meu pai me deu outra porrada, agora de mão fechada, na têmpora, o que me deixou desorientado e quase me pôs a nocaute. Eu tinha de permanecer de pé; se não, era capaz de ele me pisar.

"Eu sei que você pegou", ele cochichou furiosamente, a centímetros do meu rosto. "Estou com uma arma lá na caminhonete. Confesse já ou vou lá pegar a arma e lhe dou um tiro na cabeça. Você não entende a situação em que me deixou. O dinheiro não é meu! É dinheiro do Angelo. Como é que eu vou explicar isso a ele?"

Eu sabia que ele estava mentindo. Tinha de pensar rápido.

"Foda-se!", berrei. Isso o pegou de surpresa. "Eu gastei tudo. Marque um encontro com Angelo, e eu vou dar um tiro na cabeça *dele*."

Meu pai me olhou como se eu estivesse louco. "Não podemos fazer isso."

"Por que não? Foda-se ele! Ele não é correto com você. Você não gosta mais dele. O cara não respeita você. Eu digo pra gente matar ele. Vamos fazer isso juntos."

Meu pai soltou meu braço. "Não. Eu vou falar com ele."

Ser ameaçado por meu pai por roubar seu dinheiro era uma coisa, mas o que se seguiu, o decreto, me gelou até os ossos.

"Daqui em diante, você me pertence. Os restaurantes são meus. A sua casa é minha. Tudo é meu. Você vai se reportar a mim três vezes por dia e fazer tudo que eu mandar até me devolver a porra do meu dinheiro."

Não pude acreditar. Todo mundo tentava se afastar daquele louco. Agora eu era dele outra vez.

Quando descobriu que havia sido roubado, meu pai se lançou na missão de recuperar de mim o máximo possível. Nossa relação pai-filho se tornou estritamente um arranjo de negócios. Eu não estava em situação melhor – na verdade era bem pior – que um de seus clientes falidos na rua. A reparação financeira veio em ondas à medida que meu pai foi apertando os parafusos. Primeiro ele pegou de volta cerca de 90 mil dólares em dinheiro deixados na caixa registradora, seguidos de outros 90 mil em dinheiro de drogas que recuperei nas ruas. Aí ele creditou na minha "conta" mais cem mil que eu devia por nossos projetos de reforma imobiliária. Some-se o barco, o novo caminhão-caçamba e dois *snowbiles* – motos de neve –, tudo isso agora pertencia ao meu pai, para não mencionar minha participação nos dois restaurantes. Como golpe de misericórdia, ele tomou meu jipe branco, substituindo-o por um velho calhambeque, que eu guiaria como lembrete diário das minhas transgressões.

Meu pai pegou de volta o dinheiro que eu tinha dado ao meu irmão Nicky para cursar a faculdade na Flórida. Recuperar o dinheiro que eu tinha botado nos dois restaurantes foi um assunto mais complicado, especialmente com Danny Alberga, dono do Bella Luna. Danny já tivera sérias restrições ao concordar em me trazer como investidor, em primeiro lugar.

Alberga tinha dito: "Só quero ter certeza de que este dinheiro não tem nada a ver com o seu pai. Não preciso de complicações. Se eu precisar de dinheiro, vou até o banco e peço emprestado como todo mundo faz. Não quero e não preciso do seu pai como sócio."

Na época em que comprei minha entrada no Bella Luna, eu estava cheirando muito, cheirando e jogando dinheiro fora, levando meus amigos em viagens para Las Vegas e fazendo apostas de 3 mil dólares na roleta. O uso de drogas diminuiu quando meu pai baixou o cacete. Agora o investimento que eu tinha feito no Bella Luna estava ruindo por terra. Logo depois que meu pai descobriu o dinheiro roubado, Danny recebeu o telefonema. Era meu pai.

"Você tem que se encontrar comigo para um café da manhã."

"Claro. O que está acontecendo?"

"Venha se encontrar comigo de manhã."

Danny lembrou-se de um café da manhã que tivera comigo, com meu pai e com Johnny Marino no American Eagle na avenida Grand, na manhã seguinte a uma noite de bebedeira. Meu pai tinha pedido meio melão. Quando a garçonete trouxe a fruta cortada em cubinhos, em vez de inteira, ele entrou em órbita.

"Isto aqui tem cara de um meio melão para você, porra?"

Furiosamente seu braço varreu a mesa, jogando tudo, pratos, comida, café e talheres, no chão. Danny e o grupo saíram do café famintos.

Na manhã seguinte Danny encontrou-se com meu pai e comigo numa cafeteria em Franklin Park. Fiquei de cabeça baixa, sentado em cima das mãos. Danny sentou-se na cabine privativa, de frente para mim e meu pai.

"Nós vamos pedir café da manhã", comandou meu pai, "e quando terminarmos vamos falar de negócios."

Quando a garçonete chegou, meu pai e eu fizemos o pedido, enquanto Danny, nervoso, pediu uma xícara de café.

"Sobre o que vocês querem conversar?"

"Meu filho botou dinheiro no seu restaurante, dinheiro que não era dele. Quanto dinheiro ele botou?"

Danny deu uma olhada para mim, não querendo me deixar numa pior. "Quanto foi que você *realmente* me deu no final, Frankie? Não me lembro exatamente."

"Mais de 60 mil."

Danny e eu olhamos fixo um para o outro. Sessenta mil? Alberga estava tendo que se ver com meu pai por 60 mil? Eu tinha acabado de jogar meu amigo às feras.

"Esse dinheiro pertencia à avó dele", disse meu pai, mas Danny conhecia a ladainha. Nunca nada era do velho. Para cima e para baixo num carro luxuoso, nada nunca era dele, pertencia a um amigo. Agora era dinheiro da vovó.

"Para resumir, o caso é que esse dinheiro precisa ser devolvido", meu pai disse, debruçando-se sobre a mesa. Alberga ficou com poucas alternativas: brincar com um gângster. Ser jogado aos leões pelo melhor amigo. Ou pagar o empréstimo. Três semanas depois, após finalizar um empréstimo bancário, Danny, como um verdadeiro amigo, arranjou outro encontro com meu pai.

"Tudo bem, Frank, consegui o empréstimo. Para quem eu faço o cheque?"

Meu pai sacudiu a cabeça: "Não, não, não, não, não, não. O que sai em dinheiro vivo entra em dinheiro vivo."

Com o dinheiro do empréstimo no banco, Danny teve de descontar cheques por toda a cidade para pagar meu pai em dinheiro. Isso significava que papai se tornaria uma presença assídua no restaurante de Danny. Chegava toda sexta-feira com a pontualidade de um relógio, na hora mais movimentada da casa. A presença do meu pai criava uma distração e tornava o trabalho difícil. Uma sexta-feira à noite, cercado de clientes e garçons e garçonetes frenéticos, meu pai fez uma sequência de flexões com um braço só, no meio do salão. Numa outra noite, enquanto Danny ia e vinha entregando pizzas, meu pai se plantou na mesa da frente espiando pela janela.

"Você está fazendo alguma coisa de errado aqui, Danny?"

Alberga não era trouxa. Sabia onde meu pai queria chegar.

"Olhe, Frank, eu tenho 38 dólares no bolso. Estou entregando pizzas. Estou aqui desde as nove e meia da manhã. Se trabalho duro é crime, prenda-me agora."

"É só que tem uma caminhonete do outro lado da rua naquele terreno baldio, com janelas escurecidas, a traseira virada para nós. Estão observando o lugar."

"Frank", Danny sustentou, "eu estou limpo. Não há nada de errado. Você deveria falar com seu filho."

Uma das garçonetes bonitas, Janice, de Atlanta, provocou meu pai: "Você conhece Ferlin Husky, o cantor country? Você é a cara do Ferlin Husky."

Quando meu pai se sentou e brincou com um par de amigos que jantavam, disse a ela: "Ferlin Husky? Eu posso lhe cantar umas canções de Ferlin Husky." E cantou.

Danny conhecia a reputação de matador do meu pai, e meus avisos e os de Kurt só serviram para aumentar sua preocupação. Ele tinha que terminar de pagar meu pai o mais breve possível, e estava preso até conseguir gradualmente passar todos os 60 mil dólares para ele. Meu pai aparecia regularmente, trazendo amigos e exigindo serviços especiais e entregas de pizza para o escritório de seu advogado.

Finalmente Danny chegou aos últimos 5 mil dólares da conta. Durante uma movimentada noite de sexta-feira meu pai entrou, e Danny lhe entregou 5 mil em notas de vinte enroladas num canudo, exatamente quando uma garçonete ia passando. Meu pai o puxou de lado, furioso.

"Nunca mais me dê nenhuma porra de dinheiro na frente de outras pessoas! De agora em diante nós vamos ao banheiro." Meu pai examinou o canudo de notas e sacudiu a cabeça: "Você não pode me dar em notas de cem?"

Após o pagamento final, meu pai trouxe à tona o assunto dos juros do empréstimo. Para Danny bastava. Com uma pistola escondida nas calças, para qualquer eventualidade, fez um gesto para meu pai voltar ao escritório.

"Vamos parar por aqui", Alberga explicou. "Isto nunca foi um empréstimo. Eu fui ao banco e peguei o dinheiro emprestado. Você está com seu dinheiro vivo. Se alguém deve algum dinheiro a você, é o seu filho. No que me diz respeito, eu devolvi o investimento dele. Era isso que eu devia e só."

De volta sob a mão opressora do meu pai, eu era o próprio morto-vivo. Queria fugir de tudo aquilo. Vivia entorpecido; não me importava com nada. Carregava um revólver para todo lugar que ia. Vivendo com medo constante do meu pai, eu antecipava o pior. Estacionava a quarteirões de distância da minha casa para dar a impressão de que não estava.

Uma noite estava indo a pé para casa, com uma lata de cerveja na mão. Vi aquele cara enorme, um vizinho, trabalhando no seu carro com a porta da garagem aberta. Terminei a cerveja e joguei a lata no seu gramado. "Ei", ele disse, "você não vai pegar a lata?"

Eu me virei e lentamente tirei o revólver do bolso, conhecendo a regra: se eu tirasse o revólver inteiro, ia ter de usá-lo. À medida que fui me aproximando, ele congelou e ficou com medo. "Foda-se", eu disse, virando-me para ir embora. Aí tomei consciência: "O que é que eu estou fazendo?" Voltei, e ele estava olhando para mim com os olhos arregalados. "Desculpe, senhor, por jogar a lata de cerveja. Desculpe por ter gritado, vou pegar a lata." Não pude acreditar no que estava se passando na minha cabeça. Eu não estava pensando claramente.

Apesar de estacionar o carro rotineiramente a quarteirões de casa, uma noite, apressado, eu me distraí, deixando o carro na entrada. Às dez da noite, a campainha tocou. Espiando pela janela do andar de cima, vi o Bronco branco do meu pai. Dizendo a Lisa para ficar com as crianças, passei por uma janela a caminho do meu quarto, onde eu guardava minha Beretta 9mm. Eu precisava me sentir totalmente seguro, sem saber se meu pai iria forçar a entrada na casa. Eu me deitei, enquanto ele tocava insistentemente a campainha. Depois ele voltou para o carro. No passado, eu teria pulado pela janela dos fundos e fugido. Observando do escuro, pude ver a fúria nos seus passos. Esconder-me do meu pai tinha dado certo antes, mas, como diz o ditado, eu podia fugir mas não me esconder. Meu pai foi embora.

Para ficar livre dele, mergulhei no trabalho no restaurante (um lugar público onde meu pai não podia me atacar). Chegando cedo e saindo tarde, eu me encolhia quando meu pai fazia seu espalhafato. Ele aparecia todo dia para ladrar ordens e me manter sob controle. Ficou zangado quando descobriu que eu tinha dado à minha mãe um emprego no La Luce.

Eu a pus no restaurante durante o dia, e ela adorou. Mas meu pai a fez largar o trabalho para poder se apossar do dinheiro que eu pagava a ela. Ele me mantinha em rédeas curtas e aparecia a qualquer hora. Um dia minha mãe lhe disse que eu estava fora fazendo algumas tarefas. Essa noite ele me chamou na sua casa.

"O que está acontecendo, filho? Como está indo o restaurante? Por que você não vem se encontrar comigo para a gente poder conversar?"

O tom de voz que ouvi era o do pai amoroso. Depois de receber algum de volta, talvez ele tivesse passado por cima do meu roubo.

Quando encostei ao lado do seu carro, meu pai fez um gesto para eu me aproximar. "Estacione o carro e venha dar uma volta comigo."

Entrei no carro do meu pai e seguimos até ele estacionar a algumas quadras de uma das garagens de trabalho em Elmwood Park. Enquanto caminhávamos pelo passeio até a garagem, um sentimento de pavor me percorreu.

Ah, meu Deus, será que ele está armando alguma para mim? Não pode ser. Agora ele está sendo o pai bonzinho.

Quando abri a porta da garagem, e entrei primeiro, meu pai acendeu as luzes e bateu a porta atrás de si.

De repente vi o olhar de mil metros. Que merda, sou um cara morto. Meu pai me agarrou pela garganta.

"Seu filho da puta, você mentiu pra mim. Onde você estava? Depois de pegar o meu dinheiro, você ainda não me escuta. Eu vi você naquela porra daquela noite, parado no corredor da sua casa sem atender a porta. Ninguém faz isso comigo!"

Pegou um revólver, um .38 de cano curto, embrulhado numa meia preta. (A equipe mantinha armas em meias finas para eliminar impressões digitais.) Com uma das mãos ele agarrou minha camisa e me puxou para si, e com a outra enfiou a arma na minha cara, contra a bochecha.

"Isto está ficando cada vez pior. Eu prefiro você morto do que me desobedecendo."

Perguntei a mim mesmo: Como é que vou sair dessa? Ele vai me matar. Comecei a chorar e lhe implorei que me ajudasse, dizendo que eu era uma pessoa ruim.

"Você está certo, *você* é uma pessoa ruim", foi a resposta do meu pai. Quando tentei abraçá-lo, mais uma vez, para prazer dele, eu era o filho subserviente e chorão.

Pelo menos ele não me matou. Na volta, me deu socos na cara. Eu estava zonzo; não conseguia me defender. Os socos simplesmente vinham, um atrás do outro, ao ponto de eu agradecer pela dor. Eu pensava que a qualquer momento ele podia mudar de ideia, parar a caminhonete e me matar. Mas não fez isso. Quando fui embora, soube que a partir desse dia nunca mais poderia confiar no meu pai.

21. Detido

Julho de 1995. Como resultado de uma investigação sobre Matt Russo e a M&R Auto e Funilaria, no dia em que deveria expirar o estatuto de prescrições (sobre a última infração), um grande júri autorizou um indiciamento pela Rico contra membros da turma Calabrese. A Rico é uma lei federal que prevê penas extensas para atos executados por organizações criminosas. Os "atos predicados" previstos pela Rico cometidos pela "organização" Calabrese incluíam agiotagem a taxas de juros elevadas, extorsão na forma de taxas de rua sobre os negócios e jogatina ilegal.

Olhando para trás, foi muito estranho ser detido. O telefone tocou às seis da manhã. Era o agente Kevin Blair falando em voz calma e baixa, informando-me: "Aqui é o FBI e a casa está cercada."

O telefonema de Blair me pegou de surpresa. Manter o indiciamento do grande júri travado dá tempo ao FBI e a outras agências legais para cumprir mandados e fazer prisões antes que o suspeito possa fugir da jurisdição. Permanecia a pergunta: Por que eu estava sendo detido?

Eu me perguntei se seria pelas coisas que andava fazendo com meu pai ou se se tratava da venda de cocaína. Seriam o FBI *e* o DEA? Se fosse por causa das drogas, eu tinha um problema enorme, porque meu pai não sabia que eu estava traficando e usando. Se fosse por causa das coisas do meu pai, bem, pelo menos não era eu que estava trazendo encrenca para toda a equipe atraindo o FBI.

Com a casa cercada, tanto o FBI como eu queríamos que o processo de detenção fosse o mais simples e indolor possível. Consegui manter a calma. As instruções de Blair foram sucintas. Desça e receba o mandado de prisão. Eu cooperei e avisei Blair que, tendo descido, ele me veria abrir uma porta de armário para desligar o alarme de segurança do portão de entrada. Nada de tiros. Nada de resistência. Quando abri com toda a calma a porta da frente, os agentes se abstiveram de irromper casa adentro. Lisa, de camisola, ficou aborrecida e apavorada, mas manteve a compostura. (Segundo os agentes do FBI, as esposas podem ser as mais agressivas durante prisões de mafiosos.)

Todo mundo mantendo a calma, Blair e os agentes me perguntaram se eu precisava vestir alguma roupa. Precisava escovar os dentes? Tinha alguma arma de fogo na casa? Depois de informar os policiais sobre um rifle de prática de tiro e uma pistola Beretta 9mm no dormitório, levei os agentes para cima e perguntei: "Vocês podem me fazer um grande favor? Meus dois filhos estão dormindo nos seus quartos. Podemos fazer silêncio? São crianças pequenas. Não quero que se assustem."

Acompanhado de dois agentes, entrei no quarto e entreguei as duas armas de fogo. Um deles ficou do lado de fora do banheiro enquanto eu me vestia e escovava os dentes. Tendo terminado, virei-me para ele:

"Qual é o motivo da prisão?"

"Coisa antiga. Violações da Rico."

Senti uma onda de alívio. Nenhuma menção a tráfico de drogas recente. Lá embaixo peguei uma malha enquanto Lisa, aflita, ficou parada na porta de entrada.

"O que você quer que eu faça?"

"Ligue para o meu pai e diga para ele..."

"Não", um agente se intrometeu. "Nós estamos com o seu pai."

"Tudo bem, então ligue para o Kurt e..."

O agente sacudiu a cabeça. "Estamos com seu irmão, também."

"Sabe de uma coisa, Lisa? Por que você simplesmente não espera eu telefonar?"

Não me dei o trabalho de mencionar tio Nick. Madrugador, ele já teria saído para o seu café da manhã. A esposa, Noreen, deixou entrar os agentes e eles vasculharam o triplex dele de cima a baixo, inclusive os porões. Mais tarde ele se entregou a conselho de um advogado.

Antes de me colocarem no banco traseiro do carro, e enquanto me conduziam para fora, os agentes me algemaram. Depois de uma viagem de 25 minutos até o centro, onde ficava o edifício federal, eu dei um risinho nervoso quando passamos por outro sedã do governo e vi meu pai sentado no banco de trás. Fiz um meneio. Fazia meses que não nos falávamos.

Antes de levar os membros da turma para detenção na delegacia, eles me puseram numa cela provisória. O que se seguiu foi um desfile da família e da equipe sendo trazidos pelos agentes. O próximo a chegar foi meu pai. Embora estivéssemos afastados, eu queria que ele soubesse que estava preocupado com ele. Trocamos amabilidades. Perguntei como iam as coisas. Ele estava bem?

Essa foi uma outra ocasião em que pensei que a nossa relação poderia mudar. Talvez essa prisão amoleça meu pai e o faça acordar. Ele verá seus filhos na sua frente, e poderá contar com nosso apoio. Vamos enfrentar e superar isso juntos. Ele deve estar se sentindo terrivelmente responsável por Kurt e eu estarmos metidos nisso.

A seguir Kurt foi escoltado para a cela provisória. Ele foi jogado, cabelos desgrenhados e roupas amarrotadas.

"O que aconteceu com você?", perguntei.

"Eles não arrastaram você para fora de casa?", perguntou ele de volta.

Kurt virou para papai e fez a mesma pergunta.

"Não", respondemos em uníssono, encolhendo os ombros.

"Eles me deixaram trocar de roupa, escovar os dentes e me aprontar. Por quê?", eu disse.

"Você os deixou entrar em casa?", Kurt indagou.

"É isso que se faz quando eles apresentam a você um mandado de prisão."

Kurt virou-se para o nosso pai: "Você os deixou entrar em casa?"

"Deixei."

Kurt pareceu perplexo. "Você não nos disse para não deixar ninguém entrar em casa?"

Quando o FBI chegou à porta da frente da casa de Kurt, ele se recusou a deixá-los entrar. Sua esposa estava de camisola, berrando pela janela: "Saiam daqui, vão embora. Deixem meu marido em paz. Ele não tem nada a ver com nada."

Quando Kurt abriu a porta, foi derrubado pelos agentes e arrastado até o meio da rua, de barriga para baixo, e algemado.

Meu pai e eu caímos na gargalhada. "Agora você virou um cara durão, hein?"

A prisão dos Calabrese com base na Rico se transformou numa reunião. Depois de mim, do meu pai e de Kurt veio Philip "Pete" Fiore, um dos principais cobradores da turma. Depois tio Nick. Até o cara que tirava impressões digitais estava bem-disposto.

"Tenho boas e más notícias", um dos agentes disse a Kurt. "Acabei de saber pelo seu advogado."

"É mesmo? O que foi que ele disse?"

"Ele disse: 'A notícia boa é: não se preocupem com nada.' Ele vai tirar vocês daí. Mas a notícia ruim é que pode levar dez anos."

Depois que Kurt e eu tivemos nossas digitais recolhidas e fomos fotografados, o fotógrafo pegou um caderno cheio de fotos de bandidos assinadas. Pediu a Kurt: "Será que o seu pai autografaria isto aqui?"

"Eu não perguntaria a ele", advertiu Kurt. "Ele nunca faria uma coisa dessas."

De volta à cela, fiquei passando os cordões e amarrando meus tênis Zodiac cor-de-rosa e verde-amarelos.

Quando meu pai voltou, o fotógrafo veio até a cela. "Ei, Frank, obrigado!"

"Não há de quê."

"O que você fez?"

"O cara pediu pra assinar uma coisa pra ele."

Ri do olhar na cara do meu irmão, e imaginei meu pai assinando um caderno cheio de fotos de bandidos autografadas. Enquanto ele e Fiore trocavam cochichos, mantinham um olho na câmera de segurança do teto. Enrolei a malha que tinha trazido, botei debaixo da cabeça e tirei um cochilo. Eu e a turma passaríamos menos de um dia em cana.

Em Elmwood Park, Lisa e Angela trocavam telefonemas frenéticos. Angela tinha conversado com Diane, que sugeriu que fossem para sua casa em Oak Brook para discutir o passo seguinte. Diane parecia calma, perguntando se Lisa havia chamado "nosso" advogado.

"Eu nem sabia que *nós* tínhamos um", foi sua resposta de principiante.

Depois do fichamento, o fotógrafo da polícia me avisou que havia repórteres na frente do prédio. "Vou me assegurar de que vocês saiam pela porta dos fundos."

Uma vez conduzidos pelos delegados pela porta dos fundos, fomos imediatamente localizados. Quando os fotógrafos e repórteres se juntaram, propus que nos separássemos e saíssemos correndo. Lembro de correr pelo meio de um dos hotéis da vizinhança. Foi engraçado. Meu pai, tio Nick e Kurt subiram correndo um lance de escadas, e eu reduzi a velocidade, como se fosse falar com a imprensa, mas assim que eles chegaram em cima, comecei a correr de novo, até ver meu pai, Nick e Kurt descendo um lance de escadas à minha frente. Tentei fazer a imprensa me seguir para os outros poderem escapar. A certa altura, todos demos de encontro uns contra os outros, como um bando de patetas. Passamos por alguns quartos e perdemos os repórteres que corriam atrás de nós. Naquela noite vi meu pai no noticiário correndo de bermudas.

Considerando que era a minha primeira prisão importante, surpreendentemente ela não foi dolorosa demais – até eu ouvir uma conversa no quarto ao lado, que me deixou inquieto. Um dos policiais perguntou ao meu pai: "Por que você não ajuda os seus filhos?"

"Meus garotos podem cuidar de si mesmos", ele respondeu friamente.

Isso me incomodou. Tanto esforço para ficarmos juntos.

Antes de aparecer diante do magistrado na denúncia formal, o agente Blair fez com que eu me sentasse.

"Olhe, Frankie, você precisa se certificar de que ninguém saia machucado."

"Não estou entendendo."

"É melhor vocês não machucarem ninguém"

"Não vamos machucar ninguém", assegurei ao agente Blair. E acrescentei: "Aliás, você acha que posso ter as minhas armas de volta? Elas não são ilegais."

"Você tem preocupações maiores", replicou o agente Blair.

Tinha demorado cinco anos para o FBI pegar a turma Calabrese, porque o FBI leva tempo se dedicando a colher informação... enquanto a lei permite. O Departamento não tem pressa de fazer uma prisão a menos que uma operação esteja provocando perigo imediato para o público em geral. De outra forma, os esquadrões de combate ao crime organizado do FBI levam todo o tempo que for necessário, sejam meses ou anos. Os promotores federais preferem entrar na corte com nada menos do que um caso garantido.

O caso Rico Calabrese de 1995 tinha suas fragilidades inerentes, sobretudo as acusações contra Kurt. Havia a possibilidade de Matt Russo não ser considerado como uma testemunha de maior credibilidade. Numa vitória pré-julgamento, o juiz determinou que os Calabrese não podiam ser mencionados como "a turma de rua Calabrese", insinuando a associação do grupo com a Organização.

Depois das prisões, o caso não atraiu muita publicidade nos jornais de Chicago. Tivéssemos contestado o caso e brigado, talvez Kurt se safasse, especialmente se meu pai e meu tio tivessem se declarado culpados, com uma das condições sendo a não inclusão de Kurt. Em vez disso, a turma, liderada pelo intimidador Frank pai, decidiu se declarar culpada e deixar Kurt se virar sozinho. O processo todo – prisão, fiança, apelações e sentença final – acabaria levando dois anos.

No feriado de 4 de julho de 1997, eu havia reconhecido que precisava acelerar o processo para poder começar a cumprir a sentença e seguir adiante com a minha vida. Em vez de postergar o inevitável com sucessivos adiamentos, era hora de encarar o problema, fazer um acordo e ir para a cadeia. Eu precisava me livrar das muletas da cocaína e do meu pai. Usar drogas, descobri, era o meio mais seguro de ter a minha fiança revogada, de modo que minha estratégia foi testar positivo para cocaína e pedir tratamento contra drogas. Ferrar com uma reunião com a minha oficial de investigação preliminar, após a qual eu "mijaria sujo", selaria meu destino. Eu esperava que isto convencesse o governo a me mandar para um tratamento de drogas de dezoito meses, que seria creditado na minha pena. Isto seria feito na surdina, sem ninguém saber de nada. Eu conseguiria escapar do meu pai e ao mesmo tempo já estaria cumprindo minha sentença. Mas convencer o governo da minha dependência química exigiria algum esforço. Depois de faltar intencionalmente à minha reunião de apresentação preliminar, o governo ainda estava cético. Nem todo mundo que pedia era mandado para tratamento.

Na noite de 3 de julho, eu estava em Elmwood Park no festival e banquete de rua anual, cuidando de uma barraca e fritando mariscos com Danny Alberga. Lisa, as crianças e alguns amigos estavam com Danny e comigo. Os mariscos estavam vendendo aos quilos.

De repente, do nada, senti um agarrão no meu pulso esquerdo. Perplexo, olhei para o lado e descobri meu pai com seu gelado olhar mortal. Quando tentei me soltar, ele apertou com mais força, depois se inclinou e disse: "Tenho dois caras mirando em você. Não tente fugir. Venha comigo. Só quero falar com você."

Com Lisa e Danny observando sem acreditar, vasculhei a multidão em busca dos dois atiradores. Será que ele me mataria em público? Em vez de acusar o blefe e possivelmente colocar em perigo meus amigos e as crianças, eu acedi: "Solte o meu pulso para eu poder pôr a frigideira de volta. Aí podemos falar."

Enquanto caminhávamos em direção ao estacionamento, vasculhei de novo a multidão em busca dos atiradores, e percebi que provavelmente não havia nenhum. Encontramos um lugar remoto perto do estacionamento para sentar e conversar.

"Que diabos está acontecendo com você, Frankie?", meu pai perguntou. "Recebi um telefonema da sua oficial de investigação preliminar. Ela me disse que você faltou ao compromisso, e que não conseguiu entrar em contato. Ela está preocupada. Eu disse que o acharia e o levaria imediatamente."

Sabendo que em breve eu iria para a cadeia, resolvi que era hora de confessar.

"Pai, estou enrolando minha oficial para conseguir uma audiência na corte e ter minha fiança revogada para começar a cumprir pena. Assim, depois de ir para o Centro de Correção Metropolitano (MCC), posso entrar num programa de reabilitação e ganhar dezoito meses da minha pena. Em duas semanas eu vou para o tribunal, e eles vão me pôr em cana."

Fitei a cara intrigada dele. Pude ver as engrenagens se movendo. Se eu fosse para a cadeia, ele perderia controle sobre mim. Eu sabia, desde o dia em que começamos a bater cabeça, que ele estava preocupado que algum dia eu pudesse me voltar contra ele. Eu sabia mais do que o suficiente sobre o meu pai para botá-lo na cadeia pelo resto da vida. Mas minha intenção não era essa.

"Vou ser honesto com você. Tenho vendido e cheirado cocaína por algum tempo... mas juro pelos meus filhos, acabou. É por isso que preciso começar a minha pena. Preciso me afastar e ficar limpo."

A face do meu pai congelou de raiva e descrédito. A minha confissão sobre a cocaína o pegou completamente de surpresa.

Na manhã em que saí para o tribunal e fiquei diante do juiz por violar minha fiança, duas coisas eu sabia. Primeira: eu jamais cheiraria cocaína de novo. Segunda: meu pai não iria contribuir com um centavo para a minha defesa, e teríamos de vender a casa. Financeiramente, eu estava por minha própria conta.

Eu já tinha retirado a poupança referente à aposentadoria pelo meu emprego na prefeitura, o que bastou para manter um advogado. O dinheiro estava ficando apertado. A grana do tráfico de cocaína tinha se acabado. Eu estava fora dos restaurantes e entregando pizza para o Armand's em meio período, só para poder me virar. Não fosse o emprego de Lisa na Câmara de Comércio, nosso lar não teria dinheiro algum.

Naquela manhã, tomei uma chuveirada e vesti umas roupas – calças, camisa e um casaco esportivo –, que presumi que ficariam guardadas num armário de bens pessoais da prisão federal enquanto cumpria minha sentença. Dizer adeus às crianças foi bastante difícil.

"O que há de errado?", Kelly, minha filha, perguntou ao lado de seu irmão mais novo Anthony, erguendo os olhos para mim.

"Não há nada de errado. Eu vou trabalhar, e amo muito vocês dois." A avó de Lisa saiu da sala chorando ao me ver abraçando meus filhos.

Enquanto caminhava até o trem que me levaria para o escritório do advogado do outro lado da rua do edifício federal, vários pensamentos me ocorreram. Eu sentiria falta da minha esposa. Perderia os anos de formação dos meus filhos crescendo. Mas estava pronto para cumprir minha pena, até mesmo ansioso. E aborrecido com meu pai. Estava entorpecido, levando a vida sendo arrastado. Foi uma longa caminhada da estação até o escritório do advogado. Vagando em meio ao burburinho matinal da multidão, as pessoas se chocando contra mim, percebi que aquele seria meu último vislumbre de Chicago pelos anos seguintes.

Quando entrei no escritório do advogado, ali estavam meus pais e Lisa. Fiquei chateado que meu pai estivesse lá. Era evidente que ele tinha ido para dar seu showzinho de "pai responsável" para o juiz. Já que eu ia ser sentenciado e encarcerado primeiro, ele estava se perguntando como eu lidaria com a sentença federal.

Ele me puxou de lado para um escritório contíguo num último esforço para um contato franco. Como "pai bonzinho", me deu um abraço apertado, contendo as lágrimas. "Não sei como você começou a fazer isso", disse ele, referindo-se à cocaína. "Mas você partiu meu coração."

"Eu lhe faço uma promessa se você me fizer uma promessa", eu disse. "Eu paro com as drogas e cumpro minha pena se você prometer sair da Organização para podermos trabalhar e construir uma relação nova e uma vida nova."

Nós nos abraçamos mais forte, e em meio às lágrimas concordamos em reparar nossos caminhos. Depois da prisão começaríamos de novo, tanto profissionalmente quanto como pai e filho. Quando atravessei a rua a caminho da audiência, apertei a mão de Lisa, sentindo-me bem em relação ao pacto que acabara de fazer com meu pai.

Compareci duas vezes diante do juiz. A primeira foi quando minha fiança foi revogada. Sem fiança, fui mandado diretamente para o MCC. Algum tempo depois, compareci novamente para a sentença, com meu pai de pé ao meu lado.

Na frente do juiz pela segunda vez, foi feito um acordo: 57 meses numa prisão federal. Minha oficial de investigação preliminar havia recomendado 47 meses, mas na minha pressa de começar a cumprir, sucumbi à exigência do governo de mais dez meses. Concordei com os 57 meses, sem contar o bom comportamento. Eu devia ter brigado, mas queria logo cumprir minha pena.

Aceitando minha sorte, fiquei contrito. Admiti meus erros para o juiz James Holderman e reiterei que estava disposto a "cumprir meu tempo e pagar minha dívida com a sociedade". Enquanto eu falava, o juiz baixou o lápis, recostou-se na cadeira e me olhou diretamente nos olhos. Fez então uma série de perguntas para ter certeza de que o governo não havia me pressionado a abrir mão de meus direitos e aceitar a acusação. O juiz manifestou preocupação por eu ter usado a mesma firma de advocacia que meu pai e que eu estivesse me declarando culpado junto com ele.

Quando meu pai se apresentou para falar com o juiz por mim, Holderman baixou a cabeça e voltou a escrever, sem erguer os olhos nenhuma vez. Meu pai falou que era padrinho de 25 crianças, declarou seu amor pelos filhos e acrescentou que era um senhor idoso com sérios problemas de saúde. Eu me afastei para o lado acorrentado, vestindo um macacão. Balancei a cabeça de constrangimento pela teatralidade dele. Ele concluiu o discurso com um pedido lacrimoso, solicitando uma concessão final.

"Acha que posso dar um último abraço no meu filho?"

Meus olhos rolaram para o alto enquanto meu corpo ficou paralisado no seu abraço forte. Fui levado embora acorrentado, pelo corredor. Lisa e minha mãe se derreteram em lágrimas, enquanto a reação do meu pai foi: "E aí... vocês querem comer alguma coisa?"

Mamãe levou Lisa de volta para a estação de trem de Elmwood Park, desculpando-se pelo filho que a tinha deixado numa situação difícil; Lisa, por sua vez, queria apenas consolar a sogra que acabara de ver seu primogênito ser mandado para o Centro de Correção Metropolitano. Estacionado na estação estava o patético calhambeque que meu pai, ávido colecionador de carros, havia me emprestado depois de levar embora o meu jipe.

Duas semanas depois, um par de agentes do FBI apareceu na porta de Lisa perguntando se ela tinha alguma informação adicional sobre meu pai ou sobre mim. "Não, obrigada", Lisa respondeu enquanto fechava a porta, dobrando-se toda de dores de barriga por causa da tensão.

Não muito depois, Johnny Marino surgiu com uma mensagem enigmática que parecia uma nota de resgate. Era uma lista de necessidades que seriam "pagas" se Lisa apresentasse as receitas e ordens de serviço corretas.

"Quem pediu para você me trazer isso?", ela perguntou a Marino, que inocentemente encolheu os ombros. "Não, obrigada", ela disse, devolvendo o bilhete a Marino.

Mais tarde, deixaram na porta de Lisa uma caixa remetida pelo MCC. Continha a minha camisa, minhas calças e meu casaco esportivo. A visão de minha vida reduzida a uma caixa de papelão cheia de roupas detonou uma enchente de emoções. Pavor da batalha que subitamente confrontava uma mãe sozinha com dois filhos pequenos. Seu amor por mim, e o ódio que sentiu por eu deixar nossa família desamparada daquela maneira. Depois, a culpa pelo alívio que sentiu por não ter mais de ver o marido se autodestruindo diante dos seus olhos.

22. Faculdade com armas

SE ALGUÉM ME TIVESSE DITO quando criança que eu acabaria trabalhando para o FBI, e que forjaria uma relação profissional íntima com alguém como o agente Michael W. Maseth, eu acharia que essa pessoa estava maluca. Por outro lado, se essa mesma pessoa onisciente tivesse dito a Mike que *ele* haveria de se tornar agente do FBI, ele teria ficado igualmente surpreso.

Segundo Mike, caçar gângsteres da Organização não era seu plano original de carreira. Ele começou a mostrar interesse na carreira policial aos 26 anos, em 1996. Como jovem advogado de defesa criminal e de danos pessoais em Columbus, Ohio, recebeu um telefonema de sua mãe, que trabalhava como secretária para o vice-diretor de uma escola de ensino médio. Dois agentes do FBI haviam aparecido na escola para falar com os estudantes no Dia da Carreira.

"Espero que você não se importe", disse a mãe de Mike, "mas eu dei ao FBI o seu contato. Eles estão procurando advogados. Achei que você se interessaria, então eles estão mandando um formulário de inscrição para você."

Enquanto John Fecarotta estava tentando se esquivar dos tiros de tio Nick naquela tarde de setembro de 1986, Mike frequentava o ensino médio no oeste da Pensilvânia, onde era um popular líder estudantil. Como líder e "terrível" trompetista na banda escolar de 350 integrantes da North Allegheny High, Maseth marchava nos intervalos dos jogos de futebol do Gator Bowl e do Cotton Bowl, e vários outros eventos esportivos colegiais. Depois de se formar no ensino médio, Mike se graduou em história e em filosofia pelo Allegheny College. Mas era o direito que atraía Mike desde os seus dias de ensino básico, quando, ainda pequeno, era um debatedor provocativo com mente questionadora. Depois de fazer sua graduação, ele foi aceito na Escola de Direito da Capital University em Columbus, Ohio, em 1992.

Mais tarde, eu viria a saber por Mike que ele se graduou em direito em 1995 e começou a trabalhar para duas firmas pequenas. Concentrou-se em defesa criminal, mas lidou com perícia em casos de motoristas alcoolizados. Teve o seu primeiro contato com o FBI quando defendia dois clientes detidos pelo Departamento por fraude bancária. Para Mike, os agentes do FBI pareciam gente de cabeça feita e que gostava do que fazia – ao contrário dele, que queria arrancar os cabelos defendendo motoristas bêbados.

Mike preencheu o questionário de três páginas do FBI e posteriormente completou o mais detalhado teste de personalidade. Depois disso, não ouviu mais falar do assunto. Durante nove meses não pensou mais naquilo, presumindo que não houvessem se interessado por ele. Qual era a probabilidade de ser aceito? Ele imaginou que não muito alta.

Mas no verão de 1997, o FBI contatou Mike para uma entrevista completa, a ser conduzida por três agentes. Depois de passar pelo teste do polígrafo, perguntaram se ele estava interessado em se tornar agente. Em março de 1998, o rapaz de 27 anos foi orientado a se apresentar para treinamento de agentes na Academia do FBI na cidadezinha costeira de Quantico, na Virginia.

Por volta da época em que eu estava começando a cumprir minha pena, Mike botou suas coisas num depósito e lá se foi, voltando à vida de estudante com colega de quarto, refeições na cafeteria, banheiro compartilhado com mais quatro sujeitos e aulas de ginástica. Era como uma faculdade com armas, exceto que Maseth nunca tinha dado um tiro na vida – o que foi ótimo, pois não chegou a Quantico com maus hábitos nesse sentido.

Mike completou seu treinamento com um programa intensivo de dezessete semanas. Deu duro para passar nos exames escritos, fez um treinamento extensivo com armas de fogo e aprendeu a guiar em alta velocidade. Logo descobriu que o ambiente em Quantico era mais de camaradagem que de competição.

Na sexta semana de treinamento, Mike foi solicitado a relacionar todos os 56 escritórios de campo do FBI de cima a baixo, em ordem de onde ele mais gostaria de trabalhar. Como é costume em Quantico, quando um agente novo se apresenta para receber suas ordens, ele revela sua primeira escolha para a classe antes de abrir o envelope. A primeira opção de Mike era Kansas City, o local mais próximo de sua família e amigos. Ele titubeou quando leu seu destino em voz alta: a nossa cidade, Chicago, não estava sequer entre as dez primeiras opções; ocupava o décimo segundo lugar na lista original.

Mike passou seus primeiros seis meses de serviço em Chicago num esquadrão de treinamento rotativo que fazia turnos de duas semanas trabalhando com uma variedade de diferentes equipes, inclusive Fraude Bancária, Terrorismo, Crimes de Alta Tecnologia, Gangues de Rua, Assalto a Bancos, Corrupção Pública e Crime Organizado.

Quando chegou a hora de um encargo permanente, Mike foi inicialmente escolhido para Fraude em Telecomunicações, mas seu supervisor de treinamento tinha outras ideias. Ele, que havia sido agente em Chicago, famoso por seu informante da máfia Ken "Joe the Jap" Eto, recomendou que Mike fosse enviado ao esquadrão do Crime Organizado. Talvez sentisse que o histórico de Mike no direito poderia fornecer uma nova perspectiva investigativa.

Sempre acreditamos que o esquadrão do Crime Organizado empregasse agentes mais velhos, mais experientes. O que levou o chefe de Mike a mandá-lo para um dos dois esquadrões de Crime Organizado que operavam em Chicago? O que o mundo do crime organizado poderia oferecer a um principiante com cara de criança?

O velho escritório do Crime Organizado em Chicago ficava no oitavo andar do quartel-general do FBI no centro, no número 219 da avenida Dearborn, no edifício federal. Mike descobriu que seus novos aposentos no Departamento se pareciam mais com o cenário de um seriado policial dos anos 70, *Barney Miller*, do que com a versão colarinho-branco de

Efrem Zimbalist Jr., de 1960, *The FBI*. Somente seu supervisor, Tom Bourgeois – e mais tarde John Mallul, depois que Tom se aposentou – tinha sua própria sala. Bourgeois era um agente de elite. Crescera numa família de agentes da lei, e seu pai havia morrido a serviço do FBI. Na época, Tom tinha dois anos.

Segundo Mike, a sala do esquadrão do Crime Organizado durante os anos 90 parecia mais uma área de convivência do que os cubículos de hoje. Quando ele chegou, havia nove agentes no esquadrão 1. Quatro computadores velhos enfiados num canto para uso comum. Nem todos funcionavam. Não havia reuniões regulares da equipe às segundas-feiras de manhã; os agentes trabalhavam uns em cima dos outros, e cada indivíduo tinha a obrigação de se manter a par do que os outros estavam fazendo.

Esse ambiente livre-para-todos significava que Mike não precisava recorrer a uma pessoa específica se tivesse alguma pergunta ou comentário. Ele tinha agora *toda uma sala* de mentores. Uma regra implícita era que questões ou observações eram levadas primeiro aos membros da equipe, antes de irem para o chefe. Com exceção de lidar com informantes secretos (que eram citados apenas pelos seus codinomes), a investigação era abrir as coisas e escutar opiniões diferentes do pessoal. Se alguém ouvisse algum nome particular de quatro mesas adiante, ele devia se manifestar: "Também estou cuidando desse cara. Vamos falar sobre isso."

Enquanto nós trabalhávamos nas mesmas ruas paralelamente a outras equipes da Organização, havia uma competição saudável entre os dois esquadrões do FBI sobre quem faria a próxima grande jogada. Mike foi designado para o OC1. O "concorrente" OC2 tinha feito uma grande jogada em 1992, derrubando um rei das apostas e da jogatina, William Jahoda. Isto resultou em figurões da LCN (La Cosa Nostra) sendo condenados sob acusações de jogatina e extorsão, incluindo o *consigliere* da Organização, Rocky Infelise.

O caminho de Mike e o meu estavam prestes a se cruzar, pelo menos nas ruas. A primeira missão oficial de Mike no esquadrão do Crime Organizado envolvia seguir de perto o lugar-tenente de Johnny Apes, Jimmy DiForti. DiForti trabalhava na turma do meu pai e fora indiciado, devendo enfrentar julgamento pelo assassinato de um agiota falido chamado Billy "the Pallet Man" Benham. Além de seguir DiForti, Mike recebera ordens de conduzir vigilância sobre o lugar-tenente da nossa turma, Ronnie Jarrett.

Enquanto Mike acompanhava Ronnie na área de Bridgeport, um agente fornecia instruções de outro veículo através de um rádio de intercomunicação. Mike logo descobriu que fazer perseguição no mundo real (ao contrário dos exercícios de treinamento em Quantico) não era fácil. Jarrett, como sempre, guiava erraticamente, às vezes andando a oitenta por hora na contramão.

"Rápido! Ele está pegando à esquerda", a voz dizia pelo rádio, "e outra vez à esquerda. Não, não. Agora está pegando à direita!"

Meu pai sempre me ensinou a conhecer todas as ruas e itinerários. Enquanto cresci conhecendo as avenidas e becos de cada bairro dentro e nos arredores de Chicago, Mike não tinha a menor ideia de que rua era qual. Navegando por becos sem saída e guiando em círculos, ele ficou quase cinco quilômetros atrás da caça e estacionou no meio-fio. Não conseguiu se encontrar nem com um guia de ruas e ficou sentado na lata-velha do Departamento, exasperado. Em que droga de emprego ele tinha se metido? Ele estava fora do seu elemento. Não conhecia ninguém em Chicago e precisava se entrosar rapidinho e descobrir quem eram esses caras da Organização.

Mike estava tendo dificuldade em entrar no ritmo do esquadrão. Após a vigilância frustrada, Mike abordou Bob Moon, detetive do Departamento de Polícia de Chicago, que servia no esquadrão como membro da força-tarefa. Moon e o detetive Al Egan eram tiras veteranos em quem os federais confiavam quando necessitavam da inteligência local: a distribuição interna de determinados pontos de encontro da quadrilha ou informação sobre quem havia sido preso e sob quais acusações.

"Ouça, Bob, me dê uma ajuda. Eu estou perdido!", disse Mike. "Não sei que porra estou fazendo. Não sei quem são esses caras. Você tem que me explicar."

Moon era um policial irlandês católico, prático e pau-para-toda-obra. Nós conhecíamos o nome, e que ele era o homem de Chicago na equipe da força-tarefa do Crime Organizado do FBI. Uma vez ele se infiltrou na nossa equipe por meio de um dos nossos membros, Louis Bombacino, fazendo o papel de um freguês de empréstimos. Tanto meu pai como tio Nick já tinham lidado com Moon. Ele era redondo, baixo, parrudo, careca e usava óculos. Segundo Mike, era um dos sujeitos mais engraçados no escritório, com um humor seco. Sentado na sua mesa, ele ligou para a arquidiocese quando o papa João Paulo II estava moribundo. Pediu para falar com o bispo, queria que considerassem seu nome para substituir o papa enfermo. Mas para nós, Bob Moon não era piada.

Moon não só respondeu as muitas perguntas de Mike, fornecendo-lhe detalhes importantes, como fez com que ele se sentisse mais à vontade na sala do esquadrão. Moon relatou a Mike uma história detalhada da Organização e lhe disse quem era quem entre os jogadores envolvidos com Ronnie e DiForti. Como acabou acontecendo, Ronnie vinha se tornando a figura-chave numa nova investigação da turma Calabrese em Chinatown. Embora Jarrett não fosse um cara "iniciado" – era só meio italiano –, tinha cumprido tempo de cadeia o bastante e castigado gente o suficiente para ser considerado um nome bem-estabelecido dentro da Organização.

Mike sabia que Chicago tinha uma longa e notável história de corrupção entre o crime organizado e a polícia, que datava dos dias de Capone. A cidade estava manchada por um bom número de policiais sujos como Richard Cain, Michael Corbitt e Bill Hanhardt – sujeitos do alto escalão que estavam no bolso dos chefões da Organização.

Era difícil saber em quem confiar dentro da força policial trabalhando com o esquadrão OC1. Os agentes da lei nunca sabiam realmente que tiras, juízes, políticos ou alcaguetes meu pai tinha no bolso. Como resultado, era prudente manter a cooperação interdepartamental entre o FBI, o Departamento de Polícia de Chicago, os delegados federais e o Departamento de Polícia do Condado de Cook estritamente entre aqueles que você conhecia e em quem confiava. Agora que Mike estava no bolo, as coisas só ficariam mais loucas quando déssemos de encontro.

23. O Centro de Correção Metropolitano

Em relação às acusações da Rico, meu pai, tio Nick e Kurt fecharam acordos em 21 de março de 1997. Os membros da equipe Louis Bombacino e Philly Beans Tolomeo – o último tendo fugido para o Programa de Proteção a Testemunhas – também se declararam culpados. O corréu "Pete" Fiore tentaria sua sorte no tribunal, e cumpriria dez anos.

Em julho, senti que podia cumprir minha sentença enquanto estivesse longe do meu pai. Eu tinha violado minha fiança usando drogas, então fui o primeiro a entrar. Meu plano: frequentar a clínica de reabilitação em Yankton, Dakota do Sul, com consentimento do juiz, contando o tempo como parte da pena.

Eu me apresentei ao Centro de Correção Metropolitano no final de julho de 1997, a primeira parada dentro do sistema penal federal. Após o MCC, o Departamento Penitenciário Nacional me indicaria para uma prisão dentro de um raio de oitocentos quilômetros de casa, para ser cômodo para minha família. Minha missão era simples: cumprir a pena e voltar para casa a fim de aparar as arestas com minha esposa e família, e deixar para trás a vida na turma da Organização.

Por sua vez, ao contrário de mim, minha ida para o MCC era algo que meu pai queria evitar. Ele ordenou aos advogados que conseguissem que ele se apresentasse diretamente no Instituto de Correção Federal, em Milan, Michigan, para começar a cumprir sua sentença de 114 meses. Para assegurar uma transição rápida e suave, ele estava ansioso que o resto da família – Kurt, Nick e eu – também se declarasse culpado junto com ele para não ir a julgamento. Kurt declarou-se culpado numa acusação de sonegação fiscal e foi condenado a dois anos. A cantilena do meu pai no ouvido de Kurt foi que se ele não fizesse isso, meu pai poderia pegar sessenta anos, ao passo que Kurt levaria apenas umas palmadinhas ou seria enviado a um campo militar. Que tipo de filho arriscaria fazer seu pai cumprir sessenta anos? Sendo velho demais para um campo militar, Kurt foi mandado para o FCI [Instituto de Correção Federal] Oxford em Wisconsin. Não muito depois, foi posto num ônibus de volta ao MCC, onde cumpriu dezoito meses.

Ao finalizar meu acordo, o principal espinho foi a multa que acompanhava a minha pena de 57 meses. A multa do meu pai chegava a cerca de 750 mil dólares, que ele pagaria em parte se desfazendo da propriedade da vovó Sophie, em vez de tocar no seu próprio dinheiro. Depois de fixar sua multa, ele prometeu pagar também a minha, mas só se eu concordasse em me declarar culpado junto com o resto da família. Minha multa chegou à casa dos 150 mil dólares. A de Nick ficou em torno de 25 mil e a de Kurt, perto de 5 mil.

A parte positiva da proposta do meu pai era que eu podia manter o equilíbrio em casa, isto é, Lisa e as crianças ainda seriam donos de um lugar para morar enquanto eu "estivesse fora". Na minha cabeça o que mais se destacava era a promessa lacrimosa que meu pai tinha feito a mim no escritório do advogado de que, quando fôssemos libertados, ele se desligaria da Organização, consertaria nossa relação e tornaria legais os seus negócios. O grande senão era que eu tinha de confiar nele para obter os 150 mil dólares da minha multa em troca de me declarar culpado e não enfrentar julgamento.

Exceto por uma noite em que me envolvi numa briga de rua, eu nunca tinha cumprido nenhuma pena. Depois de passar pela internação, subindo para o décimo terceiro andar do MCC na companhia de quatro negros de aparência assustadora, eu não tinha ideia do que esperar. Violência? Tensão racial? Comida intragável? Andei na direção de uma porta de aço com uma longa janela vertical. Ali dentro pude ver fileiras de celas, uma mesa de pingue-pongue e nenhum guarda. Só sujeitos andando de um lado a outro de bermudas.

Fui até a porta e parei. Vi um grupo de sujeitos apontando para mim. Pensei, "Tudo bem, deve ser isso aí. Sou um cara novo. Vou ter que me afirmar". Ao entrar, descobri que estavam apontando para a porta para me dizer que estava aberta.

As acomodações do MCC eram básicas: um beliche de duas camas, pia, uma pequena escrivaninha com lápis e papel e um companheiro de cela. O ambiente era mais aberto do que eu tinha imaginado. As celas ficavam trancadas das dez da noite às cinco da manhã.

O guarda que registrou minha entrada não gostava de italianos nem da minha família, de modo que me pôs com um cara que ninguém queria como companheiro de cela. Eu estava sentado na cama de cima do beliche quando esse animal gigantesco entrou. Era um caipira branco, peludo e enorme de Indiana, perto dos cinquenta anos. Olhou para mim e grunhiu. Era chamado de Urso.

Um simples olhar para Urso durante a minha primeira noite bastou para eu dormir agarrado a um lápis, como proteção. Após alguns dias, Urso se abriu comigo. Nós conversamos e nos entendemos. Depois que sua mulher morreu e uma piranha ferrou com ele arrancando um monte de dinheiro, ele ameaçou matá-la. Depois ameaçou o juiz e quase estrangulou seu último companheiro de cela. Os guardas ficavam aterrorizados com ele. Eu lhe comprei comida e joguei pipoca na sua boca, como se faz com um animal no zoológico. Os guardas se tocaram da rapidez com que eu o domei. O problema era que ele não tomava banho.

Depois de arrastar Urso até o chuveiro e levar uma escova para ele, se alguém chegava perto de mim, ele se tornava protetor... como uma mãe ursa. Quando mudei do décimo terceiro para o décimo sétimo andar, Urso ficou inconsolável. Mas a mudança me fez bem. Encontrei amigos da Bensonhurst do Brooklyn e da zona oeste de Chicago, e um garoto de Elmwood Park.

A prisão se baseia em feudos, áreas de influência e controle. Você fica junto dos seus semelhantes, seja por raça, nacionalidade, código de área, condado, região ou estilo de vida. Eu fui mandado para a cozinha, enquanto meus colegas Pat e Joey trabalhavam na lavanderia. Como minoria, os italianos se confinavam na mesma pequena área no salão diurno.

Passei quase cinco meses – de julho a novembro de 1997 – no MCC. Sentia falta da minha família e dos amigos, mas após algumas semanas lá dentro, minha mãe me visitou. Ela ficou surpresa com o quanto eu estava relaxado. Todavia, desestimulei outras visitas. Por minha insistência, Lisa quase não vinha, nem só nem com as crianças. Sempre que eu recebia uma visita, mesmo que por poucos minutos, sentia um retrocesso. Eu subia e era como começar tudo de novo.

Para as crianças foi bastante duro ficar longe do pai. Na época, tinham seis e sete anos. Faziam perguntas para as quais Lisa não tinha resposta. Se por um lado restava-lhe pouca fé no nosso relacionamento, por outro ela precisava se apegar a ele pelas crianças.

Antes de começar a cumprir sua pena, tio Nick se encontrou por acaso com Lisa num evento social. Homem de poucas palavras, um Nick sóbrio reassegurou que eu encontraria um jeito de viver longe das drogas em meio ao turbilhão. Balançou a cabeça tristemente, e admitiu: "Os garotos nunca deveriam ter sido envolvidos, e não deveriam estar na cadeia."

Para mim, a vida lá dentro foi melhor do que trabalhar nas ruas com meu pai, mas mantive contato com ele para ver se estava falando sério sobre se manter dentro da lei. Ele estava tremendamente interessado e receoso do MCC. Como era? Eu estava bem cumprindo minha pena ali? Era difícil?

Enquanto meu tio foi mandado para o FCI Pekin, em Illinois, a alguns quilômetros de distância, uma instituição de maior segurança, meu pai foi internado no FCI Milan em outubro de 1997. Eu ainda estava esperando para "ser designado". As "designações" eram sempre a grande novidade no MCC. Os destinos eram regularmente afixados num quadro de avisos comunitário. Era como se inscrever para a liga de futebol americano, procurando ver se tinha conseguido um time. A cada dia, na hora em que a lista era colocada, eu corria para ver se meu nome estava ali. Um dia, vi: "Frank Calabrese, 06738424, Milan, Michigan."

Frank Calabrese? FCI Milan? Não pode estar certo.

Abordei um dos responsáveis: "Desculpe, mas acho que cometeram um erro nesta lista. É o meu pai que vai para Milan, não eu."

O responsável examinou a lista e ergueu os olhos: "Negativo. Decididamente, é você."

Milan, *a mesma prisão*? Não pode ser!

Primeiro pensei que o FBI estava tentando me punir. Depois de conversar com diversos detentos veteranos, fiquei sabendo que quando há múltiplos réus num caso, era difícil espalhar as pessoas por prisões federais diferentes. O governo frequentemente fazia concessões para famílias de fora do estado, agrupando membros da mesma família numa mesma instituição para conveniência de visitas.

Meu coração afundou com a ideia de ter de cumprir pena na mesma instituição que meu pai. Meu plano de começar vida nova descarrilou. O pensamento era por *maior* distância entre mim e ele. Agora, aí estava eu, ferrado por um critério aleatório do sistema penitenciário federal.

Ser transportado para Milan me daria tempo para pensar. Eu não tinha escolha a não ser tirar o máximo proveito da situação. Meu tempo em Milan podia ser bem-gasto elaborando as coisas com ele para ver se ele estava disposto a cumprir suas promessas. Até o momento ele ainda não tinha apresentado o dinheiro da minha multa. Agora, será que ele cumpriria seu compromisso de se aposentar da Organização, ou continuaria com seu comportamento manipulativo e controlador?

Eu estava prestes a descobrir.

24. Uma chance de subir

Eu estava na prisão.

A viagem do MCC no centro de Chicago para o FCI Milan tinha uma escala. Cheguei de ônibus na USP [Penitenciária dos Estados Unidos] Terre Haute, Indiana, e aí voei de "Con Air" para Michigan. Era novembro de 1997 e os transportes estavam fechados por causa do feriado de Ação de Graças. Como a Terre Haute estava em regime de contenção policial, passei toda minha estada na SHU, a Unidade de Habitação Segura. Foi minha primeira estada no buraco.

Durante dezesseis dias antes de pegar o avião para Milan, fiquei trancado numa das alas mais velhas da USP Terre Haute. Estava repleta de cubanos presos entre o final dos anos 70 e o começo dos 80. Eram criminosos que tinham sido abandonados na costa americana, como Tony Montana, o personagem de Al Pacino em *Scarface*. O regime era de 23 horas por dia, como uma hora de "recreio" do lado de fora no frio gelado. Em consonância com a alta segurança, o "recreio" era feito numa jaula ao ar livre. Para mim bastou uma sessão para implorar aos guardas que me deixassem entrar de volta com os cubanos e as baratas. As refeições eram enfiadas por um buraco na porta três vezes ao dia. Os detentos recebiam um conjunto de roupas que eram trocadas a cada dois dias. Chuveiro a cada três dias. Consegui um par de livros se desmanchando num carrinho que passava rangendo pela minha cela. Passei o tempo fazendo flexões em cima da cama para evitar esmagar baratas no chão.

Terre Haute era a parada ideal para eu refletir sobre o meu dilema. Será que meu pai iria mudar ou, mais importante, será que ele iria *melhorar*? Será que se tornaria uma pessoa melhor, apoiaria os filhos, pagaria minha multa e cuidaria de Kurt, que optara em sacrificar sua liberdade por ele? Também era hora de *eu* melhorar, me tornar proativo, se não por mim mesmo, pelo menos pela minha família. A prisão federal seria o grande equalizador. O pátio da prisão seria o lugar onde eu julgaria meu pai não pelas suas promessas, mas pelas suas ações.

Quando entrei no FCI Milan, notei que grande parte da prisão era antiga. Havia um pátio externo com um novo ginásio e três grandes unidades de moradia. Havia celas e catres, mas sem barras. As celas em Milan tinham portas eletrônicas. Passando pela internação, tive a sorte de conseguir uma cela externa em vez de uma voltada para dentro, que era parte de um dormitório barulhento. Em questão de dias, eu tinha passado da fria escuridão de uma cela com dois homens no cu do mundo em Terre Haute para um modesto quarto duplo que mais parecia um alojamento de estudantes do que uma cela de prisão – e sem baratas.

Conheci um sujeito no MCC que me avisou: "Quando você chegar em Milan, faça o máximo para conseguir um trabalho depressa!" Assim que passei pela recepção, o guarda na minha unidade testou um punhado de detentos "peixe fresco" nos primeiros dias. Ele nos encarregou de uma limpeza das instalações da unidade do bloco de celas. A maioria dos caras o ignorou e nem apareceu, mas eu, junto com mais dois sujeitos, limpei os caixilhos das janelas com escovas de dentes. Fiz o que ele mandou, e depois disso ele não mexeu mais comigo. Os caras que não apareceram, o guarda fodia com eles o tempo todo.

Na primeira noite, como o novo Frankie, descarreguei minhas "posses" na cela. Notei as diferenças óbvias entre o MCC, a USP Terre Haute e o FCI Milan. Milan dava liberdade de vagar pelo pátio até às nove da noite. Havia poucas portas internas. Mesmo havendo um "buraco", não se tinha medo de levar um tiro de uma das torres caso um detento pisasse na grama ou vagasse por lugares considerados "fora dos limites" por causa de regulamentos e linhas de visão. Tive sorte do meu colega de cela, Lenny LaLiberte, me mostrar como comer de forma mais saudável e levantar pesos, o que se tornou uma rotina importante na minha recuperação.

Tendo chegado ao pátio, era hora de procurar meu pai, que morava numa unidade adjacente. (O velho Frankie teria evitado o pai pelo maior tempo possível.) Meu pai ficou eufórico, dizendo a todo mundo que eu estava chegando e que éramos melhores amigos. Era um bom sinal e um bom começo.

Tive sorte outra vez quando consegui um trabalho no comissariado, que um motoqueiro de Cleveland chamado Johnny Ray me ajudou a conseguir. Agora eu tinha um trabalho regular e passava tempo jogando beisebol e me reunindo com os motoqueiros.

Dentro do meu novo ambiente, concentrei-me em reinventar a minha relação com meu pai. Vendo meu progresso levantando ferros, ele se juntou a mim nos halteres. Em conjunto, tínhamos as nossas reminiscências de como fora crescer no velho bairro e como ele ganhara uma competição de halterofilismo na prisão anos antes. Ele me acompanhava nas reuniões de dependentes químicos, e frequentávamos juntos a missa católica.

Nos primeiros meses, basicamente conversávamos sobre a rotina diária da vida na prisão. Sempre que surgia o assunto de deixar para trás a atividade nas ruas, ele me garantia que seus dias de Organização tinham terminado. Sempre que eu levantava a questão de sua promessa de pagar as multas dos filhos, ele negava ter feito tal arranjo por meio do seu advogado.

Essa negação foi a primeira bandeira vermelha com que me deparei ao testar a nossa relação. Uma segunda bandeira vermelha veio quando ele me procurou com a notícia de que "um amigo" havia localizado Matt Russo, que seria abordado com uma soma de dinheiro. Em troca, Matt retificaria sua história, testemunhando que meu pai era inocente. E aí eu deveria mentir no banco das testemunhas.

"Acho que podemos faturar essa, Frankie."

"Você vai me forçar a subir no banco das testemunhas e mentir por você? Você percebe que uma vez que estou aqui dentro, o governo pode me fazer as perguntas que bem entender?"

"Eu sempre posso intimar você."

O fato de Matt Russo ter sido rastreado por um de seus soldados me convenceu de que meu pai ainda estava ativo nas ruas. Aí, um dia ele deixou escapar que o padre católico lhe permitira acesso ao telefone. A linha do padre não era monitorada. Um alarme disparou na minha cabeça. Estaria ele manipulando o padre com um recém-descoberto "interesse" no catolicismo para poder manter contato com o pessoal da rua?

Por algum tempo, ambos moramos no primeiro andar da unidade G, a vinte metros de distância. Então trombávamos constantemente um com o outro. Notei que ele estava de pavio cada vez mais curto, especialmente depois que rejeitei a ideia de compartilharmos a mesma cela. Logo descobri que ele estava lendo a minha correspondência. Aproveitando-se de um guarda ingênuo, interceptou uma carta de Kurt, que interrompera contato com ele quando se sentiu logrado pela sua alegação de culpa. Kurt perguntava na carta como eu estava segurando a barra de estar na mesma prisão que o nosso pai.

"O que é pior?", Kurt escreveu sardonicamente, "perder a liberdade ou estar na prisão com papai?"

Surpreso com o tom da carta de Kurt, ele a devolveu ao guarda, que me passou a carta já aberta, explicando que meu pai a vira antes. Quando o confrontei, seguiu-se uma discussão acalorada. Depois da briga, ficamos afastados e não nos falamos por dias. Quando passava por ele no pátio, batíamos os ombros e seguíamos em frente. Eu notava o frio e assassino olhar de mil metros nos seus olhos.

Mas dentro dos muros da prisão, não tinha mais medo dele.

No começo de 1998, meu pai trocava de companheiros de cela em rápida sucessão. Tudo tinha de ser conforme suas regras. Nada de comer no beliche. Tire os sapatos antes de entrar na cela. Lave as mãos depois de mijar. Se você abrisse a janela, ele fechava. Às vezes seus colegas de cela vinham se queixar para mim. Alguns tinham medo de que ele se zangasse. Eu o defendia, tendo o cuidado de não demonstrar a tensão entre nós. Precisava manter uma fachada de que éramos amigos enquanto avaliava suas ações e verdadeiras intenções.

25. Duas opções, nenhuma delas boa

Dentro dos limitados confins do universo da prisão, eu conseguia engolir meu pai apenas em doses muito pequenas. Não me incomodava com seus amiguinhos de cadeia. Ele basicamente só circulava com gente "iniciada". Ficavam sentados na frente das quadras de bocha, queixando-se de como a vida na prisão era horrível. Nenhum deles tinha trabalho nem frequentava aulas, pois a maioria tinha dinheiro vindo das ruas, que era depositado em suas contas da prisão. Se algum tivesse trabalho, era alguma tarefa desprezível, como esvaziar uma lata de lixo duas vezes por dia. A função do meu pai era encher um porta-guardanapos numa determinada mesa no pavilhão chinês.

Em janeiro de 1998, eu estava curtindo um trabalho que era mamão com açúcar no comissariado, inclusive com acesso a novas roupas e uma nova jaqueta para o inverno. Tomei o cuidado de compartilhar essas coisas novas com o meu pai. Em vez de atalhos ou cambalachos, aprendi que as regalias vinham do trabalho duro.

A minha experiência em restaurantes provou ser inestimável para o trabalho na prisão. Eu assistia os funcionários nas encomendas de suprimentos e, por ter estado no negócio de preparação de comida em Chicago, telefonei a várias empresas para mandarem amostras. Em seguida ajudei a reorganizar a despensa.

O comissariado era a única atividade que trazia lucro para o sistema prisional federal além da fábrica de móveis. Com ajuda minha e da equipe de detentos, os guardas de Milan ganharam o prêmio de comissariado mais bem-dirigido no sistema federal, o que rendeu a cada um deles um cheque de quinhentos dólares e uma festa com direito a pizza e cerveja.

Todo o complexo Milan abrigava 1.200 homens, e devido ao meu trabalho duro, conquistei um assento na diretoria do comissariado da prisão, representando minha unidade de 250 homens. Isso me deu influência quanto ao destino de parte dos lucros do comissariado. Em nome dos homens da minha unidade, fiz *lobby* por novos televisores, colchonetes de exercícios e certas marcas de pasta de dentes e artigos de higiene.

As coisas iam bem no comissariado até que ouvi a notícia: meu pai tinha sido escolhido para trabalhar lá. O carcereiro encarregado das escolhas era um italiano que achou que estava me fazendo um favor mostrando respeito e dando-lhe o trabalho.

Era a última coisa que eu queria. Puxei meu pai de lado.

"Por que você quer trabalhar no comissariado, pai? Você tem seu serviço com o porta-guardanapos. O comissariado é trabalho duro."

A equipe o recebeu bem porque era meu pai. Como parte do serviço, cada empregado era designado diariamente para um corredor de estoque e, por eu ter me tornado efetivo, recebia sempre o corredor mais fácil. Como meu pai era novo, deram-lhe o corredor mais difícil, com as latas e caixas mais pesadas para armazenar. Para ajudá-lo, troquei de corredor com ele e, por trabalhar de dia *e* de noite, toda noite eu fazia a armazenagem em ambos os corredores antes de ele chegar para o trabalho na manhã seguinte.

Meu pai entrou, com pose de rei Faruk, sentou-se com os pés em cima da mesa de encomendas, dando cochiladas ocasionais.

Puxei-o de lado. "Você precisa começar a parecer ocupado."

"Mas não tem o que fazer", ele respondeu. "É um serviço tão fácil."

Ele se deu bem trabalhando no comissariado porque as frutas e legumes passavam primeiro pela sua mão. A equipe mantinha uma pequena cozinha nos fundos onde preparávamos pratos italianos. Em algumas ocasiões, os guardas traziam comida de fora, de modo que meu pai e eu pudéssemos lhes preparar uma genuína refeição italiana.

Esses eram os dias de "pai bonzinho". Ele adorava cozinhar. Preparávamos massa com linguiça e pimentões e molho ao sugo da estaca zero. Eu fazia a minha salada de peixe italiana, que os guardas adoravam. Cozinhando com ele, pensei de novo que talvez houvesse esperança de dias melhores.

Quando os guardas viravam as costas, eu lembrava a ele que devia ficar de boca fechada com os outros detentos em relação às regalias especiais que nós desfrutávamos. "Por favor, não diga nada. São privilégios que nós trabalhamos duro para conseguir."

Quando ele começou a se vangloriar para os outros detentos sobre a facilidade do seu trabalho, isso deixou os comissários putos da vida. Fui falar com ele sobre o assunto.

"Enquanto você está lá contando a todo mundo que o comissariado é um serviço fácil, eu armazeno os nossos *dois* corredores toda noite! Eu peguei o corredor mais difícil e dei o mais fácil para você."

"Por que fez isso?"

"Porque você é o meu pai!"

Trabalhando juntos no comissariado, pela primeira vez ele teve de *receber* ordens em vez de *dar*, especialmente do próprio filho. Aos olhos do FCI Milan, agora éramos iguais. Sempre que chegava um caminhão de entregas, a equipe de detentos saltava à plataforma para mover as caixas e manobrar empilhadeiras. Nós nos arrebentávamos de trabalhar enquanto meu pai ficava falando com os guardas, apontando, supervisionando. Uma vez eu me dirigi a ele:

"Ouça, você usa o mesmo uniforme cáqui que a gente. Por que *você* não vai para a doca e nos ajuda?"

Recebi o olhar de mil metros.

Meu pai tinha uma dificuldade de aprendizagem – e provavelmente é disléxico. Para ele era difícil ler as folhas de pedidos. Porém, por orgulho, não queria que ninguém soubesse. No começo, os detentos deixavam suas coisas de lado para ajudá-lo, mas em breve todo o resto da equipe se cansou de suas excentricidades. A coisa chegou ao auge quando uma comissária o obrigou a trabalhar e ele lhe respondeu na cara. Eu observei a confusão. A guarda estava pronta para registrar a ocorrência. Eu me dirigi a ela:

"Olhe, me faça um favor. Eu sei que você está a fim de mandá-lo para a solitária e demiti-lo daqui, mas deixa eu falar com ele e ver se consigo tirá-lo daqui."

Ela concordou em lhe dar uma chance.

Mais tarde nessa noite, eu o peguei de lado no pátio. "Pai, você precisa sair."

"O que você quer dizer?"

"Você respondeu na cara dela. Ela ia registrar a ocorrência e mandar você para a solitária. Mas eu dei um jeito para você chegar lá, sair do serviço e pegar seu outro trabalho de volta, e a coisa não vai para a sua ficha."

Meu pai se indignou: "Não preciso que *você* ajeite nada pra *mim*. Sacou?"

Nosso relacionamento ia de mal a pior. Toda vez que eu ganhava um pouco de distância, ele grudava outra vez.

Suas múltiplas personalidades mostravam suas várias faces por trás dos muros da prisão. Ele podia ser muito agradável. Os caras adoravam o pai bonzinho e o mafioso malandro. Mas o olhar frio do exterminador os deixava gelados. Nós éramos polos opostos ao passo que os detentos presumiam que tínhamos temperamentos similares.

Dentro da prisão, as menores coisas ganhavam importância exagerada. Durante um "Dia do Cinema" para trabalhadores do comissariado, trouxeram um vídeo de fora e o exibiram na sala dos fundos. Havia somente uma TV conectada ao VHS, de modo que os guardas estavam dispostos a fingir que não viam. Convidei papai para ver *A outra face*, estrelado por John Travolta.

"Venha assistir a um filme no comissariado. *Mas não diga nada a ninguém!*"

O Dia do Cinema era outro privilégio que podia vir a se tornar motivo de briga política entre a população carcerária. E depois que meu pai chegou no pátio convidando os amigos para a sessão, um dos guardas veio até mim: "Frankie, que merda é essa?"

Encontrei meu pai na quadra de bocha: "Que porra você está fazendo?"

"O quê?"

"Quem você está convidando para o Dia do Cinema? Eu lhe disse para não comentar nada. Meu deus, nem parece você. Você costumava saber guardar as coisas para si mesmo. O que está acontecendo?"

Depois de receber sua sentença de quase dez anos, meu pai continuou a vacilar na promessa de pagar a minha multa de 150 mil dólares. Sempre que o assunto vinha à tona, ele fingia que não ouvia ou mudava de assunto. Com as discussões e atritos que estávamos tendo, fiquei convencido de que meu pai não cumpriria o combinado.

Do lado de fora, a vida estava difícil para Lisa e as crianças. Com exceção de 6 mil dólares dados pelo meu pai – em troca de uma nota promissória e uma alienação da casa –, minha família não recebeu nenhum apoio dos Calabrese nem da turma. Tendo apenas seu emprego na Câmara de Comércio, Lisa atrasou a hipoteca durante meses e perdeu a casa. Quando ela foi vendida, meu pai cobrou os 6 mil dólares. Depois que o governo pegou sua parte pela minha multa, não sobrou quase nada para Lisa. As pessoas presumiam que meu pai estava cuidando de Lisa e das crianças enquanto eu estava preso. A perda da casa acabou sendo a gota da água. Lisa pediu o divórcio, mudando-se junto com as crianças para a casa da avó.

Com a notícia do divórcio, eu cheguei ao fundo do poço. Tinha perdido tudo – minha família, minha casa, minhas economias e agora meu casamento. Todavia, apesar do dinheiro escondido em Chicago e na sua propriedade, estava claro: meu pai não ia se apresentar para ajudar.

Quando ele foi transferido para a Unidade H, enquanto eu permaneci na Unidade G, gostei do distanciamento. Uma noite eu estava deitado no meu beliche com a luz apagada e de repente abri os olhos. Fiquei espantado com uma figura intimidadora em pé na porta da minha cela.

"Pssst, Frankie."

"Pai! O que você está fazendo aqui? Você não deveria estar nesta unidade."

"O sujeito me deixou entrar. Ele me conhece."

Era a gota dágua. Eu estava divorciado, falido e trancafiado, e agora o meu maior pesadelo estava dentro da minha unidade, invadindo a minha pouca privacidade. Até onde isso podia chegar? Eu precisava confirmar as minhas suspeitas e descobrir se ele estava ativo nas ruas.

Usei minhas conexões lá fora para descobrir o que estava se passando. As notícias não eram boas. Eram terríveis. Não que eu tivesse ficado surpreso, mas meu pai estava totalmente mergulhado nos negócios. As promessas eram mentiras. Descobri que ele tinha Ronnie Jarrett dirigindo a turma e que tanto Ralph Peluso quanto Michael Talarico se reportavam a Ronnie. Mas o que me chocou foi que Nick Ferriola estava dirigindo o jogo e as apostas para ele.

Eu precisava tomar uma decisão. Com as minhas esperanças esmagadas, fiquei semanas sentado na cela, enjoado da forma como ele vinha mentindo para mim. Não podia confrontá-lo em relação ao que acabara de descobrir. Isto só colocaria em perigo as vidas daqueles que tinham me passado a informação. Eu sabia que não podia confiar nele para fazer o que era certo e o que era melhor para a família.

Pensei em procurar meu advogado para ser transferido, de modo a poder lavar minhas mãos em relação a ele. Podia mentir dizendo que queria ficar mais perto dos meus filhos ou dizer que não me sentia mais seguro em Milan.

Examinei as duas opções. Sabia que tão logo papai, tio Nick e eu fôssemos libertados, as ruas não seriam suficientes para eu me esconder. Uma vez livre, meu pai ficaria fora de controle, a turma seria revitalizada, e não haveria nada que eu pudesse fazer para impedir isso. Alguém tinha de brecá-lo; se não, nada mudaria. Após considerar um pouco, minha situação se resumiu a duas alternativas impossíveis.

Esgotar o assunto, jogar até o fim e levar o caso para as ruas, de modo que quando saíssemos, um de nós acabaria morto e o outro apodreceria na prisão pelo resto da vida? Ou contatar o FBI e oferecer ajuda para manter o meu pai, doente, manipulador e sociopata, na prisão pelo resto da vida?

Detestei as duas opções. Entrar em contato com o FBI significava não saber exatamente o que estava reservado trabalhando com os agentes da lei. O FBI estava convencido de que tinha fechado a turma Calabrese. Mas eu sabia mais do que eles. Precisava convencê-los do contrário. E eu podia confiar no FBI? Os agentes eram competentes? Acreditariam em mim?

Eu tinha duas escolhas, nenhuma delas boa: matar meu pai antes que ele me matasse ou recorrer ao FBI.

26. O momento em que mandei...

SABENDO QUE NÃO PODERIA CONVIVER comigo mesmo se matasse meu pai, decidi recorrer ao FBI. Mas como? Na prisão, onde a privacidade é inexistente, eu precisava ser extremamente cuidadoso sobre como e com quem me comunicar. Escolher o método certo era uma questão de vida ou morte.

Um telefonema para o FBI estava fora de questão. Telefonemas para fora eram monitorados e gravados. Ia ser o diabo, não havia pessoa ou entidade em quem confiar, nem detento nem companheiro de cela, nem guarda nem funcionário, nem o próprio diretor. Ser exposto como dedo-duro equivalia a uma sentença de morte.

Papai já tinha recebido por correio um bilhete anônimo carregado de ódio e ameaças. Ele suspeitou que era do tio Joe, o que me deu uma ideia. Eu mandaria uma carta ao FBI. Seria o meio mais seguro de ir em frente.

Meu plano era simples: redigir uma carta de uma página, datilografada, sem assinatura, e esterilizada, de modo que, embora meu nome estivesse nela, ninguém poderia confirmar categoricamente que eu a tinha enviado. Tomei todas as precauções ao datilografar a carta, escondendo as folhas amassadas na minha camisa.

Enviar a carta era minha única opção. As autoridades carcerárias raramente, ou nunca, leem a correspondência de um detento para fora. Eu tinha consciência do alcance da Organização dentro das agências legais. A carta precisava ser um segredo absoluto. A quem deveria mandá-la?

Vasculhei meus formulários prisionais e documentos do tribunal em busca de algum agente particular do FBI encarregado do meu caso. Um nome sobressaía: agente Tom Bourgeois. Ele trabalhara no caso Rico envolvendo Matt Russo. Bourgeois não era apenas um agente de supervisão no esquadrão do Crime Organizado, mas também um sujeito "caxias" e aparentemente incorruptível. Embora fosse um tiro no escuro, senti que recorrer a Bourgeois era um meio à prova de falhas para lidar com meu pai. Se a carta fosse interceptada, eu podia culpar meu amargurado tio Joe ou o FBI, que frequentemente empregava campanhas de desinformação para dividir e vencer o crime organizado.

Naquela manhã, bem cedo, entrei na vazia biblioteca da prisão para datilografar a carta. Não era da minha natureza cooperar com os agentes da lei. Isso era visto como fraqueza. O FBI era encarado como um adversário cujos recursos eram potencialmente ilimitados. Antes desse momento, a ideia de auxiliá-los estava fora de cogitação. Mas me dei conta de que a minha relação com meu pai tinha chegado a um beco sem saída.

27 de julho de 1998. Após algumas semanas horríveis observando-o manter sua máscara, joguei a carta na caixa de correio da penitenciária de Milan, sabendo que estava dando um passo que mudaria minha vida para sempre.

No momento em que enviei a carta, eu sabia ter cruzado a linha. Cooperar significava que provavelmente teria de entregar tio Nick pelos seus crimes, e isso era angustiante.

A redação final da minha carta na íntegra:

> Para: Thomas Bourghois [*sic*]
> Estou lhe enviando esta carta em total confidencialidade. É muito importante que você não mostre nem fale com ninguém sobre ela, exceto com quem tem de falar. Quanto menos gente souber que estou contatando você, mais poderei e ajudarei e serei capaz de ajudar. Onde estou tentando chegar é que quero ajudar vocês e o governo. Preciso que você e só você venha ao FCI MILAN para podermos conversar cara a cara.
>
> NINGUÉM, nem mesmo os advogados, sabe que estou enviando esta carta para você, é melhor assim para minha segurança. Espero que possamos chegar a um acordo quando e se você resolver VIR AQUI. Por favor, se resolver vir, garanta que pouquíssima gente em MILAN saiba do motivo da sua vinda porque se souberem podem contar ao meu pai e isto seria um perigo

para mim. Os melhores dias para vir seriam TERÇA ou QUARTA. Por favor, nenhum tipo de gravação, traga só caneta e um monte de papel. Isto não é um jogo. Eu sinto que preciso ajudar vocês a manter este homem doente trancado para sempre.

FRANK CALABRESE JR.
detento n. 06738-424
UNIDADE G – direita
FCI MILAN MICHIGAN

MESES SE PASSARAM. Não obtive resposta. Mantive minha guarda levantada no caso de a carta ter sido interceptada. Um dia um comissário me chamou de lado e me cochichou: "O SIS ligou e querem que você venha imediatamente." O escritório do SIS [Serviço Investigativo Especial] abrigava a força policial da prisão.

Fingi surpresa. A solicitação tinha de ser por causa da carta. O chefe do SIS me conduziu até uma salinha sem janelas com uma mesa e algumas cadeiras. Alguns minutos depois o agente Tom Bourgeois do FBI entrou e sentou.

Bourgeois tinha suas dúvidas a meu respeito e resolveu me testar. Havia questões legais e um monte de perguntas. Meu advogado sabia que eu tinha mandado a carta? Quais eram as minhas intenções ao escrevê-la, e o que eu queria em troca? Eu estava infeliz cumprindo minha pena? Meu pai e eu tínhamos tido algum desentendimento sério?

Eu estaria disposto a usar um "grampo"?

Eu disse não ao grampo porque senti que meu pai era esperto e cauteloso demais. Não falaria de nenhuma de suas atividades com a Organização e a turma, e se o fizesse e "sacasse a jogada", me mataria da mesma forma que mataria qualquer um que o traísse.

Mas após algumas semanas de reflexão, mudei de ideia. Senti que no fim das contas teria de usar um grampo.

Depois de uma segunda entrevista com o agente Tom Bourgeois e outro agente, Scott Brooks, concordei em usar o grampo. Então o subprocurador da União, Mitch Mars, pediu para falar comigo. Em novembro de 1998, Bourgeois retornou a Milan com Mars para uma terceira reunião com o FBI. Após um breve encontro, ambos ficaram satisfeitos por eu estar disposto a cooperar.

Quando o agente Bourgeois voltou a Milan uma quarta vez, em janeiro de 1999, com seus colegas, os agentes Kevin Blair e Mike Hartnett, eu "entreguei" ao FBI a eliminação de John Fecarotta em 1986. Detalhei o planejamento que meu pai, meu tio e eu fizemos antes da eliminação e reconheci que tio Nick esteve envolvido. Admiti que recuperei a arma do bueiro.

As primeiras reuniões com "Tyler", meu novo codinome, foram frutíferas. Os fatos sobre a morte de Fecarotta passaram por uma revisão com Mitch Mars e os promotores da Procuradoria-Geral da União. Como Tyler, eu podia fornecer aos federais qualquer comunicação ou atividade da equipe de rua ocorrendo entre meu pai e o mundo exterior.

Em janeiro de 1999, o agente Mike Maseth foi designado para o meu caso, que estava centrado no meu pedido para depor contra o meu pai. Dei uma olhada no jovem Maseth e sacudi a cabeça. Esse cara parecia novo demais para ser um agente do FBI. Teria eu tomado a decisão correta? Será que o Departamento estava levando a operação suficientemente a sério? Em fevereiro, alertei Maseth que os policiais corruptos Michael Ricci e Anthony Doyle visitariam meu pai no FCI Milan para discutir o que estava se passando com algumas evidências. Como resultado, Mike e o esquadrão obtiveram de um juiz uma autorização de escuta e foram à cata de informação.

COM NOVA LUZ LANÇADA sobre a morte de Fecarotta e com a implicação de meu pai e meu tio, o FBI se pôs a trabalhar. Era hora de reabrir o caso e recuperar uma peça de evidência fundamental guardada no depósito de provas do Departamento de Polícia de Chicago por treze anos: as luvas ensanguentadas usadas e largadas pelo meu tio Nick. A transferência de um pedaço das luvas ensanguentadas para os federais para testes de DNA tornou-se de particular interesse para um par de alcaguetes da Organização (e amigos pessoais do meu pai). O tira aposentado Mike Ricci tinha se mudado do Departamento de Polícia de Chicago para a delegacia do condado de Cook para se tornar chefe da unidade de Monitoramento Doméstico. Anthony "Twan" Doyle, um veterano oficial da polícia, trabalhava na sala de evidências e tinha acesso computadorizado à informação sobre o interesse dos federais nas luvas.

Tendo sido alertado por mim e por outras fontes de que a quadrilha estava ciente das luvas, o FBI divisou um plano. O jovem agente Maseth atuaria como chamariz para explorar quaisquer vazamentos da quadrilha que pudessem existir entre Ricci, Doyle e meu pai com referência ao assassinato de Fecarotta.

Era de conhecimento geral entre os federais que o delegado Ricci era "chegado" e afetuoso com a quadrilha, especialmente com meu pai. Os dois tinham sido sócios numa barraca de cachorro-quente, e Ricci não se importava que se soubesse disso. Assim, o agente Maseth foi em busca de Ricci no condado de Cook.

Mike visitou Ricci na delegacia em abril de 1999, fazendo o papel de um principiante ingênuo e trazendo junto a agente Tracy Balinao, que parecia igualmente jovem. Mike tirou do bolso um retrato de Jimmy DiForti e o entregou a Ricci. Na época, DiForti estava fora sob fiança e supostamente sob monitoramento doméstico. Mas, devido a uma falha administrativa, não estava.

"Esse cara é um mafioso", Maseth disse a Ricci, "e está fora sob uma fiança de 2,5 milhões de dólares. Por que não está sendo monitorado?"

Maseth e Balinao foram mandados para bancar os bobos. Não davam a mínima para DiForti. Sua missão era "atiçar o comichão" para ver se Ricci diria ou não alguma coisa ao meu pai sobre alguma investigação pendente, especialmente o caso Fecarotta e as luvas. Mike notou na parede da sala de Ricci um retrato dos notórios assassinatos Scheussler-Peterson, um caso ressuscitado de 1955, quando três jovens rapazes foram encontrados mortos e molestados num fosso. Graças à labuta de detetives como Ricci, o caso foi reaberto, e o assassino preso e condenado em 1995.

"Sabe o que é interessante?", disse Mike, apontando para a foto emoldurada. "Com a tecnologia de hoje, podemos efetivamente voltar trinta anos para solucionar casos usando DNA. Na verdade, estamos trabalhando num par de casos de muitos anos atrás."

Ricci assentiu, interessado.

Dois dias depois, Maseth telefonou novamente a Ricci, atiçando-o ainda mais. "Escute, Mike, você pode me fazer um favor? Esqueça que estive no seu escritório falando de Jimmy DiForti. Depois que eu voltei e contei aos meus chefes sobre o nosso encontro, eles me comeram o rabo. Esqueça que estive aí."

A emboscada estava armada. Será que Ricci e Doyle morderiam a isca e avisariam meu pai?

27. Scarpe Grande

À MEDIDA QUE O CASO, agora chamado Operação Segredos de Família, ganhava impulso em janeiro e fevereiro de 1999, dei aos agentes Mike Hartnett e Kevin Blair a notícia urgente de que meu pai receberia a visita de Mike Ricci e Twan Doyle em uma semana. Maseth pegou um voo para Milan e vasculhou as fitas das ligações que meu pai recebeu. Armado com os registros diários das chamadas telefônicas de Milan, Maseth escutou os incontáveis telefonemas monitorados da prisão num velho gravador de rolo. Vasculhando as fitas, localizou uma conversa entre Mike Ricci e meu pai confirmando a visita para 19 de fevereiro. A apenas alguns dias.

Os agentes Mike Maseth e Mike Hartnett, que eu apelidara de "os dois Mikes", sabiam que Ricci estava profundamente envolvido com meu pai. Quanto a Anthony Doyle, se tivesse tido acesso às luvas antes que Laurie Lewis, do Departamento de Polícia de Chicago, as enviasse ao OC1 do FBI, eram boas as chances de ele tê-las destruído. Nas ruas, Frank "Toots" Caruso, Johnny Apes e Ronnie Jarrett foram postos em alerta vermelho para ajudar a encontrar a toupeira.

O pequeno Jimmy Marcello estava trancafiado no FCI Pekin junto com tio Nick e seu companheiro de cela, Harry Aleman. Marcello cumpria uma pena de doze anos por agiotagem e por ter ordenado o lançamento de bombas no cinema de Oak Park numa disputa sindical. Originalmente servindo de motorista e mensageiro para os chefões Joey Aiuppa e Sam "Wings" Carlisi, Marcello chegara ao escalão superior da Organização. Ainda dando ordens, mesmo encarcerado em Pekin, Marcello se comunicava regularmente em código com seu meio-irmão Mickey Marcello. Comentava-se que as luvas ensanguentadas e a reabertura do caso Fecarotta constituíam um tremendo problema, e a Organização precisava saber quem estava suprindo os federais com informação altamente incriminadora.

Os dois Mikes precisavam trazer imediatamente o grampo ao saguão de visitas de Milan, se quisessem gravar a iminente visita ao meu pai. Aí estava a chance de pegar dois tiras corruptos vazando informação valiosa para uma figura-chave da Organização. Não havia um minuto a perder. Em vez das habituais três *semanas* necessárias para o trabalho preparatório, Hartnett e Maseth tinham três *dias* para procurar um juiz federal em Detroit, buscar uma causa provável, e conseguir a adequada autorização de Interceptação para Gravação Título III, que permitiria acionar áudio e vídeo para registrar o encontro que estava por acontecer.

Com o crescente conhecimento de Maseth sobre DiForti e o caso Fecarotta, e devido à sua formação em direito criminal, ele foi nomeado agente administrativo da Operação Segredos de Família. Agora era responsabilidade sua cuidar dos detalhes técnicos para a gravação em Milan. Enquanto Hartnett requeria e juramentava as necessárias autorizações em Detroit, Maseth se assegurava de que a papelada burocrática entre as cortes e o FBI era "administrativamente pura".

Na sexta-feira, 19 de fevereiro de 1999, dia da visita de Ricci e Doyle, a permissão para gravação ainda não tinha sido concedida. Naquela manhã, enquanto Ricci e Doyle estavam de carro a caminho de Milan (uma viagem de cinco horas, praticamente quatrocentos quilômetros de Chicago), nenhum juiz federal dera a Hartnett e Maseth o sinal verde para a gravação. O tempo estava passando, com Hartnett preso nos aposentos do juiz em Detroit finalizando a ordem Título III. O atraso deixou Maseth torcendo as mãos de nervoso no recinto da prisão de Milan, onde o diretor impediu qualquer ação adicional sem permissão. Uma cela de detenção provisória vizinha ao saguão de visitas já estava montada para vigilância. Com a permissão, bastaria a Maseth entrar na sala adjacente para monitorar o áudio e vídeo da visita do meu pai ao meio-dia.

E o meio-dia estava chegando rapidamente. Mike Maseth e Kevin Blair estavam sentados na sala do diretor esperando a chegada dos papéis assinados em seu fax pessoal. Em breve, a operação teria de ser abortada. Então Hartnett telefonou a Maseth às 11h45. O juiz federal em Detroit acabara de assinar o documento. A papelada já tinha sido enviada por fax. Às 11h50, o agente Blair acenava com a papelada oficial nas mãos – mas não conseguiu achar o diretor. Sentou-se na mesa dele e ligou para o supervisor Bourgeois no escritório do FBI em Chicago.

MEU PAI FOI CAUTELOSO durante o encontro com Doyle e Ricci. O trio pegou três cadeiras brancas de plástico e se amontoou no canto dos fundos do saguão, perto de um extintor de incêndio pendurado na parede. Meu pai falava numa linguagem tão enigmática que às vezes se perdia em seu próprio jargão obscuro.

Eis o que se discutiu de importante:

As luvas ensanguentadas pesavam na cabeça de todo mundo. Twan confirmou que alguém chamado Lewis as havia tirado do "depósito" em 13 de janeiro.

Referindo-se a Jimmy DiForti como "Rota", meu pai aventou se ele estaria ou não cooperando. Ele passara a encarar DiForti com desconfiança desde que Jimmy LaPietra descuidadamente quebrara um código da Organização contando a DiForti sobre o nosso papel na eliminação de Fecarotta.

"O que ele contou ao *Scarpe Grande* [código para FBI]?", meu pai perguntou a Twan e Ricci.

Incomodava-o saber que o subchefe Johnny Apes dava ouvidos a DiForti. Poderia ser esta a oportunidade de DiForti enterrar meu pai e meu tio e safar-se com sua própria denúncia de assassinato?

Pego em vídeo, meu pai se referiu às luvas como "a coisa tirada da bolsa da irmã", algo que podia ferir "toda a família", referindo-se à Organização.

"Alguma coisa foi mencionada a Pancho [Ronnie Jarrett] sobre a coisa tirada da bolsa?", meu pai questionou Doyle e Ricci. Pancho precisava ser informado sobre a situação das luvas para poder se cobrir e cobrir tio Nick, considerando as eliminações em que ambos estiveram envolvidos.

Segundo meu pai, Pancho precisava encontrar "o médico" (o associado da Organização em Chinatown, Frank "Toots" Caruso) para falar "daquelas coisas roubadas da bolsa" e que "outro médico no hospital" (Jimmy Marcello) precisava ser alertado por Mickey Marcello. ("O que eles devem fazer é dizer ao médico que querem vê-la.") Jimmy poderia então abordar meu tio e lhe assegurar que tudo estava sob controle e que ele podia ficar tranquilo. Pressentindo o pior, meu pai comentou que "alguma coisa está fedendo por aí".

"É uma pena", ele disse. "...o que eles deveriam fazer é trazê-la [Nick] para ver um psiquiatra [Jimmy Marcello] ou algo assim... Não só isso, mas um psiquiatra seria capaz de determinar se ela precisa de um tratamento de choque ou, ah, ah, ah, uma boa enfiada no rabo... É, talvez alguma coisa física."

Ironicamente, enquanto meu pai se enrolava em seu ridículo código com Doyle e Ricci sobre as tristes consequências das luvas ensanguentadas, ele não tinha noção de que o alcaguete misterioso estava bem debaixo de seu nariz no pátio da prisão em Milan. Eu.

A comunicação entre meu pai, Doyle e Ricci continuou por mais cinco visitas, até 16 de julho de 2000, e todas as suas conversas foram gravadas em fita.

Com a partida de Kevin Blair do esquadrão OC1, os dois Mikes passaram a liderar o caso à medida que este ganhava impulso. Enquanto Hartnett continuava sendo o membro mais veterano dos dois, Maseth ia ganhando dia a dia mais e mais experiência – e a minha confiança pessoal.

À medida que fui contribuindo com mais informação para o caso, os dois Mikes em breve precisaram convocar mais agentes para rastrear as numerosas pistas de assassinatos não solucionados e atividades ilegais que a minha informação corroboradora fornecia. Cresciam especulações de que a Operação Segredos de Família poderia ser um caso de crime organizado ainda maior que o caso Bill Jahoda, do OC2 – Rocky Infelise, de 1992.

28. O grampo

O FBI SE REUNIU COMIGO e discutimos o perigo de usar um grampo contra o meu pai no pátio de uma prisão. Eles me aconselharam a pensar bastante sobre a melhor maneira de abordá-lo e fazê-lo falar. Quanto mais se aproximava o momento, mais eu duvidava de que seria capaz de arrancar algo do meu pai no pátio de Milan.

Mas já estávamos lá juntos (encarcerados) há mais de um ano. Meu pai sabia que eu estava bem cumprindo a pena. Se tivesse visto que estava sendo difícil para mim, teria percebido imediatamente. Então continuamos do mesmo jeito. Primeiro, eu precisava voltar a falar com ele. Depois, tinha de convencê-lo de que queria que acertássemos nossas diferenças. Mas será que ele falaria? Ou era esperto demais? Ele não falava do passado, e, quando o fazia, frequentemente era num código impenetrável.

Havia um ponto delicado na opinião do diretor e do Departamento Penitenciário em relação ao meu grampo. Como a prisão era feita de concreto, eu não podia ser monitorado, o que tornava impossível para o FBI escutar simultaneamente. Se eu tivesse algum problema, estaria vulnerável e por minha própria conta, o que tornaria o Departamento Penitenciário legalmente responsável. Ninguém exceto o FBI, o diretor de Milan e o chefe do SIS sabia que eu estaria usando um grampo. E se eu fosse descoberto? E se eu fosse subitamente assassinado por meu pai ou um outro detento (ou um carcereiro corrupto), que teria prazer em matar um colega grampeado? Já haviam se passado seis meses desde que eu mandara a primeira carta a Tom Bourgeois. Todo mundo estava ansioso para começar a gravar. Quando o diretor deu sua aprovação, era hora de dar início ao trabalho.

Originalmente, eu tinha concordado que gravaria no pátio uma fita para o FBI. Se eu conseguisse fazer meu pai admitir ter tomado parte, em 2 de julho de 1980, nos assassinatos de Billy e Charlotte Dauber, isto bastaria para abrir a porta da autoincriminação. Eu sabia que ele estava envolvido, mas não até que ponto.

Billy Dauber foi recrutado na Organização de Chicago nos anos 70 por James "Jimmy the Bomber" Catuara, que dirigia a jogatina ilegal na zona sul de Chicago. Dauber tinha uma reputação temível como matador e cobrador para a Organização. Protegido de Catuara, era suspeito em mais de vinte homicídios e era ativo nos ramos de desmanche ilegal de automóveis, jogo e prostituição.

Em novembro de 1976, Dauber, ex-protegido de Catuara, desertou e se juntou a Albert "Caesar" Tocco como seu executor máximo. Quase dois anos depois, em 28 de julho de 1978, Jimmy the Bomber foi achado morto a tiros em seu Cadillac vermelho.

Em 1979, Dauber foi preso por intenção de distribuir cocaína junto a uma lista de violações referentes a armas de fogo. Com o FBI, o DEA e o ATF [Departamento de Álcool, Tabaco e Armas de Fogo] em cima dele, Dauber teve de tomar uma atitude. Ele e sua esposa declarada, Charlotte, começaram a cooperar com o ATF.

Em 2 de julho de 1980, Dauber e a mulher deixaram o Tribunal do Condado de Will seguidos por três homens num furgão de serviço, entre eles Butch Petrocelli e Jerry Scarpelli, membros da equipe de rua e do Wild Bunch de Joe Ferriola. O furgão de serviço era uma van Ford Econoline, que tem uma porta lateral de correr, proporcionando facilidade a um atirador para matar suas vítimas. Para auxiliá-los e preparar as vítimas adequadamente, um segundo carro de serviço era guiado por meu pai, que na época tinha 43 anos. Era preciso cobrir tudo para a eliminação. Os Dauber haviam sido seguidos durante os dois meses anteriores por James "Dukey" Basile, um membro da equipe que, por não fazer "serviço pesado" (como matar gente), foi encarregado de detalhar seus hábitos e movimentos.

Dauber, um homem gigantesco de quase dois metros e 150 quilos, precisava de sua dose de besteiras para comer. Depois de parar numa loja de *donuts*, a Winchell's, com seu advogado, Ed Genson (que posteriormente viria a defender o rapper R. Kelly), e sair pouco depois, os Dauber pegaram o carro, seguidos pelos outros dois. Momentos depois, num isolado trecho de estrada no condado de Will, meu pai fechou o Lincoln Continental dos Dauber, fazendo com que reduzisse a velocidade. Nesse meio-tempo, a van rapidamente encostou ao lado do carro dos Dauber e, enquanto a porta lateral deslizava, se abrindo, Petrocelli disparou uma chuva de balas calibre .30 com sua carabina. Quando o carro dos Dauber se chocou contra uma enorme macieira, Petrocelli ordenou a Scarpelli que se certificasse de que o serviço estava feito. Saindo da van com o rosto coberto por uma máscara de esqui, Scarpelli se aproximou do carro imóvel, onde disparou mais dois tiros na cabeça de Dauber. Deixou Charlotte em paz porque ela já estava morta. A van foi levada estrada abaixo até um ponto remoto, onde foi banhada de fluido de isqueiro Ronosol (o solvente preferido dos assassinos e incendiários da Organização) e incendiada para destruir qualquer evidência física. Mais tarde nessa noite, as armas do crime foram desmontadas, serradas em pedaços e jogadas no Canal Cal Sag da ponte da rodovia 83. O responsável por Dauber no ATF, Dennis Laughrey, mais tarde relatou que tinha dito a Billy que seria uma boa ideia eles terem proteção. Ele se ofereceu para escoltá-los até em casa. Dauber recusou.

O PÁTIO DA PRISÃO EM MILAN era cercado por um muro duplo com rolos de arame farpado presos no alto. Embaixo havia pedregulhos e grandes blocos de rocha denteados – para quebrar as pernas – no pé do muro. Dentro do pátio havia um campo de *softball*, quadras de basquete e um equipamento externo para levantamento de peso, que era usado principalmente durante os meses de verão. Havia também quadra de bocha, mesas de piquenique e uma pista de asfalto de pouco menos de um quilômetro. Os detentos tinham vista para as fazendas e campos próximos e para o estacionamento da penitenciária.

Caminhar pela pista de asfalto no pátio dava aos detentos a oportunidade de fugir das intermináveis conversas que ecoavam dentro das celas da prisão. Era uma área segura onde meu pai e eu podíamos conversar sob o pretexto de aparar as arestas da nossa conturbada relação. Mais importante, meu pai se sentia seguro em ambiente externo. Quando operava em Chicago, ele insistia em conversar "negócios" do lado de fora. Quando os outros detentos nos viam caminhando juntos no pátio, sabiam que deviam manter distância.

Em minha primeira conversa grampeada, abordei o assunto que me incomodava na afiliação do meu pai ao crime organizado. Perguntei, na lata: se a Organização não matava gente inocente, como era possível que tio Nick me tivesse dito que ele, meu pai, havia matado a esposa de Dauber? É claro que meu tio não tinha me contado nada disso. Na verdade, foi meu pai quem me contou dos Dauber. Mencionei o nome do tio Nick só para deixá-lo irritado.

Os olhos dele se arregalaram. Começou a praguejar, zangado por tio Nick ter dado com a língua nos dentes para mim. Mudei a conversa para a relação dele com seus outros sócios da Organização, assumindo uma postura antagônica.

"Eu não tenho medo deles", eu disse, desafiador. "Eles são covardes, que apunhalam pelas costas, e se tentarem chegar perto de mim, dos meus amigos ou de qualquer negócio da família, vão saber que mexeram com a pessoa errada."

Meu pai me olhou estarrecido. "Isto também me inclui?"

"Depende do lado em que você quer estar", respondi.

Meus comentários sobre a Organização abriram a porta para uma discussão mais ampla. Respeitando minha recém-adquirida valentia e amargura em relação à Organização, ele pareceu determinado a me ganhar de volta para o seu lado falando abertamente comigo.

Quando voltei ao escritório do SIS para remover o grampo, comentei com Hartnett a dificuldade de fazer meu pai falar. Mas senti que havíamos conseguido alguma informação de primeira. Tínhamos conversado mais sobre a Organização. Eu também trouxera à tona Angelo LaPietra.

Falamos sobre o fato de ele ter de receber ordens e dar satisfações a vários subchefes e chefes – algo de que ele se ressentia, embora não tivesse ambição de se tornar chefe.

Alguns dias depois, recebi más notícias. Uma falha técnica no protótipo do gravador digital tinha deixado a nossa primeira conversa ininteligível. O defeito gerou dúvida e desapontamento. Em primeiro lugar, eu tinha feito a coisa certa arriscando a minha vida? Será que esses caras eram competentes? Como conseguiria fazer meu pai falar tudo de novo sobre as mesmas coisas?

Os agentes do FBI ficaram aflitos pelo fato de o equipamento ter dado defeito. No futuro, eles se certificariam de que eu tivesse dois dispositivos acoplados, como garantia. Para uma sessão, o dispositivo de garantia era um antiquado gravador analógico que exigia que eu estivesse "cheio de fios como uma árvore de Natal", com uma porção de fita branca grudada no peito. O dispositivo de gravação foi preso entre as minhas pernas, à maneira antiga, e queimava meus testículos quando eu passeava pelo pátio.

A parte mais difícil da missão era voltar à minha cela antes que os carcereiros fizessem a contagem final. Imediatamente depois de gravar, eu saía da sala do SIS e me enfiava às pressas num longo corredor para entrar de novo na prisão pelo pátio principal. Se alguém me visse saindo da sala do SIS para o pátio, correria o boato de que eu era informante.

Aventurei-me pelo pátio no Dia dos Namorados – 14 de fevereiro de 1999 – para minha segunda tentativa. Uma porção das conversas desse dia teve lugar na biblioteca da prisão, o que explica por que meu pai falou em código cerrado. "Joy", "Slim" [magro] e "Gus" eram codinomes para Nick. O "Cara Alto" e o "Cara Pequeno" referiam-se ambos a Ronnie Jarrett. Jimmy DiForti era "Pôquer", "Rota" ("estrada" em italiano), "Pneus" (porque DiForti tivera uma loja de pneus em Cicero), ou às vezes pura e simplesmente Jimmy.

Mais cedo nesse dia tinha nevado, e o ar estava fresco enquanto passeávamos pela pista de asfalto. Para estimular a conversa, sugeri a ele que, baseado num artigo do *Chicago Tribune* que um amigo me mandara pelo correio, DiForti poderia estar cooperando com o FBI. Se não, perguntei, de que outra maneira DiForti poderia estar sob fiança num flagrante de assassinato, violar a fiança e mesmo assim estar de volta às ruas? Foi o jeito de fazê-lo começar. Aí mencionei de novo o assassinato de Billy e Charlotte Dauber.

"O que aconteceu com os Dauber?"

"Não diga esse nome", meu pai revidou.

"O quê? Dauber?", repeti de propósito. "O que há com os Dauber?"

"Dauber era muito perigoso, quase dois metros de altura, uma porra de um caipira enorme, tipo motoqueiro", ele disse. Na minha segunda conversa grampeada, a primeira gravada com sucesso, meu pai confirmou que, sim, fora ele quem guiara a perua Mustang na eliminação de Dauber, enquanto Ronnie Jarrett manejara a arma. Não pude acreditar que ele estava falando daquilo tão abertamente, então forcei mais, citando Charlotte Dauber como uma vítima inocente apanhada na armadilha com seu marido, citado por meu pai pelo codinome "Fazendeiro".

"Não fizeram de propósito", ele disse. "Não podiam dizer, 'Ei, se manda daqui'."

Para manter o diálogo em andamento, usei o truque que ele me ensinara nas ruas: jogar uma pessoa contra outra. Quando mencionei de novo o tio Nick, ele sustentou que sua rigidez com os filhos provinha do fato de o meu tio "envenenar" nossas cabeças contra ele.

Tio Nick não era completamente inocente, segundo meu pai. Então mencionou meu tio por disparar contra e matar Arthur Morawski, um desafortunado transeunte, enquanto estavam tentando matar o traficante Richard Ortiz. Foi Nick quem derrubou "um polonês inocente que trabalhava todo dia das nove às cinco".

Ortiz não estava pagando sua taxa de rua, e afanou dinheiro do capo de papai, Johnny Apes. Morawski, "o polonês inocente" que estava com Ortiz, não era um alvo intencional. Então meu pai admitiu que tinha sido o chofer no caso do assassinato Meio a Meio, enquanto meu tio e Johnny DiForti foram os atiradores.

Em 10 de abril, ele se recordou das mortes de Ortiz e Morawski, que ocorreram em julho de 1983. Lembrava-se de ter cutucado tio Nick e DiForti para saírem do carro, para que a morte ocorresse na frente do His 'N' Mine, em Cicero.

Calabrese pai: [Ortiz] era um traficante e estava, hã, ele estava, estava emprestando dinheiro por conta própria. E pertencia a Johnny [Apes] ao mesmo tempo.

Frank Jr.: Ele era mexicano.

Calabrese pai: Mexicano... A gente costumava... chamá-lo de meio a meio, porque era meio mexicano e meio alguma outra coisa.

Frank Jr.: Ah, tudo bem.

Calabrese pai: E, hã, onde ele levou, os amigos dele estavam sentados do outro lado da rua.

Frank Jr.: É mesmo?

Calabrese pai: Os amigos dele estavam sentados num banco do outro lado da rua. Não conseguiram nem descrever o carro. Porque você sabe como as coisas ficam confusas quando as pessoas...

Frank Jr.: Sei sim.

Calabrese pai: Ele, o cara [Ortiz], eles estavam encostando para estacionar e atravessar a rua... quando encostaram, eu encostei neles.

Frank Jr.: Diagonal?

Calabrese pai: É. Diagonal como isto. Mas deixei espaço... Lá na Laramie dava pra estacionar assim, na 22... Eu garanti quando eles saíram, eu garanti que não ia precisar dar ré, que era só virar e sair...

Frank Jr.: Tudo bem, entendo o que você diz.

Calabrese pai: Isso foi feito em questão de segundos. Eu estou protegendo eles para ninguém na rua poder ver o que estão fazendo... Eles dois [Nick e DiForti] saíram do mesmo lado então.

Meu pai entrou em detalhes sobre as armas e as balas usadas para explodir Ortiz e Morawski em pedaços.

Calabrese pai: É, eles esvaziaram. Eles, eu me certifiquei.

Frank Jr.: Estavam...

Calabrese pai: Vazias. Não, eram automáticas.

Frank Jr.: Ah, eram espingardas?

Calabrese pai: É. Mas eram...

Frank Jr.: Ah. Automáticas...

Calabrese pai: Automáticas... É, porque depois que injetaram, nós jogamos elas fora.

Frank Jr.: Ah, certo.

Calabrese pai: É. Na verdade, é a primeira coisa que a gente faz... E elas funcionavam, porque nós fomos e experimentamos. Sempre que você usa uma coisa, você experimenta para garantir. Nós levamos, levamos, levamos as duas, hã, em duas noites diferentes. Na, hã, na Estrada do Condado, no condado de DuPage... Na reserva florestal lá em cima. Do outro lado de hã, de, hã, Hinsdale... Fomos até lá e experimentamos as armas. As duas funcionaram... Elas funcionaram perfeitamente. Não emperraram nem nada disso. Então foram essas que eles usaram. Elas tinham, hã, acho que quatro seguidos, ou cinco seguidos. Tinham uma [bala] dentro e quatro na câmara.

Frank Jr.: Mmmm-hmmm.

Calabrese pai: Tinham carga dupla, Frank.

Frank Jr.: Isso significa o quê? Extra...

Calabrese pai: Maiores... Um tamanho enorme. Então elas, elas, rasgam a porra do seu corpo ao meio.

Frank Jr.: Então eles devem ter ficado bem rasgados os dois então.

Calabrese pai: Ah sim. Ficaram bem destruídos. Elas rasgam o seu corpo. São chamadas de double-aughts. E quer que eu lhe diga uma coisa? O polonês que estava com eles era um cara legal. Certo? Mas aconteceu de estar no lugar errado. Você sabe o, hã, eles estavam, disseram não importa quem está com eles, [a Organização] quer o serviço feito. Agora se você dá pra trás, se tem essa oportunidade e não aproveita, então fica parecendo uma porra de um babaca.

Captei cada palavra na fita. Meu pai lembrou-se de que quando você concorda em matar pela Organização, é provável que seja morto se der para trás. O código da Organização prescreve que se alguém que trabalha para você concorda em matar, e aí arrega, você tem o direito de matá-lo também.

"Nós trabalhamos naquele sujeito [Ortiz] por nove meses", ele me disse. "Tivemos ele uma vez [antes] na casa dele. Jimmy [DiForti] estava no comando. Devia ter atirado, mas arregou. Seu tio estava no apoio e depois eu lhe disse: 'Cacete, por que você não atirou no *Jimmy* e o deixou lá? Você devia ter atirado primeiro no outro cara, e depois matado o Jimmy também.'"

E explicou seu papel no assassinato Meio a Meio. Falou das mortes da autoria de Spilotro e citou a maioria dos "camaradas" que tomaram parte, ressaltando que se tio Nick soltasse a língua para os federais, esses seriam os caras mais propensos a serem prejudicados pela sua cooperação.

Meu pai me perguntou sobre uma tatuagem nova que eu tinha feito no lado superior direito das costas. A tatuagem era um mapa dos Estados Unidos atrás das barras de uma prisão, com um par de mãos algemadas passando pelas barras. Nessa vez eu estava usando o gravador antigo, e vestia um conjunto de malha e calça de ginástica, sem camiseta por baixo. Ele pediu para ver a minha nova tatuagem e, para meu horror, começou a puxar a malha. Segurei com força a parte da frente e, escondendo meu medo, fiz um gesto a ele de que o guarda estava por perto. (Tatuagens na prisão são tecnicamente proibidas pelo regulamento.)

CALABRESE PAI: Deixa eu ver a tatuagem que você fez nas costas. Por que você andou cobrindo ela?

FRANK JR.: Não andei cobrindo.

CALABRESE PAI: Andou cobrindo sim. Outro dia você vestiu a camisa, jogando a culpa nas, hã, moças no pátio. E eu comecei a rir porque foi então que eu vi a tatuagem.

FRANK JR.: Mas você viu.

CALABRESE PAI: Não, não vi.

FRANK JR.: Você viu tudo.

CALABRESE PAI: Quando?

FRANK JR.: Viu, viu sim.

CALABRESE PAI: Quando foi que eu vi?

FRANK JR.: Quando foi que você viu? Viu quando eu mostrei pra você, que a gente tava ali fora sentado, mostrei todas pra você.

CALABRESE PAI: Mostrou?

FRANK JR.: Mostrei. E lembra que eu disse, aquele cara, o Danny, disse, hmm, enrolando, disse, eu quero uma cópia dessa aí? Lembra que eu mostrei a cópia quando estava sentado lá?

CALABRESE PAI: Uma cópia dessa tatuagem?

FRANK JR.: É.

CALABRESE PAI: Por que você está botando esse monte de tatuagens no seu corpo?

Será que meu pai pediu para ver a tatuagem porque desconfiava de que eu podia estar com um grampo? Naquele momento, a poucas centenas de metros da sala do SIS, precisei tomar uma decisão rápida. Se fosse descoberto, deveria tentar correr e fugir? Deveria enfrentá-lo numa briga? E os outros detentos, será que me perseguiriam e me atacariam? Por sorte, ele simplesmente estava curioso sobre a tatuagem. Naquele dia me mantive coberto enquanto sentia um frio na espinha, e uma situação extrema foi evitada.

Depois, quando me reportei de volta na sala de reuniões do SIS para um breve relatório, Maseth pôde ver a culpa e o medo estampados na minha cara. Após uma sessão particularmente longa e estressante de gravação, um agente me estendeu um saquinho:

"Quer um biscoito?"

Meu rosto mostrava uma combinação de descrença, alívio, exaustão e tristeza. Pensei comigo mesmo, acabei de passar cinco horas no pátio numa armação para o meu pai. Estou com cara de quem quer a porra de um biscoito?

Nem todas as conversas incluíam algum tipo de confronto. Nas gravações, papai gostava de se gabar de que ganhava todas as discussões dentro da quadrilha, inclusive com Butch Petrocelli, sobre áreas de domínio ou disputas referentes a qual agente de apostas ou cobrador de empréstimos pertencia a quem. Numa conversa em 21 de fevereiro, ele mostrou simpatia pelo seu velho amigo Tony Borsellino e desdém por Petrocelli, que engendrou a morte de Borsellino com a bênção de Joe Nagall [Ferriola].

CALABRESE PAI: Tony Borce, Tony Borce, quando ele morreu tinha cinquenta anos.

FRANK JR.: Ele tinha cinquenta quando morreu? Era tão mais velho que você?

CALABRESE PAI: Ele se mantinha em boa forma, Frank.

FRANK JR.: Um dia desses eu estava discutindo com o Charlie e ele diz, ele estava discutindo sobre a data em que ele morreu.

CALABRESE PAI: Tony Borsellino.

FRANK JR.: É, não fazia sentido.

CALABRESE PAI: Tio Nick estava casado, estivemos no sogro dele quando morava em Norridge. Você se lembra de quando ele morava em Norridge? Fomos na casa dele, a gente estava sentado no terraço dos fundos. Tínhamos comido, era domingo. Nunca vou esquecer. E a gente estava conversando. Ele e eu no terraço dos fundos falando que a gente sabia o que ia acontecer com Tony naquela noite. E bem na hora em que estávamos imaginando tudo, de repente, era um dia de sol e as nuvens começaram a chegar. E eu nunca vou esquecer disso e eu fiz um comentário. Eu disse, você acha que é Deus tentando dizer alguma coisa?

FRANK JR.: E aquilo incomodou você?

CALABRESE PAI: Ah, incomodou sim. Eu adorava aquele sujeito... Você quer que eu lhe diga. Eu tentei de tudo para salvá-lo. Tentei de tudo. Eu, eu sentei e falei com Ange [LaPietra], digo, Ange, esse cara é homem. Aquele porra do cacete, um porra do cacete, como é o nome dele, ah, Butchie.

FRANK JR.: Petrocelli.

CALABRESE PAI: É, Butchie. Ele [Borsellino] era homem demais para o Butchie. E ele ficava na orelha de Joe Nagall. Joe Nagall escutava ele, e aí, bem, metade desses porras estão roubando. Butchie era um filho da puta que não prestava.

FRANK JR.: Você não disse que ele também tentou armar pra cima de você?

CALABRESE PAI: Bem, ele vivia tentando fazer reuniões. E a gente ganhava todas, qualquer porra de reunião que a gente tinha a gente ganhava. Eles costumavam ser chamados de Wild Bunch. Eram Harry [Aleman], Jimmy I. [Inendino], Tony e Butchie. Eram quatro parceiros, mas fodiam com quase todo mundo. Não estavam ganhando nada conosco, não estavam ganhando com Johnnie Bananas. Os únicos caras com quem eles estavam ganhando eram uns ninguéns. Nós tínhamos um carteado em Laramie, na zona sul, em que Butchie começou a meter o nariz, levar pro outro lado, e quase fodeu com o nosso jogo... Butchie é um bocudo. Nunca vou esquecer o dia em que fui até ele no Twenty, na rua 31. Lembra onde era aquela lojinha de pesca em que a gente comprava todo aquele material pra pescar e tal ali no Canal? Era uma banquinha que vendia iscas e coisas do tipo.

FRANK JR.: Acho que eu sei do que você está falando.

CALABRESE PAI: É, você sabe onde fica a barraca de cachorro-quente, que é do Toots agora?

FRANK JR.: Sei.

CALABRESE PAI: Bem do outro lado da rua, na parte norte da rua, na frente dos trilhos do trem, eu estava descendo a rua 31 porque precisava encontrar o Cara Pequeno [Ronnie Jarrett]. E tinha visto ele de capuz em cima do caminhão. Ele tinha uma picape preta com um sacolão na traseira. Estou andando pra lá, e ele faz um comentário. Ele diz, cara, qual é, por que você está andando tão sorrateiro? Eu digo, sorrateiro? Estou só andando. E eu digo, qual é a sua? Tá de consciência pesada ou algo assim? Eu nunca gostei dele. Cacete, eu odiava ele. Sentamos ali e falamos um tempinho, e ele diz que está procurando algum fumo para o Turk [Torello]. Não, porque o Turk estava doente, tinha câncer.

29. O algoz do meu pai

As gravações no pátio da prisão de Milan ocorreram entre 14 de fevereiro e 1º de junho de 1999. Foram oito sessões extraordinárias, uma mais ou menos a cada dez dias. Meu pai se implicou nos assassinatos de Billy e Charlotte Dauber, Michael Albergo, Richard Ortiz e Arthur Morawski, John Fecarotta e Michael Cagnoni.

Cada encontro era planejado por nós dois. Às vezes eu escolhia o local; outras vezes a escolha era dele. Da mesma maneira que sabia apertar seus botões, sabia também quando recuar. Se eu forçasse demais, ele perceberia. Uma noite, quando ele não estava se sentindo bem, reprogramamos nossa conversa para a manhã seguinte, o que significava que eu tinha de me esgueirar até a sala de reuniões do SIS cedo para dizer aos dois Mikes que naquela noite não haveria nada. Eles precisariam voltar.

Durante uma das sessões, meu pai me lembrou o que a Organização representava, e descreveu num sussurro a iniciação dele e do tio Nick. A fita revelou que ele alimentava dúvidas em relação a jurar lealdade aos chefões.

Calabrese pai: Você leu o livro real, o primeiro *O poderoso chefão*? Quem quer que tenha escrito esse livro...

Frank Jr.: É bem fiel.

Calabrese pai: Escreveram de um jeito muito fiel. Então, quem escreveu o livro ou tinha o pai ou o avô, ou alguém, na Organização.

Frank Jr.: Então você quer dizer que é como... você e o tio Nick foram? Eles realmente furaram a mão e as velas e toda aquela história?

Calabrese pai: Não, não.

Frank Jr.: Não estou achando graça, pai. É...

Calabrese pai: Os dedos são furados e todo mundo junta os dedos e todo aquele sangue escorrendo. Aí eles pegam umas figuras. Botam na sua mão. E queimam.

Frank Jr.: Figuras de...

Calabrese pai: Figuras sagradas. Você fica lá parado assim. E lá estão as figuras sagradas. E eles olham para você para ver se você se mexe enquanto as figuras queimam. E eles esperam até chegar perto da pele. Aí eles tiram de lá.

Frank Jr.: E o que acontece se você se mexer?

Calabrese pai: Então isso mostra o seu medo. Você tem medo. Fica ali de pé parado com as mãos em concha deste jeito. Aí eles dizem ok.

Frank Jr.: Humm-hmmm.

Calabrese pai: Um cara de cada vez. Você não vê dois juntos. Quando um está na jogada, o outro está em algum outro lugar. No mesmo local, mas numa sala diferente. Tem um rol de nove caras... E o segundo no comando é o cara que fala com você. Todos os outros são os capos.

Frank Jr.: Ficam só ali sentados.

Calabrese pai: Ficam observando você... O cara que trouxe você pra dentro é um capo. Também está sentado na mesa.

Frank Jr.: Ele, o cara que vai fazer todas as promessas e ficar do seu lado e tudo mais.

Calabrese pai: Preciso contar uma história pra você... Eu disse a ele [meu capo] que não queria... Ele vem e me diz: Mas como? Eu digo que é porque sinto que ficaria amarrado e que se eu quisesse fazer alguma outra coisa não ia poder.

Frank Jr.: É.

Calabrese pai: Ele vem e me diz: Não, não é isso. Eu digo: Não é o que eu ouço. Digo: Uma vez que você faz parte. Ele diz: Você sempre faz parte. Eu digo: Eu prefiro fazer o que faço sem ter que ter isso. Digo que não preciso disso. Que eu tenho muito respeito por mim mesmo.

Frank Jr.: E agora, você se arrepende?

Calabrese pai: Sim... [mas] você sabe do que eu me arrependo mais que tudo? Queimar as figuras sagradas na minha mão. Isso me incomoda... e a outra coisa que eu acho que ia me incomodar é alguém me mandar fazer uma coisa que você acha que tem que fazer antes de conseguir uma daquelas, sabe?

Segundo meu pai, "o real modelo [da Organização] era não machucar gente inocente. No começo íamos atrás de pessoas que tentavam ferir nossa gente [italianos] ou eram dedos-duros. As pessoas se machucavam quando não nos davam ouvidos. Recebiam um aviso, depois outro, mas nunca um terceiro. Aí já era tarde demais".

Lá fora no pátio, ele discursou longamente sobre as luvas ensanguentadas e como o atraso em testes conclusivos de DNA era uma notícia animadora. Explicou como Mike Ricci e Twan Doyle estavam fornecendo informação confidencial sobre as luvas e a situação do caso.

Na gravação de 27 de março de 1999 ele estava esperançoso de que não haveria qualquer repercussão a partir das luvas:

CALABRESE PAI: Então, evidentemente, não houve nada.

FRANK JR.: Bem, isso é bom.

CALABRESE PAI: Agora, a coisa que me deixa feliz é que não demora tanto assim para pegar uma amostra e passar pelo DNA, né?

FRANK JR.: Não.

CALABRESE PAI: Tudo bem. Então isso quer dizer que pode ser que eles não consigam nada.

FRANK JR.: O que seria ótimo.

CALABRESE PAI: O que seria, eu, eu, eu estou cada vez mais convencido. Outra vez...

FRANK JR.: O que você está dizendo?

CALABRESE PAI: Ponho nas mãos de Deus, Frankie.

FRANK JR.: Você diz do jeito que as luvas são dele, sabe, soa como...

CALABRESE PAI: É. As luvas são dele. Ele ainda estava usando elas.

FRANK JR.: Então isso é bom. E se ele estivesse, hã, se Gus [Nick] estivesse usando as luvas o tempo todo, isso é bom. Que talvez...

CALABRESE PAI: Os dois estavam de luvas.

FRANK JR.: Quem sabe o sangue escorreu dentro da luva e não pingou em nenhum lugar do carro.

CALABRESE PAI: Eu acho que caiu principalmente na manga, Frankie. Não havia mancha de sangue, porque quando eu, quando eu cheguei lá, não havia sangue por todo lado.

FRANK JR.: Ah, olha, tudo bem...

CALABRESE PAI: O relógio, [Nick] estava de relógio, que tinha um pouco de sangue nele.

FRANK JR.: Certo. Então...

CALABRESE PAI: É, teve de ser desse jeito. Porque eu fiquei com o relógio. Botei no meu bolso.

Meu pai se mostrava hostil em relação ao meu tio porque Nick falara mal dele antes de se apresentarem para a prisão, e dera um jeito de usar outra firma de advocacia. Quando meu pai fez amizade com um detento "iniciado" chamado J.R., que fora transferido de Pekin para Milan, J.R. contou ao meu pai que tio Nick o culpava abertamente pela prisão de seus filhos. O fato de Nick lavar roupa suja com alguém de fora da família irritou meu pai. Ele estava preocupado que se meu tio falasse mal dele para Jimmy Marcello, os irmãos Calabrese poderiam ser vistos como um "problema". A esta altura eles passariam a ser dispensáveis, o que faria com que Marcello providenciasse a eliminação de ambos, de forma bem semelhante ao que acontecera com os irmãos Spilotro.

Tio Nick e eu havíamos nos falado antes de eu ser trancafiado. Ele admitiu que andava cansado "dessa vida", e já estava havia muito tempo. Ser gângster tinha perdido o brilho, e ele não estava ficando mais rico trabalhando na turma do irmão.

Na fita de 27 de março, discuti novamente sobre o meu tio. Mencionamos a estupidez de Nick quando assinou o formulário que Fecarotta ganhara no jogo. Para conquistar a confiança do meu pai, fingi tomar o partido dele contra meu tio.

FRANK JR.: E eu quero dizer que tem aquela outra coisa. Só estou pensando em todas as coisas estúpidas que ele fez. Olha o que ele fez com o Johnny [Fecarotta]. Assinou a porra da coisa do jogo.

Calabrese pai: É.

Frank Jr.: Como é que alguém pode ser tão estúpido assim?

Calabrese pai: Ele tava viajando. Foi o que disse pra ele: O que foi que você fez? Ele disse: Assinei. Eu digo: Você sabe o que você fez? Você se comprometeu confessando que estava lá. Ah, eu nunca pensei nisso. Eu disse: Ele fez você assinar, por que você não...

Frank Jr.: [*risos*]

Calabrese pai: Disse pra ele mesmo assinar?

Frank Jr.: Ele o conhecia, certo? Sabia que tipo de cara ele era.

Calabrese pai: Ah, todo mundo sabe que tipo de cara ele é. Frank... você não acha que agora eles sabem que tipo de cara ele é? Se ele está fazendo coisa que...

Frank Jr.: É.

Calabrese pai: Eles estão de olho nele [em Pekin]. Qual é a sua? Cacete, cê tá louco? Cê vai ver só quando ele estiver na rua. Vai ver só... Fica de olho nele.

Frank Jr.: Eu sei, eu sei.

Calabrese pai: Quer saber de uma coisa? Eu espero que a melhor coisa que ele faça...

Frank Jr.: É se mudar.

Calabrese pai: É, se mudar. Voltar pra Las Vegas, que é aonde ele quer ir.

Frank Jr.: Pelo menos agora, se ele assinar alguma coisa, ele, hã, [*risos*] ele pode dizer que mora lá.

Calabrese pai: É.

Frank Jr.: Eu sei. Tenho pensado muito no monte de besteiras que ele fez. Era isso que me preocupava em relação às luvas. Porque...

Calabrese pai: Frankie, quer saber qual é a maior, hã, a maior besteira que ele fez...

Frank Jr.: Quero.

Calabrese pai: Que eu não consigo tirar da cabeça? Eu perdoo ele, mas não consigo... é pegar a minha família e tentar jogar eles contra mim. Eu não fazia isso com ninguém. Eu nunca iria falar com os filhos de um cara e botar ódio nos filhos contra ele.

De vez em quando, meu pai me olhava fixo se eu fosse específico demais em relação a certos fatos. Sempre que uma perguntava levantava uma bandeira vermelha durante a conversa, eu o fitava de volta, olhava nos olhos dele, e agia como se não tivesse importância.

"Então foda-se! Não vamos falar, se é para você agir desse jeito." Isto o trazia de volta para a conversa. Eu não podia forçar nada; nem podia perguntar nada fora da linha. Eu ficava de guarda porque meu pai era muito bom em ler as pessoas. Às vezes ele me desafiava ou me olhava de um jeito engraçado.

"Por que trazer isso à tona?", ele perguntava.

A ideia de ele perceber tudo corria constantemente pela minha cabeça.

Antes de cada encontro, os agentes Maseth e Hartnett apresentavam uma lista de assunto desejados, alguns provenientes de conversas anteriores. Se acontecia de o meu pai tocar em algum tópico quente, na vez seguinte Maseth me pedia mais detalhes sobre um assassinato específico ou um ato particular. Às vezes essa lista de assuntos desejados era bastante extensa.

Eu não tinha controle sobre o gravador. Eles o ligavam quando eu saía da sala do SIS e desligavam quando eu voltava. Isto acontecia porque em casos federais anteriores, os sujeitos ligavam e desligavam o gravador sempre que *eles próprios* queriam. As fitas originais tinham valor na corte apenas se não fossem editadas.

Após seis meses de uma intensidade de acabar com os nervos, os meus papos no pátio da prisão estavam começando a sugar a minha vida. Em junho de 1999 ficou óbvio para os dois Mikes que a missão estava se tornando perigosa demais para mim. Era hora de me tirar de Milan. Seis meses usando grampo tinham me esgotado. Eu estava acabado. Precisava de descanso. Depois de sair da prisão, se eu estivesse disposto, poderia voltar para visitar meu pai em circunstâncias mais controladas e menos perigosas.

O plano seguinte do FBI era me transferir para uma instituição federal na Flórida sob o pretexto de me colocar num programa de reabilitação de drogas. Em novembro de 1999, eu teria direito a ser liberado para um regime semiaberto em Chicago, para começar a reconstruir a minha vida.

Eu não estava nem um pouco ansioso pela sessão final de gravação na tarde de 1º de junho de 1999. O processo tinha se tornado tão angustiante que eu estava até questionando a minha habilidade em ocultar as minhas emoções.

Meu pai e eu falamos de esquecer os sentimentos ruins entre nós. Conversamos sobre eu trabalhar junto com Ronnie Jarrett quando saísse. Conversamos sobre manter contato e que códigos usar para nos comunicar secretamente. Eu dei corda na conversa, sentindo-me decepcionado e culpado. Era triste, mas essa conversa provou que meu pai não tinha intenção de manter sua promessa de se afastar da Organização. Ele tinha grandes planos, e se eu fosse fazer parte deles, deveria "conquistar" novamente meu lugar na equipe.

Calabrese pai: Mas o que eu, o que eu vou, o que eu posso querer fazer é, é o que eu queria dizer pra você, é, hã, garantir que um dia você se associe com o Ronnie.

Frank Jr.: Ah...

Calabrese pai: Mas você precisa conquistar isso, Frankie. Mas eu já estou dizendo na sua cara.

Frank Jr.: Tudo bem.

Calabrese pai: E, hã, ele é um bom sujeito e, hã...

Frank Jr.: Nós não vamos ter que responder a mais ninguém.

Calabrese pai: Mais ninguém. Nenhuma porra de mais ninguém. Não, mais ninguém. Não, não vamos responder a mais ninguém. Teve mais alguém, cacete, mais alguém que tenha feito alguma porra pra nos fornecer? Só um cara...

Frank Jr.: Eu não sei onde estão seus amigos neste momento. Quer dizer...

Calabrese pai: E pode apostar que assim que a Joy [Nick] sair, ela vai tentar falar besteira na orelha do Ronnie. Se é que ainda não falou.

A sessão terminou num tom mais leve quando meu pai fez piada sobre a reação da minha mãe quando ele entrou na Organização no começo dos anos 60.

"Eu mereço umas chicotadas nas costas", ele me disse no pátio, "mas quando eu cheguei perto daquela gente nos anos 60, certo? Foi quando a sua mãe... lembro que quando eu cheguei perto deles nos anos 60 a sua mãe declarou que eu vivia como Dick Tracy."

Na noite anterior à minha transferência de Milan para um programa de reabilitação de drogas na prisão federal de Coleman, na Flórida, compartilhamos um momento de emoção, com as lágrimas escorrendo pela face do meu pai. Eu estava prestes a chorar, mas por outro motivo. Eu estava enganando meu pai. Terminei a traição deixando-o com a impressão de que eu tinha sido convencido, e de que voltaria à ativa tão logo fosse solto.

FRANK JR.: Não posso viver na coisa velha.

CALABRESE PAI: Não.

FRANK JR.: Você tem que falar da coisa nova.

CALABRESE PAI: A coisa é, cê tem que fazer, é sair lá fora e ficar fora de encrenca. É o mais importante... E, hã, aí, eu vou, hã, eu vou lhe dizendo as coisas pouco a pouco. Não há sentido agora porque você vai estar longe pelo menos por mais dez ou doze meses. E, ah...

FRANK JR.: Além disso, você acha que eu não vou voltar mais.

CALABRESE PAI: Voltar pra onde, filho?

FRANK JR.: Bem, você fica me dizendo, você vai vir me visitar, você vem me visitar?

CALABRESE PAI: Não. Eu sei que você vem, Frank. Eu...

FRANK JR.: Às vezes eu sinto que você acha que eu não vou vir visitar você, né?

CALABRESE PAI: É, eu preciso lhe dizer uma coisa. Eu não tenho dúvida de que você vai voltar, filho. Ah, eu acho, ah, que o que aconteceu aqui é que você e eu conseguimos nos entender um ao outro um pouquinho.

(Longa pausa)

FRANK JR.: Vai passar depressa. Vai passar depressa.

CALABRESE PAI: Não estou preocupado com isso.

No final da última sessão de gravação, nós nos abraçamos e nos despedimos. Então atravessei o pátio de volta para os agentes na sala do SIS pela última vez. Tudo entre mim e ele, bom ou ruim, passou pela minha cabeça. Eu queria ser o salvador do meu pai. Na verdade, acabei sendo o seu algoz.

Depois do apagar das luzes, fiquei deitado no beliche e chorei baixinho, desejando que as coisas fossem diferentes. A tensão de lidar com meu pai tinha tido um preço enorme – e era a última vez que eu o abraçava, o beijava e o tocava.

30. Três vidas secretas

Fui transferido do FCI Milan em junho de 1999 e voei para Oklahoma City, onde passei duas semanas trancado. Meu companheiro de cela era um condenado de Kansas City cumprindo pena por uma batida federal de armas pesadas. Estava sedado de medicamentos. De Oklahoma City, saltei pela Con Air para Tampa, onde peguei um ônibus para o FCC [Complexo de Correção Federal] Coleman, na Flórida. O FCC Coleman consistia em quatro instituições separadas, uma de baixa segurança, outra de segurança média e duas de alta segurança, sendo uma dessas duas um presídio totalmente feminino. Para os meus últimos seis meses, fui designado para a instituição de baixa segurança, localizada ao lado de uma pastagem bovina. A maioria da população masculina de detentos era de sul-americanos, tirados das notórias guerras de cocaína.

Eu morava num dormitório com mais dois detentos: um assassino do Alabama e um marinheiro de Daytona preso por contrabandear refugiados haitianos no seu barco pesqueiro. Comparada com o MCC e com Milan, a atmosfera no Coleman parecia mais um acampamento de férias. Com seu clima quente e grande número de latinos, a recreação básica era o beisebol.

Eu não ficaria tempo suficiente no Coleman para completar o currículo de tratamento contra drogas que cortaria dezoito meses da minha sentença original de 57. O crédito de dezoito meses me foi concedido de toda maneira – a única concessão que obtive por ter colaborado com o FBI. Com mais seis meses por bom comportamento, cumpri quase 36 meses.

Durante os seis meses que fiquei no FCC Coleman, a minha cooperação com o FBI foi mantida em máximo segredo. Para manter contato com eles, coloquei Mike Hartnett na minha "lista de contatos" sob um nome falso. Só algumas poucas pessoas no FBI sabiam que eu estava cooperando. No começo de novembro de 1999, trajando jeans, camisas e tênis fornecidos pelo presídio, e carregando um caixote de papelão com meus pertences, saí do FCC Coleman com duzentos dólares, dinheiro que me foi enfiado no bolso na portaria – dos quais sessenta foram para uma corrida de táxi até o aeroporto de Orlando. Eu não tinha carteira de motorista, portanto, quando cheguei ao aeroporto, caminhei até o portão de entrada da companhia aérea e mostrei minha carteira de identidade especial da prisão, que detalhava minha situação de soltura.

Eu me sentia um idiota. Tive de amarrar as calças com um cordão de sapato para evitar que elas caíssem. Depois de fazer o check-in, fui até o supermercado do aeroporto para comprar uma sacola para as minhas coisas... e um cinto para a minha calça jeans, que era dois números maior. Eu não estava acostumado a passar de uma sessão a outra sem permissão. Fiquei parado na borda do carpete da loja de bagagens até que uma moça atrás do balcão me viu e disse: "Sabe, você pode entrar." Parado na fila numa das lanchonetes para um café e um sanduíche, notei o ritmo acelerado do mundo exterior enquanto o freguês atrás de mim ficava maravilhado com a minha paciência.

Ao aterrissar em Chicago, fui recebido por Kurt, que me presenteou com uma sacola de sanduíches Johnny's Beef da barraca em Elmwood Park. Mais tarde fomos nos encontrar com Danny Alberga do Bella Luna, que chegou com pizzas. Depois que Kurt e Danny me deram umas centenas de dólares, eu me instalei na casa de recuperação da avenida Ashland, não longe do centro. Eu não tinha permissão de deixar os aposentos nas primeiras duas semanas, enquanto frequentava aulas de reintegração. Assim que achasse um emprego, eu seria solicitado a pagar aluguel. Após duas semanas, obtive o meu primeiro passe de quatro horas para a igreja de domingo, de modo que poderia me encontrar com Lisa e as crianças.

Achei o meu reencontro com a família emocionalmente difícil. Eu estava nervoso. Lisa e eu estávamos divorciados e eu sabia que ela namorava outros caras. Não sabia como ela se sentia, mas queria ver as crianças. Não as tinha visto durante os seis meses na Flórida, nem nos últimos meses em Milan, enquanto fazia as gravações.

Lisa estava nervosa durante a viagem de carro para me ver. Ela ficou tão ansiosa em relação à minha volta que precisou tomar remédios. Perguntava-se se tinha virado a página desse capítulo de sua vida. Mas ainda tínhamos dois filhos, e penso que ela sentiu que eu merecia uma segunda chance. Além disso, as crianças perguntavam: "Quando o papai vem para casa?"

Meu primeiro encontro com Lisa foi cordial, um abraço polido e um beijo na face. Segurando um enorme sapo de pelúcia, fiquei parado humildemente diante da minha esposa e dos meus filhos, um homem direito, longe das drogas, falido e desempregado. Quem poderia saber para onde iria o nosso relacionamento? Ninguém, nem mesmo Lisa, sabia das sessões de gravação em Milan, nem da minha cooperação com o FBI. Eu não podia contar. Não que não pudesse confiar nela; simplesmente não queria colocar esse fardo sobre seus ombros.

Lembro-me de um domingo, numa folga autorizada, em que nós quatro saímos para um café da manhã. Displicentemente tirei uma sacolinha de pó branco do bolso, e vi um arrepio passar pela espinha de Lisa. Percebi com o quê as proteínas em pó pareciam e imediatamente pedi desculpas.

Eu estava trabalhando para Danny no Bella Luna, voltando lentamente a tomar pé das coisas. No começo foi esquisito trabalhar no restaurante. Eu estava lerdo, desacostumado ao ritmo acelerado. Em pouco tempo, comecei a ter passes de saída nos fins de semana. Ficava na casa da minha mãe. Peguei de volta o meu velho quarto. Era uma sensação estranha porque minhas posses tinham se reduzido a um par de caixas na garagem. A casa de recuperação ligava no meio da noite para se assegurar de que eu estava lá.

Durante o feriado de Natal de 1999, os fatos começaram a ficar pesados. Primeiro, tio Ed morreu num bizarro acidente de automóvel. Ele fora exonerado da Hereui em 1998 com uma promessa de imunidade contra acusações de corrupção. Tendo saído para comer uma pizza, foi abalroado por um bêbado guiando um limpa-neve. Minha mãe ficou arrasada com a morte do irmão. Aí, em 23 de dezembro, recebi um telefonema de Kurt no Bella Luna.

"Você ouviu o que acabou de acontecer? Ligue a TV."

Liguei a televisão. Ronnie Jarrett acabara de ser baleado na frente de sua casa em Bridgeport. Ali, na TV do Bella Luna, apareceu uma velha foto de Ronnie. A legenda dizia: "Tentativa de assassinato de mafioso de Chinatown hoje." A notícia não dizia se ele estava vivo ou morto. Liguei para Mike Hartnett.

"Nós estamos sabendo. Se você ouvir alguma coisa, informe-nos. Mais tarde conversamos. Está tudo em ordem?"

A eliminação de Jarrett quebrou uma seca de quatro anos de assassinatos da Organização. De repente isso mudou a dinâmica das ruas. Para Maseth, o assassinato de Ronnie Jarrett foi um dos primeiros contratempos da Operação Segredos de Família. Falei com Mike sobre o incidente.

Por coincidência, em 23 de dezembro, Maseth decidira fazer uma rápida verificação sobre Jarrett. Por causa do tráfego intenso, pegou um itinerário alternativo para a casa de Ronnie, na rua Lowe. Aproximando-se da casa, Mike encontrou algo totalmente inesperado – Jarrett sangrando deitado na rua com meia de dúzia de balas no rosto, no peito e no braço. Seu filho Ronnie Jr. relatou ter ouvido fogos enquanto dormia até mais tarde. A esposa de Jarrett correu para fora gritando, assustada demais para chegar perto do marido caído junto ao carro. Depois de correr até a varanda da frente, Ronnie Jr. ajoelhou-se ao lado do pai. Mike perdera os assassinos de Jarrett por uma questão de minutos, se não de segundos.

Tomando cuidado para não se mostrar, Mike encostou perto da cena do crime e comunicou o tiroteio. Deu algumas voltas nas redondezas para ver se havia alguém suspeito por perto. Quando Mike desceu do carro para ver Jarrett cochichando para o filho, um caminhão de aluguel Ryder amarelo entrou num beco a algumas quadras dali. Dois homens saltaram, derramaram gasolina dentro e fora do caminhão e botaram fogo. Quando as labaredas ganharam o ar, os homens entraram num Lincoln preto e saíram a toda velocidade.

Os pensamentos de Mike imediatamente se voltaram para mim e o caso. Quem teria ordenado a eliminação de Jarrett? Seria algo relacionado a mim ou meu tio? O FBI sabia que a Organização estava observando tio Nick dentro da prisão, ao passo que a Organização sabia que o FBI estava observando Jarrett. Se Ronnie estava jogando limpo, o Organização devia saber que eu poderia prejudicá-los. Eu estava preocupado: se a Organização tinha castigado Ronnie, poderiam matar algum outro membro da turma Calabrese?

Alguns minutos depois de ter visto Ronnie na TV, o telefone tocou outra vez. Era meu pai. Ouvir sua voz não foi absolutamente uma surpresa. Tínhamos estado em contato frequente desde que fui solto, ele ligando para o restaurante e fazendo seus associados ficarem me checando.

"O que está acontecendo?", ele perguntou.

"Você não ouviu o que aconteceu?"

Sabendo que a linha do presídio era grampeada, dei a notícia vagamente: "Sabe os amigos do meu tio, Ronnie e Tony? Bem, o pai deles acabou de levar uns tiros na frente de casa esta manhã. Não estão dizendo se ele escapou ou não."

Pelo silêncio pude perceber que do outro lado a notícia o pegou de surpresa. Baseado nessa reação, fiquei convencido de que ele não tinha nada a ver com a tentativa de assassinato. Ele sabia sim que Jarrett fora convocado por Tony Caruso e Jimmy DiForti para um encontro com Johnny Apes.

Por ocasião do assassinato, Jarrett estava dirigindo tanto as operações do meu pai como sua própria rede de tráfico de drogas. Mesmo tendo a temível reputação de matador implacável para a Organização, ele era só meio italiano, e portanto não era um iniciado, o que irritava meu pai. Alguém esperto e experiente como Ronnie sabia que era melhor não ignorar uma "convocação", especialmente dos chefes. Pela minha estimativa, meu pai era a única pessoa a quem Ronnie teria dado ouvidos, ignorando a "convocação". Talvez meu pai tenha superestimado sua posição com Johnny Apes dando a Jarrett o péssimo conselho de faltar ao encontro.

Jarrett manteve-se vivo por mais um mês no Hospital do Condado de Cook, antes de sucumbir definitivamente aos ferimentos. Ele morreu em

25 de janeiro de 2000, acabando efetivamente com qualquer plano do FBI de me fazer retornar sob disfarce para me infiltrar na turma de Chinatown do meu pai. A morte de Jarrett também mudou os planos do meu pai de me fazer reassumir as operações de rua enquanto "conquistava minhas insígnias" com Ronnie.

Eu estava em casa fazia só mais ou menos um mês quando Ronnie foi morto. Se o FBI planejava me levar de volta para dentro da equipe, não falamos no assunto. Penso que eles queriam ir aos poucos. Mesmo sabendo como a Organização pode ser insidiosa com famílias como a minha, se Ronnie não tivesse sido morto, duvido que eu teria trabalhado com eles para entregá-lo. Ronnie não era minha principal preocupação, nem acabar com a Organização.

O crime organizado afeta pessoas e famílias inteiras, e sujeitos como meu pai eram parasitas. Eu escolhi minhas batalhas num nível mais pessoal. Eu não era tira, só um cara que tinha visto e ouvido o suficiente.

Até hoje, o caso de Jarrett permanece sem solução. Boatos correram. Alguns presumiram que sua morte não tinha sido obra da Organização, mas veio de fora e estava relacionada com drogas. Alguns disseram que a Organização contratou um par de motoqueiros para assassinar Jarrett. Durante uma visita gravada, papai me revelou que quando Jimmy Marcello foi transferido para Milan, ele admitiu que não foi somente a recusa de Ronnie em comparecer ao encontro que fez com que fosse eliminado. A eliminação foi sancionada pela Organização, talvez por Johnny Apes, e tinha mais a ver com o tráfico de drogas. Os chefões receavam que se Jarrett fosse preso sob acusações de envolvimento com drogas, teria de encarar uma longa sentença e se tornaria um ponto vulnerável. Reagi à revelação do meu pai com preocupação e perguntas.

"Como é possível que ninguém tenha procurado você antes de matar Ronnie, o seu lugar-tenente? Você não está preocupado com a sua segurança e a do tio Nick? Será que está tudo bem para o Jimmy se eu cobrar dinheiro para você na rua? Será que ele vai mandar alguém atrás de mim?"

Mesmo que ele me assegurasse de que tudo "ainda estava por vir", eu me mantive cético em relação à minha segurança. Estaria meu pai perdendo status com os chefões? Mike me advertiu para ficar alerta.

A MORTE DE RONNIE JARRETT só serviu para acelerar o plano do meu pai de me convencer e me pôr de volta nas ruas. Ao visitar o duplex de vovó Sophie, minha madrasta, Diane, me entregou um bilhete fortemente amarrado dentro de uma fita de celofane.

"O que é isso?", perguntei.

"Eu não sei."

Eu receberia cinco mensagens em código do meu pai, contrabandeadas para fora do FCI Milan. A primeira dizia:

> Smile, faça Sadsack diser [dizer] a NFy para encontrar Smile na Igreja perto de Smile. À noite. Ele vai ter que ver Smile Mi 10 Cargas Pezadas [pesadas] por semana. Curly mesma coisa. Faça Joe OL o cara que vende coisas para rests [restaurantes]. Ele ou você. SONO vai fazer Joe ver Smile. Smile pode diser [dizer] a Joe que dia ele gostaria de ver Curly! O Pai aleiás [aliás] vai ficar feliz se Smile faz isso para ele. [Em] Todo caso faça Smile ir ver depósito de Cop-Dez que ele quer pegar comida para o Padre toda semana. Pai vai gostar disso. Pergunte Sadsack quanta comida ele ganhou dele, quando ia lá. Você fica com 10 caxas [caixas] de presunto para você todo mês [mil dólares]. Faça já, se não pode, veja eles de qualquer jeito para ver o que eles têm para dizer. Então vou faser [fazer] chegar alguém para ver você e você pode faser [fazer] ele encontrar com eles e você. Eu queria ver você faser [fazer] isso. Brigado [obrigado] amo muito você, beijos nas crianças por mim. P.S. espero ver você logo.

Se por um lado meu pai tinha uma escrita péssima, cheia de erros de ortografia, a profundidade de sua astúcia criminal pode ser vista por meio da sua intencional linguagem sem sentido.

Tradução: Frank pai quer que Frankie seja seus olhos e ouvidos na rua. Descubra o que está acontecendo e me dê um relatório. Smile é Frankie. Sono (ou Sano) é sua referência a si mesmo. Sadsack é Kurt. Cop (ou Cap) é o Capitão D, Donald DiFazio, que dirigia o Connie's Pizza, uma pequena rede local de pizzarias que meu pai tinha na mão, arrecadando quinhentos dólares por mês em taxas de rua. Curly é Ralph Peluso, que estava pagando mil dólares por semana para o meu pai. NFy é abreviatura de "Neffie" ou "Nephew" [sobrinho], seu código para Michael Talarico, sobrinho de Angelo LaPietra. Talarico punha mais 1.500 dólares por semana em taxas de rua nas mãos do meu pai.

Pelo meu cálculo, meu pai estava tirando anualmente 110 mil dólares nessas três contas. Quem sabia o que mais ele tinha em mãos?

Meu pai já tinha elaborado tudo. Seu plano era me encarregar desses três clientes: O Capitão D da Connie's Pizza, Mike Talarico e Ralph Peluso. Segundo o bilhete, eu deveria ficar com mil dólares por mês para mim, uma ninharia considerando que ele estava faturando pelo menos 10 mil sentado na prisão. Outros setecentos dólares por mês deveriam ir para "Skins", o nome em código da minha mãe.

O conteúdo do bilhete não me chocou tanto quanto me revoltou. Eu estava livre novamente, e meu pai estava disposto a pôr minha liberdade e a de Kurt em risco puxando-nos de volta para as mesmas atividades que haviam nos posto em cana – por meros mil dólares ao mês.

Depois que Ronnie foi baleado, quem seria o próximo da fila? Tio Nick dentro da prisão? Kurt? Se vazasse alguma coisa sobre a minha cooperação com o FBI, minha vida não valeria um centavo furado. Haveria alguém *realmente* a salvo do meu pai ou da Organização? Para ter uma compreensão melhor da minha situação, tentei pensar como meu pai.

Depois que Ronnie foi baleado, imaginei que meu pai precisaria se reorganizar rapidamente. Se conseguisse me fazer voltar a trabalhar nas ruas, ele teria olhos e ouvidos confiáveis, além de uma bela grana esperando por ele quando saísse.

Agora eu tinha um dilema novo: como fazer malabarismos com três vidas secretas.

Antes de ser preso, eu tinha levado uma vida dupla com minha família e meu pai. Agora eu estava levando uma existência tripla. Primeiro, estava recomeçando aos quarenta anos, vivendo uma vida correta num esforço de conquistar minha família de volta. Segundo, estava fazendo meu pai acreditar que ele tinha me reconquistado e que eu trabalharia de novo para ele. Terceiro, precisava continuar a trabalhar com o FBI até completar a minha missão.

31. Mudanças nas ruas

Quando deixei a casa de reabilitação em fevereiro de 2000, eu tinha dois objetivos: primeiro, terminar a luta contra o meu pai, mesmo que isto significasse trabalhar disfarçado para o governo. Segundo, reconstruir minha vida, reconquistando Lisa e as crianças.

Eu sabia que havia uma boa chance de não voltarmos. Eu queria consertar a minha relação com Lisa, mas precisava que as coisas fossem cordiais para poder passar tempo com as crianças. Eu sabia que ela estava namorando, e apesar de termos saído logo que voltei, era algo pouco frequente.

Embora eu estivesse trabalhando com o FBI, havia exigências da liberdade condicional às quais eu precisava me sujeitar. Ser libertado da prisão exige do condenado apresentar-se constantemente para verificações e testes de drogas aleatórios. Eu não era exceção. Um dos termos da minha soltura era reunir-me com um conselheiro para drogas duas vezes por mês, durante um ano. Minha condicional exigia que eu me apresentasse diariamente para possíveis testes de urina. Se a "cor" chamasse a atenção, eu tinha até o final do dia para me apresentar em um determinado local para um teste mais específico.

Meu oficial de condicional era uma das poucas pessoas que sabia que eu estava trabalhando com o FBI. Ele se reunia regularmente com os dois Mikes e o juiz para atualizar minha situação e garantir que o governo não estivesse se aproveitando de mim.

Eu tinha o fardo do que fazer em relação aos bilhetes enigmáticos do meu pai, que esperava ansiosamente que meus direitos de visita a Milan fossem liberados.

Diga a Mish [Frankie] para ver Sanno [Frank pai] asim [*sic*] que posivel [*sic*] sobre Skins [Dolores].

Ou:

Ponha tudo num envelope, dê para um advogado dar a Skins e mande Skins dar para quem deu este papel pra você. Você fica com 1-B todo mês para você.

E:

Oi Smiley! Eu sei que você está muito mais feliz onde está. Sano ia querer que você descobrisse sobre a namorada dela com o cabelo comprido cacheado. Diga a ela que ela sabe onde é o lugar dela e você está falando com ela em nome de Sano e escute o que ela tem para dizer e depois diga que você vai procurar ela de novo...

E finalmente:

As receitas que você recebe de Cap – ponha num livro grande, ponha livro em envelope grande e dexe [*sic*] na porta vizinha para minha mulher pegar – ponha para Tony [nome de enrolação] na frente do envelope... Deve ter 11-meses [dinheiro do Capitão D] de cozinha ali, total de 65 receitas... quando você for ver Sanno ele fala a você sobre isso...

Eu tinha de achar um jeito de me comunicar com meu pai que não envolvesse Diane. Depois de ela me dar os bilhetes, eu lhe disse que tinha perguntas que precisavam de respostas. Com quem eu deveria falar? Ela me disse para procurar Mike Ricci. Quando nos encontramos eu estava usando um grampo. Esses encontros com Ricci se provaram extremamente produtivos. Estabeleceram que meu pai ainda estava ativo, e que Ricci e Twan Doyle o estavam ajudando.

Dei uma passada de olhos na lista dos homens de quem ele esperava que eu cobrasse. Eu gostava de Donald DiFazio, conhecido pelas redondezas como Capitão D. Era um bom sujeito. Depois havia Ralph Peluso, com quem tinha tido atritos no passado. Eu não gostava de Peluso, mas não, isso não era o bastante para querer o meu pai em cima dele. E havia Michael Talarico, que eu considerava da família. Talarico era admirado por quase todo mundo que apostava com ele. Tinha "uma grande carteira de apostas" e reputação de honestidade. Não ameaçava ninguém, e também teve de aguentar sua cota de ameaças. Quando Michael mencionou a ideia de deixar os negócios na rua, foi surrado pelo meu pai e por Ronnie Jarrett na frente de um bar na mesma rua em que morava.

Quando recebia os bilhetes do meu pai, eu os entregava a Mike Maseth. Foi marcada uma reunião com os dois Mikes no andar superior do estacionamento de um shopping center na esquina da avenida Harlem com a Irving Park Road para discutir como dar sequência aos três contatos das taxas que eu deveria cobrar.

Nós nos encontrávamos em diferentes locais na zona oeste da cidade. É difícil ser anônimo na rua, então nos encontrávamos em carros dentro de shopping centers. Por eu ter trabalhado tanto tempo nas ruas, era provável que eu desse de cara com gente que conhecia a mim ou meu pai. Os dois Mikes não pareciam agentes comuns dos FBI; na aparência e no modo de vestir eram como muitos dos meus amigos. Maseth tinha um ar de "mauricinho". Se fosse para eu me encontrar com, digamos, Mitch Mars, Bob Moon ou John Scully na rua, teria sido outra história. Esses sujeitos chamavam a atenção.

Depois dos encontros clandestinos em shopping centers, concordei em me encontrar com as vítimas de extorsão Donald DiFazio e Ralph Peluso, junto com Mike Ricci. Se eu usasse um grampo, ficaria concentrado em reunir informação sobre o meu pai. Eu não tinha interesse em prejudicar outras turmas de rua; queria auxiliar as vítimas do meu pai, de modo que me recusei a usar grampo com Michael Talarico. Ele era um homem decente, e o que ele fazia da vida dele era só da sua própria conta.

Eu poderia ter prendido gângsteres administrando seus esquemas, mas isso não era trabalho meu; eu não era do governo e nem policial. Estava concentrado em pessoas que eram associados próximos e vítimas do meu pai. O FBI acatou a minha decisão.

Depois que deixei a casa de reabilitação, me mudei para a casa da minha mãe. Meu pai ligava regularmente.

"Você viu as receitas ou falou com o chef?"

Minha mãe pressentia os telefonemas e pegava o telefone, apenas para ser cortada pelo meu pai. Ela sabia que seu ex planejava alguma coisa. Me passava o fone com uma breve advertência: "É melhor que você não esteja fazendo nada de errado com o seu pai."

"Eu garanto, mãe; não vou me meter em encrenca de novo."

Tecnicamente eu estava dizendo a ela a verdade. Sim, eu estava trabalhando com ele, mas, não, não ia me meter em encrenca. Não podia correr o risco de deixar minha mãe ou Lisa a par do que eu estivera fazendo nos últimos meses. Quem sabe como elas reagiriam? O sigilo era importante para garantir a minha segurança. Depois de deixá-lo se safar facilmente com o divórcio, mamãe foi ficando cansada das promessas de apoio do meu pai, promessas que nunca se concretizavam. Ver dois filhos cumprindo pena na prisão foi suficientemente desolador.

Estar de volta nas ruas não deixava de ter suas tentações. Quando correu a notícia de que eu estava de volta fazendo cobranças, vieram ofertas de uma nova geração de personagens. Havia uma fila de espera para substituir gângsteres como Angelo LaPietra, Johnny Apes e Jimmy DiForti, que tinham morrido entre 1999 e 2001.

Tive gente me pedindo para entrar em jogatinas internacionais, apostas esportivas e máquinas de pôquer. Enquanto passava a impressão de que ainda era um gângster, dizia-lhes que não estava interessado, e polidamente agradecia.

Sob o olhar atento do FBI, encontrei-me com Capitão D para arrecadar os pagamentos de extorsão. O novo acordo era encontrar e arrecadar a cada dois meses, em vez de mensalmente. Um desses encontros ocorreu numa rua em Chinatown. DiFazio estava nervoso demais para sair do veículo e mal abriu uma fresta da janela do carro. Na época eu não sabia por que DiFazio estava nervoso com o arranjo de pagamentos. Originalmente o dinheiro da Connie's Pizza ia para Angelo LaPietra. Depois que Angelo se declarou culpado e foi para a cadeia por desfalcar cassinos em Las Vegas, meu pai mudou os termos do acordo e embolsava os rendimentos para si mesmo. Mas com meu pai na prisão e Jarrett e Angelo mortos, o Capitão D estava sem "proteção", sendo acossado por Anthony "the Hatchet" Chiaramonti. A Connie's estava abrindo mais um restaurante nos subúrbios do sudoeste. Hatchet estava espremendo a cadeia de pizzarias cobrando uma taxa de rua adicional. DiFazio me pediu para informar meu pai, para que ele tirasse Hatchet da jogada. Prometi explicar a situação assim que o visse.

(Em 2001 "Hatch" Chiaramonti estacionou sua nova BMW na frente do Brown's Chicken e entrou para usar o telefone público. Quando estava voltando para o carro, uma van encostou cortando seu caminho; um passageiro desceu e perseguiu Hatchet de volta até o restaurante. Ao entrar no vestíbulo, Chiaramonti levou cinco tiros: uma bala no peito, uma no braço e três tiros fatais na cabeça.)

Eu me encontrei com o Capitão D no Bella Luna. Ele me entregou um pagamento extra que estava devendo. Botei o dinheiro no bolso. Na época eu estava em apuros financeiros, ganhando apenas trezentos dólares por semana e tendo que pagar a casa de reabilitação, além de prover mais dinheiro para Lisa e as crianças.

Fui para casa, pus o dinheiro no aparador e fiquei olhando para ele. Parte de mim queria mantê-lo, sabendo que o FBI jamais descobriria. Outra parte de mim estava adorando minha nova vida. Ao mesmo tempo que era difícil, era um sentimento tremendo, não ter que ficar olhando constantemente por cima do ombro. Enfiei o dinheiro numa gaveta.

Alguns meses depois, confessei aos dois Mikes.

Eu sabia que precisava lhes contar e que eles teriam de preencher um relatório, apesar de eu não ter gasto um centavo. Se eu ficasse com o dinheiro, o que me distinguiria do meu pai? Entregar o dinheiro não tinha nada a ver com preservar a integridade do caso e sim preservar o meu caráter. Eu *precisava* entregar aquele dinheiro.

Tão logo fiz a entrega, a paciência de Hartnett estourou. Depois que foi dada entrada no dinheiro e preenchida a papelada, eu fiquei limpo, apesar de quase quebrado, pelo resto da investigação.

Com Ronnie Jarrett morto, as ruas estavam mudando em Chinatown. Não ter Ronnie por perto eliminava uma enorme ameaça. Ronnie fora a minha preocupação primordial por causa do seu status de "matador". Sua morte significava que havia um a menos com quem me preocupar. Visitei sua viúva, Rosemary, uma amiga, usando um grampo. O propósito da minha visita era tentar descobrir quem poderia ter matado Jarrett. A princípio a família foi cautelosa, como eram todos que eu abordava. Mesmo da prisão, a aura ameaçadora do meu pai pairava sobre as ruas de Chicago. Não muito depois da morte de Ronnie, a família Jarrett foi abordada por associados do meu pai a respeito de dinheiro e joias que Ronnie estivera segurando. Foram lembrados de que tinham a "responsabilidade" de devolver tudo.

Fiquei estarrecido de ver a família de Ronnie abalada pelos associados do meu pai, especialmente após a morte do seu fiel lugar-tenente. Pouco tempo depois do assassinato de Jarrett, Rosemary entrou em contato comigo, perguntando se podíamos nos encontrar na casa de sua sogra na South Lowe em Chinatown. Era a mesma casa onde fazíamos nossa contabilidade. Rosemary tinha vendido o lugar e não queria falar no telefone, mas tinha algumas coisas que ela queria que eu levasse embora. Marquei uma hora para me encontrar com ela na minha picape.

Com os assassinos de Ronnie à solta, uma bandeira vermelha foi hasteada. E se o encontro fosse uma armação, um subterfúgio para me deixar sozinho? Será que Rosemary estava sendo pressionada a fazer favores para a Organização ou meu pai? Não seria atípico a Organização usar uma mulher para armar uma cilada. Contatei os dois Mikes, que me puseram um grampo com dispositivo de escuta e cercaram a área. Encontrei-me com Rosemary na mesma garagem que meu pai, meu tio e Ronnie usaram para matar Paul Haggerty e John Mendell. Twan Doyle já tinha tirado os carros da garagem, mas deixado um par de armas velhas e algumas caixas de papéis.

Trabalhando com o FBI em 1999, usando um grampo e fazendo cobranças para o meu pai, achei que seria mais seguro largar o emprego no Bella

Luna. Ao mesmo tempo que queria permanecer em Chicago e completar meu trabalho com os dois Mikes, resolvi começar uma carreira nova como motorista de caminhão.

Eu necessitava de uma carreira de cobertura. Era bom motorista, então pensei em fazer uma tentativa. Encontrei-me com o sobrinho de Jimmy Marcello, Sammy Galioto, na casa de Kurt. Quando ele ouviu que eu queria guiar um caminhão de dezoito rodas, pegou no telefone para falar com – entre todas as pessoas – Dickie DeAngelo, o mesmo cara que matara o primeiro sócio do meu pai, Larry Stubitsch, lá no começo dos anos 60. Ele agora possuía uma transportadora. O conselho de Dickie foi tirar minha permissão de aprendiz e ir procurá-lo.

Enfiei a cara nos livros e manuais e passei em cada um dos meus testes de habilitação, conseguindo rapidamente as licenças necessárias. DeAngelo vacilou em me contratar até ter certeza de que eu não tinha nenhum interesse em vingar a morte de Stubitsch. Ele me colocou na rua no dia seguinte, manejando reboques de nove e dezoito metros para um projeto na velha praça McCormick.

Entre as tarefas com os caminhões, eu trabalhava com os dois Mikes compilando as fitas do presídio de Milan para o tribunal. Fazia dias de doze horas para Dickie, e aí sentava com os dois Mikes por doze horas na sexta-feira, trabalhando nas fitas. Se eu tivesse mais tempo, trabalharia nelas ainda mais.

Devido ao seu significado legal, era necessária uma transcrição precisa. Já que eu não podia ser visto em nenhum lugar perto da sala do esquadrão OC1 do FBI no Edifício Federal Dirksen, passei muitas horas espremido nos escritórios suburbanos do FBI a quarenta quilômetros de Chicago. Passando as conversas para o papel, palavra por palavra, eu ia explicando a que meu pai se referia em suas misteriosas narrativas. Durante semanas, me revezei entre transcrever fitas e guiar caminhões. Em pouco tempo, o FBI e os subprocuradores dos Estados Unidos acumularam uma riqueza de informações sobre a turma da rua 26/Chinatown e como ela operava.

Um dia recebi uma ligação no caminhão, enquanto estava na rodovia. Era Mike, e ele estava guiando o Crown Victoria bem atrás de mim.

"Frankie! Eu *achei* que era você. Que belo trabalho você faz guiando essa jamanta." Ele me garantiu que eu não estava sob vigilância.

"Tudo bem", eu disse. "Você pode me seguir sempre que quiser. Essa é a delícia de não fazer nada de errado."

32. Um régio pé no... nas costas

ENQUANTO EU TRABALHAVA COM O FBI transcrevendo fitas, Maseth e Hartnett voltaram seus olhares para tio Nick, que estava cumprindo pena por extorsão no FCI Pekin, em Illinois. Armados com evidências das minhas fitas gravadas no pátio e dos vídeos que Maseth gravara no saguão de visitas com meu pai, Doyle e Ricci, os dois Mikes, estavam prontos para usar as luvas ensanguentadas para arrochar meu tio.

Em meados de 1999, Hartnett e Bourgeois já haviam viajado a Pekin para cumprir um mandado de busca no tio Nick, que os autorizava a extrair amostras para exames de DNA e a tirar raios X e fotografias de seu braço esquerdo. Estavam tentando combinar seu DNA com o das luvas, e a radiografia poderia revelar algum fragmento de bala alojado em seu antebraço esquerdo.

Hartnett e Bourgeois estavam esperando na sala de exames quando a porta se abriu. Um saltitante Nicholas Calabrese entrou. Ele se submeteu à radiografia do braço esquerdo. Depois que um técnico pegou as chapas e saiu para revelá-las, Hartnett coletou DNA do tio Nick pincelando o interior de sua boca.

Harnett jamais administrara antes um teste de DNA: uma ou duas pinceladas teriam bastado, porém ele estava ansioso e não quis correr o risco de ferrar com o exame, então colocou *oito* cotonetes pincelados dentro do recipiente de provas.

Alguns minutos depois, o técnico retornou e prendeu as chapas reveladas num painel iluminado na parede. O filme revelou fragmentos de bala no antebraço do tio Nick.

"Precisamos conversar", disse Hartnett solenemente. "Pegamos você no assassinato de Fecarotta. Você pode optar por ajudar a si mesmo."

Nick baixou a cabeça, angustiado. Sem admitir a culpa, ele pediu ao FBI para lhe fornecer uma lista de advogados em quem pudesse confiar e arrumar uma visita de sua esposa e filhos sob o pretexto de "considerações médicas".

Duas semanas depois, Nick recebeu uma visita de Hartnett e do detetive de polícia Bob Moon, que estavam acompanhando o caso. Eles informaram meu tio que enquanto aguardavam os testes de DNA nas luvas, estavam confiantes de que os resultados o ligariam ao assassinato de Parrudão em 1986. A missão do FBI era convencer meu tio a cooperar e testemunhar contra seu irmão, para verificar a informação que tinham conseguido comigo no pátio e no saguão de visitas de Milan.

Hartnett e Moon encontraram uma recepção gélida. "Esqueçam", Nick disse a Hartnett. "Não estou interessado. Não tenho nada a lhes dizer."

Apesar da descoberta dos fragmentos de bala e do resultado positivo do teste de DNA, ele ainda era um soldado leal da Organização, incapaz de trair sua família mafiosa, não importando quanto desprezo sentisse pelo irmão mais velho.

A viagem se revelou um revés. Apertar tio Nick com um ultimato precipitado talvez não tivesse sido a melhor estratégia. A presença de Moon o impressionara para o lado errado, pois eles se conheciam de uma detenção anterior. Mafiosos da Organização tinham um histórico de não ceder ao primeiro sinal de problemas legais, e meu tio não era exceção.

Nick estava vivendo sob uma nuvem escura. Estava afastado do meu pai havia quatro anos, desde 1995. Não se falavam. Meu tio cortara os laços com ele ao contratar uma firma de advocacia diferente da que o resto de nós estava usando. Ele começou a se sentir isolado e desvalorizado. Meu pai brincava, mandando dizer a Jimmy Marcello, em Pekin, por meio de Mike Ricci, Mickey Marcello e Ronnie Jarrett, para ficar de olho no meu tio. Mickey e Ronnie foram alertados de que Nick tinha um potencial problema com um assassinato. A fidelidade de Nick veio com um preço: já em 1997 Jimmy tinha conseguido que a Organização pagasse à família de Nick 4 mil dólares em dinheiro todo mês, para mantê-lo calado.

Os agentes da lei desconfiavam que a vida de Nick estava em perigo em Pekin, estando tão perto de Marcello e Harry Aleman. Em certa época, Harry e meu tio foram companheiros de cela, mas quando Nick foi ligado à eliminação de Fecarotta, os federais emitiram uma ordem de separação e transferiram Aleman para fora de Pekin.

Quando o FBI apareceu pela terceira vez, foi para obter uma amostra da caligrafia do meu tio para o caso da bomba de Cagnoni. Marcello estava numa sala próxima recebendo a visita de Mickey quando notou os agentes em reunião com Nick. Nick escreveu a amostra sem proferir uma única palavra para os agentes. E aí saiu da sala abruptamente.

Outra brecha potencial na segurança ocorreu quando os federais suspeitaram que havia um plano para assassinar meu tio dentro do FCI Pekin.

O diretor ligou para Hartnett contando sobre uma carta que fora deixada na sala do SIS no presídio. A carta dizia que Nick estava sob investigação por um assassinato em Chicago e que a Organização estava preocupada com a possibilidade de ele soltar a língua, o que prejudicaria Jimmy e Mickey Marcello. A nota era absolutamente específica e ia direto ao assunto – uma ameaça bastante séria.

Um jovem detento de Cicero preso por causa de drogas e ávido por ganhar status com a Organização gabou-se para um companheiro de cela de que sabia de uma arma que fora introduzida clandestinamente para matar meu tio. Depois que o colega passou um bilhete a um carcereiro, os funcionários do presídio puseram Nick sob proteção especial, enquanto Jimmy Marcello foi trancado na solitária. Questionando sua segurança, meu tio percebeu que devia considerar seriamente a possibilidade de cooperar.

Outro problema potencial surgiu quando Mike Maseth recebeu um telefonema de um capitão do FCI Milan: uma "interessante papelada" havia passado pela sua mesa. Por que Nick Calabrese estava sendo transferido para Milan?"

Mike ficou perplexo. Nick estava a caminho de Milan e estaria na mesma prisão que meu pai. Após alguns telefonemas desesperados, ele foi retirado do voo de transferência e teve seu destino alterado para a penitenciária federal em Ashland, no Kentucky.

Quando Nick se instalou no FCI Ashland, nordeste do Kentucky, em 15 de janeiro de 2002, o FBI arranjou outra visita por intermédio de seu advogado. Após uma grande dose de idas e vindas na comunicação, meu tio supôs que não tinha alternativas e que sua situação com meu pai e Marcello iria apenas piorar. Tomou a decisão fatal de se virar contra o irmão, mas o quanto ele seria cooperativo – e exatamente o quanto sabia – ainda precisava ser determinado pelos federais.

"Até ele realmente começar a falar", Maseth disse a seus colegas no esquadrão, "nós não sabemos se ele tem alguma coisa ou não."

Era perigoso para o FBI interrogar detentos que poderiam ser testemunhas em potencial dentro dos muros de sua própria prisão, de modo que foi organizado um encontro num escritório do Departamento nas proximidades. Com uma corrente na cintura e algemado, sob pretexto de estar sendo mandado para tratamento médico, meu tio foi escoltado do FCI Ashland sob o manto da noite.

Maseth, Hartnett, Bourgeois e o subprocurador Mitch Mars entraram num carro alugado anonimamente na cidadezinha de Ashland, aninhada nas ribanceiras do rio Ohio. A atmosfera era lúgubre. Na penumbra antes do anoitecer, a primeira visão que chamou a atenção de Maseth foram as gigantescas refinarias de petróleo da cidade. Era uma cena saída diretamente de *Robocop*, grandes labaredas amarelas expelidas de soturnas chaminés industriais que pontilhavam as planícies pantanosas em volta da rodovia.

O carro alugado que transportava os homens da lei zunia ao percorrer a rodovia escura como breu. Estavam indo tão depressa que um policial do Kentucky saiu do lado de uma barraca de *donuts* na beira da estrada e foi atrás deles, mandando que encostassem. Quando o policial se aproximou da janela do motorista, Hartnett, sentado no banco do passageiro, estendeu o braço grudando no vidro seu distintivo do FBI. Como os dois Mikes estavam em trajes civis e vinham guiando a mais de cem numa zona de cinquenta por hora – além de portarem armas –, havia a possibilidade real de um tiroteio entre policiais.

Parado junto à janela do motorista, o guarda gritou: "Sabem qual é o limite de velocidade?"

Hartnett e o guarda trocaram olhares gelados. Então o guarda piscou. Olhando para as credenciais de Hartnett, respondeu à sua própria pergunta.

"Bem, acho que sabem sim. Ouçam, tomem cuidado por aí."

Enquanto ele retornava balançando para sua viatura, os agentes queimaram chão e voltaram a toda para a pista, rumo à pequena sala de tribunal a alguns quilômetros dali.

Ao chegar, Nick foi introduzido no edifício, acompanhado pelo chacoalhar das pesadas correntes e argolas. Foi escoltado para uma das salas menores. Numa outra sala, o advogado de Nick, John Theis, reuniu-se com o subprocurador Mars e com o agente Bourgeois, costurando detalhes de última hora no acordo. Os dois Mikes se juntaram a Nick na minúscula sala lotada. Houve um silêncio constrangido. De repente, meu tio saltou da cadeira e rugiu: "Chega! É isso aí! Não consigo fazer isso! Simplesmente não consigo!"

Hartnett levantou-se abruptamente e berrou: "Sente-se!"

A partir desse ponto, tio Nick nunca reagiu bem a Hartnett e seu estilo todo certinho. Mas com Maseth foi diferente. Após alguns minutos de silêncio, Mike calmamente lhe perguntou: "Precisa de alguma coisa, Nick? Posso arranjar alguma coisa para você?"

"São as minhas costas. Estão me matando. Sempre tive problemas nas costas."

Mike explicou a Nick que quando era garoto, *ele próprio* tinha passado por uma cirurgia de fusão nas costas. Os dois trocaram relatos de dores crônicas e rigidez lombar. Estava claro que se tio Nick fosse fazer algum acordo com os federais, sentia-se mais à vontade trabalhando com Maseth. Mais tarde, Nick contou a Mike que o estouro de Hartnett o fez lembrar de seu irmão, Frank, que berrava com ele, batia nele e o humilhava em público.

Mars, Bourgeois e o advogado de Nick saíram da reunião. Chegou-se a um acordo de que, se tio Nick dissesse a verdade ao FBI, e isto resultasse em condenações substanciais, os federais iriam ao juiz explicar que ele fora útil e subsequentemente dariam opiniões favoráveis em relação à sua sentença.

Começando em 15 de junho, para espanto de Mike, meu tio forneceu ao FBI nomes, datas precisas e detalhes sinistros sobre uma variedade de assassinatos de quadrilha não solucionados, a começar pelo assassinato de Fecarotta. Havia a morte de Emil Vaci no Arizona. O assassinato Meio a Meio de Ortiz-Morawski em Cicero. As execuções de Tony e Michael Spilotro no condado de DuPage. Nick forneceu informações que injetaram vida nova em outro caso havia muito adormecido: a eliminação a sangue frio, em 1974, do empresário Daniel Seifert. O assassinato de Seifert envolvia Tony Spilotro, John Fecarrota, Jimmy LaPietra, o assassino da Organização em Chinatown, Frankie Alemão Schweihs, e outro chefão da quadrilha liso e pitoresco, Joey Palhaço Lombardo, da avenida Grand.

O FBI foi surpreendido de guarda baixa. O Departamento não tinha a menor ideia de que aquele lacaio despretensioso e desastrado tivesse conhecimento de dezenas de eliminações, estando pessoalmente envolvido em catorze delas. Para os dois Mikes e para o subprocurador Mitch Mars estava claro que sua mais recente testemunha estelar poderia fornecer informações substanciais que implicavam chefes da Organização do mais alto escalão – como Lombardo e Calabrese pai –, além de uma hoste de mafiosos e milicianos de primeira linha, bem como um par de tiras corruptos.

Após sua primeira sessão de doze horas de relatórios, Maseth e Hartnett estavam exaustos. Estavam estarrecidos com a precisão da memória de Nick. Seu conhecimento interno dos assassinatos da Organização e da turma Calabrese era vasto. E meu tio era um "iniciado". Os assim chamados peritos em quadrilhas tinham classificado Nick como um mero motorista e faz-tudo do meu pai. A investigação da Operação Segredos de Família dos dois Mikes, uma investigação de calouros, tinha tomado novos rumos, primeiro com a porta que eu abri, e agora com meu tio pondo abaixo as paredes.

A Operação Segredos de Família estava prestes a subir a um nível muito mais alto, assumindo a dimensão de um inquérito fundamental no campo do crime organizado. Para a informação sem precedentes que meu tio tinha fornecido, os dois Mikes precisariam perseguir e consubstanciar cada detalhe. Era hora de reunir um time investigativo de primeira ordem, capaz de, pela primeira vez desde Elliot Ness, botar toda a Organização de Chicago de sobreaviso.

33. A caixa de Pandora

Depois que Maseth e Hartnett espremeram tio Nick na minúscula sala do tribunal em Ashland, no Kentucky, os dois Mikes se sentiram assoberbados pelo que teriam pela frente. Ambos ficaram estupefatos com as dramáticas confissões do meu tio. Antes de ir para a cadeia em 1995, Nick só tinha um antecedente: uma acusação de posse de armas, que foi retirada.

Eles não sabiam que a turma Calabrese era também o esquadrão de assassinato de Angelo LaPietra, e não sabiam que a equipe do meu pai tinha um propósito mais alto dentro da Organização. Entendiam que éramos uma turma de rua proeminente, que tínhamos bons negócios de agiotagem e que éramos capazes de recorrer à violência. Mas o FBI não sabia que a nossa equipe era *os* caras de frente quando Angelo LaPietra queria alguém assassinado. Quando Angelo recebia dos chefões a tarefa de liquidar alguém, esses eram os caras.

O fato de estar fora do radar do FBI demonstrava quão cuidadoso, discreto, inteligente e ao mesmo tempo traiçoeiro era o meu pai na condução de seus negócios. Até que se abriu a caixa de Pandora, ninguém imaginaria que meu tio de fala mansa era um assassino em série como meu pai. A informação de Nick reforçava e corroborava as confissões feitas por meu pai no pátio do presídio sobre as eliminações de Ortiz-Morawski, Dauber e Albergo. Nick também o ligou à bomba lançada contra Michael Cagnoni, relatando um incidente no qual havia ferido a mão ao testar dispositivos explosivos.

Com os devastadores testemunhos que eu e meu tio demos, a Operação Segredos de Família abriu a porta para o FBI provar que a Organização funcionava como um empreendimento criminoso cujo alcance se estendia até o comércio interestadual. Se o FBI e Departamento de Justiça pudessem indiciar os chefes da Organização, os homens iniciados e os soldados por uma série de assassinatos, jogatina, agiotagem, taxas de rua, obstrução de justiça e crimes ligados ao comércio interestadual, os resultados seriam devastadores para o crime organizado.

Para ser considerada culpada de extorsão nos termos da Rico, conforme estabelecia a Constituição dos Estados Unidos, Título 18, Capítulo 96, uma pessoa precisava ter cometido dois dos 35 crimes listados dentro de um período de dez anos. Vinte e sete dos casos relacionados com a Organização eram federais, sendo os oito restantes crimes estaduais. Nos últimos cem anos de existência da Organização, seria a primeira vez que ela poderia ser indiciada por violar os estatutos Rico. E a primeira vez que um membro iniciado seria considerado responsável.

Seriam os dois Mikes os homens capazes de derrubar a Organização?

O FBI permite que investigações sejam conduzidas com base em um ou dois agentes, e se forem demonstrados fatos concretos, monta-se uma unidade maior. Maseth e Hartnett precisavam se reunir com o supervisor Bourgeois para fazer com que ele convocasse um esquadrão mais amplo para cobrir todas as revelações que eu e tio Nick havíamos feito.

Ao contrário de agentes conhecidos como Bill Roemer e Joe Pistone, que escreveram livros populares sobre crimes reais, Maseth e Hartnett eram apenas dois jovens agentes começando a construir uma investigação. Bourgeois sabia que tinham um caso sólido e estavam investindo nele bastante energia.

Logo Mike foi promovido a colíder do caso. Maseth e Hartnett tinham de vender aos colegas a ideia de se juntar à sua florescente investigação e formar um time. Embora os dois Mikes tivessem um caso quente para oferecer, muitos dos agentes eram responsáveis por suas próprias investigações ou estavam ocupados lendo casos em vias de ir a julgamento. Tendo recebido do agente Bourgeois sinal verde para expandir as operações, Maseth e Hartnett precisavam selecionar a equipe e seduzir os associados certos para se juntar a eles.

No começo de 2002, o time estava formado. Segundo Mike Maseth, foi como montar um time de beisebol fantasioso. Depois de fazer uma lista dos assassinatos, os dois Mikes completaram outra lista de membros que poderiam estar dispostos a trabalhar com eles. Precisavam atrair certos agentes com determinadas habilidades para preencher necessidades específicas. A Operação Segredos de Família perseguia crimes espalhados por três décadas. Maseth e Hartnett necessitavam de pessoas dispostas a investir longas horas sem olhar o relógio nem reclamar de horas extras.

Os subprocuradores especializados em máfia Mitch Mars e John Scully (que posteriormente receberiam a adesão de T. Markus Funk) provinham da Procuradoria-Geral dos Estados Unidos. Serviriam como equipe da promotoria. Bill Paulin, Laura Shimkus e Mike Welch formariam o segmento IRS do esquadrão. (Nenhuma investigação estaria completa sem a presença dos temidos agentes do IRS – a Receita Federal.) O agente veterano do FBI Ted McNamara trouxe o seu conhecimento enciclopédico para o cenário da Organização e uma sinistra aptidão para encontrar valiosas agulhas em palheiros nas transcrições das fitas e nos arquivos do caso. O agente John Mallul veio saltando do OC2 de Chicago. Ele fora fundamental no caso William Jahoda-Rocky Infelise no início da década de 90. Mallul conseguiu uma acusação com base na Rico contra um conselho trabalhista que controlava vinte membros locais e vinte mil membros sindicalizados da Liuna, a União Trabalhista Internacional da América do Norte. O quadro de diretores da Liuna incluía mafiosos como Bruno e Frank Caruso e parentes de Joe Palhaço Lombardo, Johnny Apes e Vincent Solano. Mallul sucedeu a Bourgeois como supervisor do esquadrão OC1 depois que Bourgeois se aposentou.

A agente Anita Stamat também foi recrutada e se tornou a antropóloga criminal do esquadrão. Era encarregada de traduzir mensagens e correspondência em código da Organização. A agente Tracy Balinao era uma habilidosa investigadora de campo e ligação do FBI com vítimas e testemunhas oculares. Outras "escolhas de primeira rodada" incluíram Trisha Holt, Dana DePooter e Andrew Hickey. Luigi Mondini e Chris Mackey deram importantes contribuições quando entraram em 2004. Finalmente, Bob Moon e Al Egan, dois detetives veteranos do Departamento de Polícia de Chicago, foram acrescentados à força-tarefa.

Com dezoito assassinatos não solucionados para reconstituir e numerosas vigilâncias a organizar, o esquadrão da Operação Segredos de Família rapidamente cresceu de sete para dezesseis pessoas. Mas eram Maseth e Hartnett que mantinham o contato básico comigo e com meu tio como suas duas testemunhas estelares.

Por razões de segurança, eles decidiram tomar os depoimentos de tio Nick no FCI Ashland no Kentucky, porque havia menos movimento de transeuntes ali do que em Milan ou Pekin. Apesar de estar há meses no Kentucky, Nick já não era mais cercado por um grupo de apoio formado por detentos da pesada como Jimmy Marcello e Harry Aleman. Em Ashland, ele foi isolado de seus irmãos da Organização.

A informação fluía constantemente, mas o FBI só podia falar com ele por um período de tempo prescrito. Cada sessão com Nick durava de dez a doze horas. Havia pouquíssimos intervalos e tempo nenhum para grandes almoços. Os agentes se alimentavam de barras de chocolate, comida de máquinas e de lanchonetes. No começo, os depoimentos aconteciam em Ashland, mas depois foram transferidos para um local sigiloso.

Mike não sabia o que esperar. Durante mais ou menos quarenta anos meu tio fora programado para não falar com a polícia. Sentado numa sala com três agentes do FBI, um promotor federal e um advogado de defesa, meu tio precisava de muita energia mental. Ele ficava aflito e preocupado porque, como eu, estava prestes a fazer algo que nunca tinha imaginado.

O FBI era extremamente judicioso em relação a quem escolhiam para negociar. Quando Salvatore "Sammy the Bull" Gravano foi preso em 1998 por acusação de envolvimento com drogas – sete anos depois de se tornar testemunha do governo –, o Departamento de Justiça começou a fazer mais jogo duro em termos de barganhas para mafiosos dispostos a cooperar ou entrar no Programa de Proteção a Testemunhas. Uma das minhas principais preocupações era se o FBI (ou alguma outra agência governamental de alto escalão) ia ou não fazer um acordo com meu pai algum dia, permitindo que *ele* voltasse de novo para as ruas. Tal acordo poria em risco a minha vida e a de Nick.

Mas era extremamente improvável que meu pai soltasse a língua; colocá-lo de volta nas ruas era praticamente impossível. A menos que revelasse os assassinos de JFK e Jimmy Hoffa, o máximo que ele podia esperar era uma cela mais confortável dentro de uma penitenciária federal. Meu tio demonstrou remorso pelos seus crimes durante os depoimentos. Seu retorno à sociedade como cidadão produtivo e não violento era plausível.

Durante o processo de depoimentos, nem eu nem meu tio sabíamos que o outro estava cooperando, muito menos falando com os mesmos agentes federais. Para a investigação, era vital que não tivéssemos comparado notas nem compartilhado informações, e que nenhum dos dois soubesse do paradeiro do outro ou de seu envolvimento com o caso.

Para Mike Maseth, ter um membro iniciado da Organização à disposição para constituir um caso Rico e encerrar notórios assassinatos não esclarecidos era uma oportunidade única. Agora ele precisava decidir como empregar da melhor forma possível as vastas informações que constavam do seu muito importante relatório 302 acerca do meu tio.

No relatório 302, o FBI anota o que se passa numa entrevista. Como Nick estava dando a Mike informações de quarenta anos atrás, Mike resolveu que, se fossem tomar o depoimento de Nick em várias entrevistas num longo intervalo de tempo, queriam que o 302 fizesse sentido e tivesse um contexto mais amplo. Queriam que, se alguém lesse o documento cinco anos depois, pudesse compreender como tudo se ligava. Em vez de fazer um punhado de relatórios 302, um para cada vez que Nick e Mike se reuniam, compilaram um 302 gigantesco, uma cronologia do que tio Nick lhes contara em seus depoimentos.

O gigantesco 302 de Maseth, que ocupava 120 páginas, viria a se tornar o alicerce sobre o qual seria construída a Operação Segredos de Família. Viria a ser o mapa que Mitch Mars e a Procuradoria-Geral utilizariam ao reunir seu caso na corte federal.

34. Vida no esquadrão

Os dois Mikes entraram numa discussão acalorada no pátio de estacionamento do novo estádio de beisebol dos White Sox, onde o esquadrão estava conduzindo uma busca pelo corpo de Michael "Hambone" Albergo. Tratava-se de uma enorme produção que lembrava uma escavação arqueológica, e, com base na informação do tio Nick, a área-chave estava isolada por cordas para a escavação. A agente encarregada da investigação do assassinato de Albergo e de supervisionar as operações de busca abordou Maseth com uma questão. Ela disse que a Equipe de Resposta de Evidências (ERT – Evidence Response Team) precisava saber até que profundidade cavar. Somente Nick sabia a resposta, e como Mike era o encarregado de lidar com Nick, foi trazido ao local. Hartnett tinha advertido Maseth a não abordar Nick com perguntas específicas demais. Isto, na sua opinião, seria contraproducente para o processo de depoimentos que ainda estava em vigor.

No entanto, a agente no sítio de busca insistiu, e tinha toda uma equipe aguardando resposta. Sentindo-se pressionado com tanto pessoal e equipamento, Maseth pegou o telefone e fez algumas ligações antes de chegar até Nick. Quando o ERT começou o trabalho, Hartnett ouviu Maseth dizendo a alguém que tinha acabado de falar com Nick. Hartnett, visivelmente aborrecido, puxou Maseth de lado.

"Eu não disse para você *não* ligar para o Nick?", Hartnett perguntou ao parceiro. "Você sabe muito bem, se ferrar com as coisas, é o *meu* cu que vai estar na reta."

"Fique calmo. É o meu cu também", Maseth respondeu. "Além disso, estou sendo supercriticado aqui, e tudo que eu quero é ajudar a solucionar o caso."

Mais tarde nessa noite foi encontrado um conjunto de ossos no sítio da escavação. À meia-noite, a terra já fora removida e eles foram exibidos. Pareciam os restos de vértebras e uma espinha. Na manhã seguinte, um domingo, o agente John Mallul apareceu no centro de comando com o agente especial encarregado (SAC).

"John", Maseth disse exausto a Mallul, "tenho boas e más notícias. Nós encontramos sim alguns ossos, mas as vértebras parecem pequenas demais para serem humanas, e o crânio que achamos parece ser de um pastor alemão. Transmita isso ao SAC.

O corpo de Albergo nunca foi encontrado.

Mas nem todas as pistas do tio Nick deram em nada. Ao recordar detalhes por trás da bomba de Cagnoni, ele se lembrou de que a placa do carro-chamariz usado na explosão vinha de um Ford 1950 que posteriormente os boletins de ocorrência policiais reportavam como roubado. A alegação de Nick de que ele e meu pai haviam espionado os negócios de Cagnoni nas avenidas South Damen e Blue Island duas semanas antes da explosão assassina foi respaldada por um antigo relatório 302 de vigilância do FBI que colocava meu pai, John Fecarotta e Frank Santucci num carro estacionado atrás de um edifício, a meia quadra do endereço comercial de Cagnoni. (Depois de obter dados tão proveitosos, Mike prometeu a si mesmo nunca mais reclamar por ter de preencher múltiplos formulários 302.)

Mais tarde, tio Nick recordou precisamente o uso da antena K-40 enfiada no interior de um carro estacionado na via expressa, que detonou o bloco de explosivos C-4 do tamanho de um tijolo colocado sob a Mercedes de Cagnoni. Os investigadores compararam o feitio e o modelo de partes similares de um dispositivo explosivo usado no atentado de assassinato a bomba de outra vítima da Organização, Nick Sarillo.

Após o meticuloso processo de juntar fatos envolvendo os dezoito homicídios anteriormente não solucionados (embora tenha sido revelado pelo governo durante a sentença que tio Nick detalhara aproximadamente duas dúzias de mortes no gigantesco 302 de Mike), a investigação entrou em outra fase, entre 2002 e abril de 2005 – a fase de consolidar dados e evidências para detenção e julgamento. Localizar precisamente conversas gravadas revelou-se a tarefa que mais consumia tempo. Quando o agente Luigi Ondini investigou o assassinato de Emil Vaci e a tentativa da Organização de punir os irmãos Spilotro em Las Vegas, precisou de certas gravações feitas nos anos 80. A polícia de Nevada vasculhou seus arquivos, e quando despacharam o material para Chicago, Luigi apareceu com uma pilha enorme de gravadores de rolo. Depois de rebobinar as fitas num forno para restaurar sua possibilidade de uso (como fazem os estúdios para resgatar gravações de grandes mestres da música), Luigi monitorou horas de material irrelevante para achar uma conversa pertinente de quatro minutos. Era possível levar semanas para registrar um breve pedaço de fita. A sala técnica, onde agentes trabalhavam e revisavam transmissões gravadas, era tão pequena que eles mal conseguiam manipular os equipamentos.

Quando Mike mencionou *en passant* ao agente Ted McNamara uma série de conversas telefônicas obscuras que poderiam ter ocorrido entre Jimmy Marcello, Rocky Infelise e Joe Ferriola referindo-se às atividades de jogo de Little Jimmy, McNamara passou na mesa de Mike alguns dias depois com uma série de transcrições de conversas grampeadas ocorridas em 1986. Maseth ficou estarrecido. Aí estavam as duas gravações dignas de nota do grampo entre Marcello, Infelise e Ferriola.

McNamara e a agente Anita Stamat tiveram uma tremenda percepção, tendo descoberto e compreendido as atividades criminais de Jimmy Marcello, inclusive o negócio de máquinas de videopôquer que ele tinha junto com seu irmão Mickey. Enquanto os dois Mikes faziam meu tio e eu conduzi-los pelas turbulências do linguajar codificado da turma Calabrese, Stamat, como agente responsável pelos inquéritos envolvendo Marcello, precisou decifrar sozinha os complexos códigos de comunicação da Organização.

Chris Mackey, o agente encarregado de juntar dados sobre o falecido Angelo LaPietra, acumulou mais de 10 mil páginas apenas sobre o Gancho – que precisavam ser meticulosamente revistas antes de serem entregues aos subprocuradores.

Quando vi pela primeira vez quantos agentes estavam participando da investigação, fiquei preocupado que minha identidade pudesse ficar comprometida. Mas não foi o caso, e o inquérito permaneceu em absoluto segredo.

Em novembro de 2002, quando seria liberado das acusações de extorsão, tio Nick subitamente desapareceu do sistema prisional federal e foi transferido para um local secreto por período indefinido. Enquanto família e amigos (especialmente a Organização) esperavam que meu tio se reunisse a sua esposa e filhos nos subúrbios, a especulação transformou-se em certeza. Ele tinha falado e estava prestes a se tornar o primeiro iniciado da Organização a cooperar na corte. Agora, quando alguém digitava "Nicholas Calabrese" em www.bop.gov para descobrir seu paradeiro, não se obtinha nada. Tio Nick sumira no ar – num dia no sistema, no dia seguinte não mais.

Um ano depois Jimmy Marcello foi liberado do FCI Milan depois de cumprir oito anos e sete meses de sua sentença original de doze anos e meio. Marcello arrumou um trabalho numa casa de convalescença, parte de uma operação chamada Administração DVD. A esta altura já eram fortes os rumores de uma superinvestigação do FBI.

Em 2004, a mudança estava no ar. Mike Hartnett foi promovido e transferido para Nova York. No começo, ele continuou trabalhando na unidade do Crime Organizado em Nova York, mas posteriormente foi redesignado para a unidade de Terrorismo em Manhattan. Na esteira da partida de Hartnett, Luigi Mondini passou a ser o novo responsável por tratar comigo, enquanto Mike ficou com meu tio Nick. Assim como Maseth tinha conseguido suas "insígnias" com Hartnett, Luigi estava fazendo o mesmo, e foi alçado ao status de colíder. Agora o fardo da liderança investigativa recaía mais sobre Maseth.

A Operação Segredos de Família pairava ameaçadoramente sobre a carreira de Mike. Enquanto outros agentes se respaldavam em detenções, solucionando dezenas de crimes, ele estava confinado a trabalhar num único caso. As consequências que isto traria para sua carreira no FBI, particularmente se a Operação não vingasse, ninguém sabia. A alta chefia do FBI em Chicago e Washington acompanhava de perto o progresso de cada caso do Crime Organizado. A Segredos de Família tornou-se uma situação de tudo ou nada para Mike. Era o único caso importante que lhe haviam designado desde que saíra da academia, seis anos antes. Questões surgiram na esteira da partida de Hartnett. E se a Operação se tornasse um fiasco antes de ir a julgamento? E se o júri não engolisse meus testemunhos e os do meu tio no tribunal? E se a Organização contratasse um *dream team* de advogados e torpedeasse o caso do governo? Teria o caso se tornado amplo e complicado demais para um júri compreender? Esses fatores pesavam muito sobre Mike como linha de frente do esquadrão.

Outra perda desafortunada veio após a morte de Bob Moon em 2004, após uma batalha contra o câncer. Moon era o rei dos brincalhões da força-tarefa, e um grande injetor de moral. Por exemplo, ele e uma ex-agente chamada Diane viviam fazendo brincadeiras entre si. No aniversário de quarenta anos de Diane, Moon arrombou seu carro e despejou confete nos dutos de ventilação. Quando ela deu partida no motor, já com o ar-condicionado ligado, o interior ficou inundado de confete.

Pouco depois, Diane se vingou. Quando Moon foi pegar seu carro na garagem depois do trabalho, uma mulher estranha muito atraente foi na sua direção e disse: "Vou tomar uma aula."

"O quê?", Moon perguntou.

"Vou tomar uma aula."

"Desculpe, não tenho ideia do que você está falando."

A mulher apontou para a placa do carro de Moon. Cortesia de Diane, a placa agora dizia: "Instrutor de Sexo, Primeira Aula Grátis."

Todo agente de esquadrão do Crime Organizado do FBI tinha de participar do rodízio de atendimento a queixas. Todo membro tinha seu turno de atender os telefonemas, o que às vezes envolvia falar com pessoas com problemas mentais.

"Estou sendo seguido. Os alienígenas vieram me buscar."

Bob Moon saboreava tais ligações. Dizia aos outros agentes: "Transfira para mim."

"Alô. Aqui é o departamento de comunicações. Como posso ajudar? Agora, senhor, por favor, acalme-se... Antes de continuar, preciso saber se o senhor tem o implante de chip ou a faixa na cabeça... E o número de série?... 666?... Ok, agora pegue uma caneta e papel porque vou orientá-lo aonde ir para fazer o conserto... "

Moon dava ao interlocutor o telefone da unidade de detetives.

Mike, agora o agente-chefe da Operação Segredos de Família, continuava sendo um alvo constante para as brincadeiras internas do esquadrão.

Uma vez, antes de sair da cidade para tomar mais um depoimento de tio Nick, deixou sua valise de pernoite na área da unidade. Assim que Mike e John chegaram a Ashland para entrevistar Nick, Mike se registrou no hotel e abriu a valise. Notou que não tinha nenhuma roupa de baixo.

No dia seguinte, chegou um pacote para Mike no hotel. Mallul ficou vinte minutos na fila esperando para assinar o recebimento. A equipe tinha roubado a roupa de baixo de Mike e enviado numa caixa da FedEx com alguns documentos. Esses eram os mesmos colegas de confiança que uma noite trancaram Mike dentro do banheiro portátil durante a escavação de Albergo.

Mallul pulou dentro do carro e jogou a caixa para Maseth.

"Da próxima vez diga a esses caras para me manterem longe do fogo cruzado desses esquemas malucos."

35. A Terrível Toalha

Nos meses que antecederam os indiciamentos, a meta do FBI foi entrelaçar as acusações de assassinato com outros atos predicados referentes à Rico (agiotagem, jogatina e extorsão) para mostrar a Organização operando como um único empreendimento criminoso. Até a data dos indiciamentos da Segredos de Família, houve mais de 3.200 assassinatos na área de Chicago cometidos pela máfia em cem anos, resultando em apenas doze condenações. Nenhum membro "iniciado" da Organização jamais fora condenado por um homicídio. Nenhum membro "iniciado" jamais testemunhou.

Em 25 de abril de 2005, a tradição se quebrou quando o grande júri autorizou um indiciamento por parte do Departamento de Justiça dos Estados Unidos no qual catorze réus eram acusados de atividades junto ao crime organizado. Dezoito assassinatos até então não solucionados (mais a tentativa de assassinato de Nick Sarillo) serviram como peça central do indiciamento.

Pela primeira vez o Departamento de Justiça visava a Organização como empreendimento criminoso em lugar de processar atos cometidos por indivíduos. Como disse Patrick J. Fitzgerald, procurador dos Estados Unidos para o Distrito Norte de Illinois, o indiciamento "é notável tanto pela amplitude dos assassinatos envolvidos como por citar toda a Organização de Chicago como empreendimento criminoso sob a lei antiextorsão. É um caso exemplar da utilização efetiva do estatuto Rico para processar uma série de crimes que se estendem por décadas". Dos catorze réus indiciados, onze eram "acusados de conspiração, inclusive [cometendo] assassinatos e tentativas de assassinatos, para respaldar as atividades ilegais da Organização, tais como agiotagem e apostas, e proteger o empreendimento dos agentes legais". Isto, posto de forma simples, representava a mais extensiva acusação de assassinatos ligados à máfia na história dos Estados Unidos.

Os indiciamentos de abril apontavam um dedo acusador ao que restava da liderança da Organização. O rol dos onze réus principais era conforme se segue:

1. James Marcello, que fora libertado do FCI Milan em 2003, era listado como membro da equipe de Melrose Park, presentemente chefe em exercício da Organização de Chicago. Marcello enfrentaria julgamento pelo seu envolvimento no assassinato dos irmãos Spilotro, cometido em 1986.
2. Joseph Lombardo teria de responder pelo seu papel no assassinato de Danny Seifert, cometido em 1974.
3. Frank Calabrese pai era listado como membro da turma da rua 26/Chinatown, na zona sul de Chicago. Sob muitos aspectos meu pai tornou-se o réu principal do grupo, o mais injuriado, o réu contra quem o FBI montara o caso mais sólido. O primeiro dos onze assassinatos pelos quais ele foi indiciado foi o de Michael Albergo, datando de agosto de 1970.
4. Nicholas W. Calabrese era listado como afiliado à turma da rua 26/Chinatown. Embora Nick estivesse cooperando com o FBI, foi indiciado e responderia pelos seus crimes, inclusive o assassinato de John Fecarotta e treze outros.
5. Frank Schweihs, conhecido como Frank Alemão, era um temido executor e cobrador de taxas, além de assassino e chantagista. Era um dos membros mais perigosos da Organização e rivalizava com meu pai em notoriedade, crueldade e perfídia. Michael Spilotro disse a seus parentes que se vissem Frankie Schweihs circulando na frente da propriedade da família, podiam chamar a polícia imediatamente.
6. Frank "Gumba" Saladino, um membro da turma da rua 26/Chinatown do meu pai, cometeu assassinato e outros crimes em nome da Organização de Chicago. Saladino fizera um bocado de horas extras de garfo

e faca, pesando quase duzentos quilos. Quando confrontado com seu indiciamento, foi achado morto num quarto de motel no subúrbio norte de Hampshire, onde estivera vivendo havia dois meses.

7. Paul "Indian" Schiro foi preso no Arizona. Ladrão de joias, arrombador e assassino, servia como conduto da Organização para o sudoeste dos Estados Unidos. Era listado como associado de Frank Alemão e Tony Spilotro enquanto este servia a Organização em Las Vegas. Também responsável pelo homicídio de Vaci.
8. Michael Marcello, ou Mickey, supostamente operava um negócio de jogatina ilegal de videopôquer com o meio-irmão Jimmy Marcello, sob o nome de M&M Diversões.
9. Nicholas Ferriola era filho de Joe Ferriola e membro da equipe da rua 26/Chinatown. Era acusado de "entregar mensagens para associados do empreendimento e cobrar dinheiro gerado por exigências de extorsão" para o meu pai enquanto estava dentro do FCI Milan.
10. Anthony Doyle era um dos dois agentes da lei corruptos que a Organização tinha no bolso. "Twan" era um ex-policial do Departamento de Polícia de Chicago que manteve meu pai informado, passando mensagens e fornecendo importantes informações confidenciais sobre meu tio e Jimmy DiForti para determinar se estavam cooperando com as agências legais.
11. Michael Ricci, policial aposentado do Departamento de Polícia de Chicago, foi subsequentemente empregado na delegacia do condado de Cook. Colaborou com Twan Doyle e meu pai, passando mensagens sobre as luvas ensanguentadas que ligavam Nick ao assassinato de John Fecarotta. Foi indiciado por prestar declarações falsas ao FBI.

Dos onze réus, sete foram citados por cometer assassinato ou concordar em cometer assassinato em nome da Organização. Eram eles meu pai, meu tio, Jimmy Marcello, Joe Lombardo, Frank Alemão, Gumba Saladino e Paul Schiro.

Por meio do seu envolvimento com a M&M Diversões, três outros associados de Marcello – Thomas Johnson, Dennis Johnson e Joseph Venezia – foram também acusados, aumentando o número de indiciados de onze para catorze. Cada um sofreu a acusação de conduzir negócios de jogo ilegal. Os Johnson apareciam nas fotos de vigilância do FBI carregando máquinas de videopôquer.

Além dos assassinatos e tentativas de assassinatos ao longo de décadas, os crimes de extorsão citados nos indiciamentos incluíam agiotagem com empréstimos abusivos (cobrando de 1% a 10% de juros por semana), jogatina ilegal, violência, intimidação e ameaças, obstrução da justiça, utilização de fachadas fictícias para ocultar procedimentos criminosos, uso de linguagem e nomes codificados para colegas de conspiração ou vítimas dos crimes, monitoramento de frequências de rádios das agências legais para detectar presença de tais agências, uso de rádios de intercomunicação portáteis enquanto conduziam atividades criminosas, aquisição de explosivos e dispositivos detonadores, controle oculto de organizações e estabelecimentos trabalhistas, interesses ocultos em negócios para obter rendas irrastreáveis, e manutenção de registros escritos e livros contábeis para atividades de agiotagem e apostas.

O *press release* oficial mostrava que o FBI vinha com tudo e que a investigação começara alguns anos antes, quando o caso do assassinato Fecarotta reaberto pelos dois Mikes floresceu e se transformou num ataque de alta prioridade contra a Organização.

"Este indiciamento sem precedentes é uma 'liquidação' da quadrilha", disse Patrick Fitzgerald. "Após tantos anos, ele ergue o véu do segredo e expõe o submundo violento do crime organizado." Com palavras fortes, o FBI e a Procuradoria-Geral estavam mandando uma séria mensagem ao crime organizado.

"Se por um lado houve muitas investigações bem-sucedidas durante o último quarto de século, resultando na prisão e no indiciamento de membros do alto escalão da Organização de Chicago", declarou Robert Grant, agente especial encarregado do escritório do FBI em Chicago, "por outro, nunca antes tantos em posições elevadas na quadrilha de Chicago foram acusados no mesmo caso."

Muitos estavam convencidos de que a forma áspera e abusiva com que meu pai tratava Kurt, meu tio e eu havia arrastado a Organização, geralmente discreta e avessa a publicidade, a um enfrentamento processual de alta visibilidade. As palavras de Vito Corleone em *O poderoso chefão* ecoavam pelas ruas de Chicago: "Um homem que não cuida da sua família não é homem."

Uma vez definidos os indiciamentos, dois dos réus principais – Joey Palhaço e Frank Alemão – fugiram da lei. Levaria oito meses até Schweihs ser preso em Berea, no Kentucky, a sessenta quilômetros de Lexington. Schweihs, de 75 anos, foi detido quando saía da casa onde estava morando com sua namorada "mais jovem e atraente" na casa dos sessenta anos.

Lombardo permaneceu fugitivo por nove meses, até ser capturado em janeiro de 2006 após deixar o escritório do dr. Patrick Spilotro. Lombardo teve um par de consultas após o expediente com o dr. Pat para cuidar de um abscesso no dente e fixar uma ponte. Durante seus meses de fuga, Lombardo brincou de gato e rato com o juiz (e a imprensa), enviando cartas e comunicados pelo seu advogado, Rick Halprin, negando qualquer envolvimento em atos de extorsão ou violência "em qual quer [*sic*] forma ou maneira".

Os agentes Tracy Balinao e Luigi Mondini começaram a busca por Lombardo num domingo, véspera de 25 de abril de 2005, dia em que os indiciamentos foram confirmados.

Foram prendê-lo no seu endereço comercial. Depois, foram até sua casa e aos clubes italianos. Vasculharam as ruas de cima a baixo sem conseguir encontrá-lo. Ele mandou cartas ao juiz por meio de seu advogado, dizendo que se o FBI e a corte lhe dessem certas compensações, ele se entregaria.

Nove meses depois, Balinao e Mondini montaram uma vigília e, com seu carro, encurralaram Lombardo num beco. Ele era passageiro do outro carro. Os agentes tiveram de gritar para o motorista – já bastante idoso – que estacionasse o veículo. Joe Palhaço foi educado ao ser capturado; usava barba e roupas de sem-teto, parecendo Saddam Hussein. De início não quis dizer aos federais quem era, mas tinha em seu poder uma carteira de motorista com seu nome. Não quis meter o homem que estava guiando em encrenca, então o FBI o levou ao escritório e tirou suas impressões digitais. Os agentes o consideraram muito bem-apessoado, e Luigi tentou fazê-lo falar conversando um pouco em italiano.

Com o MCC lotado naquela noite, Joey foi levado para detenção no Departamento de Polícia de Chicago. Lá, passou a falar mais, recomendando restaurantes na área. No dia seguinte, estava determinado que ele fosse transferido para o MCC. Joey fizera amigos na cadeia do Departamento, e cumprimentou calorosamente os agentes federais. Sua aparência de sem-teto tinha sumido. "Estão vendo?", ele disse. "Fiz a barba para vocês. Fiquei bonito."

Por mais charmoso e divertido que Joey pudesse ser, o FBI tinha consciência de seu lado perverso. Ele é bacana e bem-humorado, e as pessoas o adoram, mas quando está irritado, vira outra pessoa. A gravação do encontro de Lombardo com Morris Shenker mostra o outro lado de Joey, quando Shenker, um advogado da máfia em St. Louis e investidor num cassino em Vegas, foi advertido por Lombardo durante uma discussão sobre dinheiro em 1979:

> LOMBARDO: Com quantos anos você está, Morris?
>
> SHENKER: Setenta e dois.
>
> LOMBARDO: Se eles voltarem e me disserem para lhe dar um recado, e se você quiser questionar o recado, eu lhe garanto que você nunca vai chegar aos 73.

A NÃO SER POR ALGUMAS especulações vãs, ninguém sabia que eu estava usando um grampo até que cometi o erro fatal de contar sobre isso ao meu irmão Kurt, que contou ao seu advogado. Este passo equivocado colocou a investigação em sério perigo. O procedimento padrão é que a única pessoa que deve saber que você está cooperando é *você*. Você não pode contar nem à sua esposa.

Quando meus contatos no FBI descobriram que eu tinha vazado a informação para o meu irmão, sua primeira reação foi "palavrões censurados". Os agentes não berraram comigo, mas perguntaram: "Você quer ser morto?" Era essencialmente a isto que a coisa se resumia. Kurt saiu antes de mim, enquanto eu ainda estava lá dentro com meu pai. Graças aos céus a informação não se espalhou e nada aconteceu.

Os federais de fato ouviram em uma das gravações antes dos indiciamentos, por volta de 2003, que Jimmy Marcello tinha feito um comentário sobre eu estar usando um grampo. Marcello disse: "Não fale com o garoto", e correu os dedos de cima a baixo pelo peito como se estivesse usando um grampo. Não sei se Marcello estava só presumindo ou se tinha certeza.

Originalmente, tio Nick desconfiou de que a súbita enchente de informação do FBI viesse de Johnny DiForti e não de mim, já que o FBI não podia tocar, e nunca tocou, nenhuma das minhas fitas da prisão em Milan para o meu tio. Ele estava no escuro quanto ao meu papel no caso, mas depois que percebeu que era eu, aparentemente não ficou zangado, e disse: "Eu deveria ter desconfiado. Eu sabia com quem ele cresceu. Eu cresci com o mesmo cara, então entendo o que ele teve de fazer."

O LAPSO DE TEMPO entre as denúncias de tio Nick em janeiro de 2002 e a primavera de 2005, quando vieram os indiciamentos e as prisões, foi ocupado pelo intenso trabalho preparatório necessário entre a coleta de provas e o julgamento. Uma vez coletado e catalogado tudo pertinente ao caso, era hora de uma importante viagem rodoviária – a remessa de um milhão e duzentos mil documentos, que foram juntados, encaixotados e carregados em dois reboques.

Mike, Luigi e Chris Mackey deviam escoltar duas cargas de documentos entre Chicago e Washington, D.C. As evidências seriam escaneadas digitalmente em equipamento de primeiríssima linha e arquivadas na capital, um processo demorado que exigia grandes cuidados, já que alguns dos documentos chegavam a datar ainda de 1958. Os documentos mais antigos eram extremamente frágeis e podiam facilmente se desintegrar.

Os agentes numeraram metodicamente as caixas e as carregaram em carrinhos até o caminhão. Saindo cedo de Chicago na manhã de sábado, seguiram o caminhão até Pittsburgh, onde foi feita uma parada porque pelas regras da Administração Federal de Segurança em Transporte Rodoviário, o motorista só podia guiar onze das suas catorze horas de trabalho.

Os agentes Mondini e Mackey iam à frente da expedição num Crown Victoria, seguidos por Mike e outro agente chamado Smitty guardando a traseira. O caminhão avançou firmemente até a capital.

Quando chegaram a Washington, esperavam encontrar gente aguardando no fim do trajeto, pessoas prontas a descarregar o caminhão. Mas Chris, Smitty, Luigi e Mike descarregaram a primeira leva de documentos sozinhos.

Na segunda viagem a Washington, o grupo passou novamente por Pitsburgh em 22 de janeiro de 2006, data a ser lembrada pelos fãs de futebol americano que moram em Pittsburgh. Foi o dia em que os Steelers ganharam o campeonato da AFC [Conferência Americana de Futebol, uma das duas ramificações da NFL, a Liga Nacional de Futebol] derrotando os Denver Broncos por 34 a 17 em Denver, e assegurando uma vaga no Super Bowl.

O escritório do FBI em Pittsburgh ficava na zona sul, e com tantos rios e pontes para atravessar, a caravana com o conjunto caminhão e reboque precisou navegar pela região de bares da cidade. Os Steelers tinham vencido o campeonato menos de uma hora antes.

A caravana foi interceptada pela polícia no local de uma comemoração popular. As estradas estavam bloqueadas. As ruas estavam atulhadas de torcedores enlouquecidos dos Pittsburgh Steelers. A passagem parecia impossível. Mesmo assim, os três veículos do FBI conseguiram abrir caminho e serpentear em meio à multidão. Os habitantes locais não se dividiram como o mar Vermelho. Em vez disso, abordaram o caminhão feito moscas, subindo e se equilibrando ao lado da cabine. Os agentes e o motorista não tiveram escolha a não ser seguir em frente a passo de lesma.

Eles tiveram de fazer uso de suas credenciais para conseguir chegar a tempo. Era puro caos. Os fãs pulavam nas laterais do caminhão, ovacionando, rugindo, sacudindo a Terrível Toalha, símbolo dos Steelers e da cidade de Pittsburgh. O motorista se saiu muito bem. Quanto mais ele buzinava, mais a multidão vibrava. Felizmente, as hordas não viraram o caminhão.

Duas semanas depois o time de Mike, os Steelers, comandado pelo *quarterback* Ben Roethlisberger, ganhavam o Super Bowl, derrotando os Seattle Seahawks por 21 a 10 no estádio Ford Field em Detroit. De maneira parecida, a Operação Segredos de Família também caminhava para as finais, o estágio do julgamento, onde um time de subprocuradores dos Estados Unidos entraria em campo para processar os réus numa corte federal.

36. O que aconteceu com meu pai?

Daniel R. Seifert era o homem que podia fazer a conexão entre o Fundo de Pensão e Bem-Estar Social do Sindicato dos Caminhoneiros dos Estados Centrais e a máfia de Chicago. O assassinato de Seifert diante de sua fábrica de plásticos em Bensenville, Illinois, em setembro de 1974, opunha-se acentuadamente às características de um assassinato habitual da Organização. A mídia se apegou à história porque se tratava do assassinato pela máfia de um empresário comum, que não era mafioso. Em segundo lugar, foi um assassinato chocante porque ocorreu em plena luz do dia, na frente da esposa de Seifert, Emma, e de seu filho de quatro anos, Joe.

Ao longo de 1972 e 1973, Danny Seifert, um homem que havia abandonado os estudos e se tornado empresário de sucesso, foi presidente da International Fiberglass, Inc., uma empresa de moldagem de fibra de vidro respaldada por um suspeito grupo de "investidores" que incluía Irwin "Red" Weiner e Milwaukee Phil Alderisio. Seifert conheceu Weiner quando fazia serviço de carpintaria para ele, e logo entrou numa sociedade tríplice com Weiner e Alderisio. Mais tarde, Danny e Joe Lombardo estabeleceram uma amizade íntima. Os Seifert eram tão ligados ao Palhaço que deram o nome de Joe ao seu filho mais novo.

Posteriormente Weiner vendeu parte de sua participação na sociedade a Tony Spilotro, Frank Schweihs, Allen Dorfman e Lombardo. Como funcionário de fachada, Lombardo só vinha para treinar socos no saco de areia, contar piadas e bater papo ao telefone.

Com sede em Elk Grove Village, a International Fiberglass se tornou uma empresa infiltrada pela Organização, financiada com um empréstimo do Fundo de Pensão dos Caminhoneiros dos Estados Centrais. Em fevereiro de 1973, Seifert descobriu que dinheiro ilegal da máfia estava sendo lavado por intermédio dos livros da International Fiberglass, e deixou a companhia. Quando Lombardo, Spilotro, Weiner e Dorfman foram investigados por um grande júri por fraude criminosa, Seifert deveria ser a principal testemunha da promotoria. Esses "cavalheiros" tinham muito com que se preocupar, porque o empréstimo de 1,4 milhão de dólares obtido por Weiner por meio de seu bom amigo Dorfman vinha do Fundo de Pensão dos Caminhoneiros dos Estados Centrais e levaria de volta à Organização. Seifert deu então provas aos investigadores federais de que Alderisio e Lombardo (o último, mediante dois cheques cancelados) eram sócios silenciosos na International Fiberglass. Seifert documentaria as contravenções fiscais usando cheques depositados nas contas da empresa e devolvidos a Lombardo sob o pretexto de reembolsar-lhe salários atrasados. Em 1974, com os indiciamentos pairando sobre suas cabeças, a Organização deduziu que o conhecimento dos cheques cancelados só podia provir de Seifert e que ele testemunharia contra eles na corte. Ficou óbvio que algo precisava ser feito.

Em 27 de setembro de 1974 três carros apareceram cedo na Plastic-Matic Products, a fábrica de plásticos em Bensenville que Seifert agora operava. Joe Lombardo e Jimmy LaPietra chegaram num Ford LTD marrom, John Fecarotta e Tony Spilotro num Dodge Charger branco e azul. Frank Schweihs guiava um terceiro carro, não identificado, que nunca foi encontrado. A emboscada estava armada. Danny Seifert chegou para o trabalho com sua esposa Emma, e o filho caçula Joe. Enquanto Emma e o filho entravam no escritório antes de Danny, três atiradores trajando malhas com capuz e máscaras de esqui irromperam da porta dos fundos. Agarraram Emma e o menino e os trancaram no banheiro. Os agressores disseram a Emma que estavam lá para assaltar o local.

Emma gritou, mas obviamente não alto o bastante, porque Daniel não a ouviu. Quando entrou no escritório, foi jogado ao chão logo na entrada, atingido com a coronha de uma arma e severamente surrado. Antes de os agressores conseguirem algemá-lo e matá-lo, Danny atravessou a porta de vidro, sujando-a de sangue, e foi perseguido pelos três mascarados no estacionamento da fábrica. Berrando por ajuda e correndo para salvar sua vida, Seifert se lançou dentro do edifício de escritórios vizinho, gritando para que alguém chamasse a polícia. Quando um funcionário pegou o telefone, um dos atiradores lhe apontou a arma dizendo-lhe para soltar o aparelho.

Danny correu pelo recinto com os atiradores na sua cola. Quando conseguiu sair de novo para o estacionamento, já tinha sido atingido na perna. Ele caiu no chão. O tiro seguinte foi um tiro à queima-roupa na nuca. Enquanto os atiradores fugiam, alguém chamou os guardas. Havia uma ordem policial em busca de um LTD rosa, mas quando os policiais passaram por uma concessionária Key Pontiac, viram um Ford LTD marrom e alguns sujeitos entrando num Dodge Charger. Seguiu-se uma perseguição sem êxito. O LTD marrom foi posteriormente achado com máscaras de esqui e um par de algemas no seu interior. O carro abandonado fora totalmente modificado para se tornar um carro de trabalho da máfia, com um motor envenenado e placas falsas removíveis. Durante a investigação da cena do crime, uma mulher identificou Fecarotta num conjunto de fotos como sendo o homem que vinha rondando a fábrica de Seifert. Outra mulher identificou Spilotro como sendo um dos ocupantes do carro de fuga azul. Emma disse aos policiais estar convicta de que um dos homens mascarados era Lombardo, devido à sua altura e compleição atarracada, e porque reconheceu que "Joey era boxeador e muito leve nos seus passos". Estava segura de que ele fora um dos que a tinham empurrado junto com o filho para dentro do banheiro. Um vendedor de uma loja de artigos eletrônicos, a CB Center of America, reconheceu Lombardo, Fecarotta, LaPietra e Schweihs num conjunto de fotos como tendo estado na loja comprando rádios de polícia que foram posteriormente acoplados aos carros de fuga. Joe assinara os recibos dos radares como "J. Savard"; Savard era o nome de solteira da mulher de Frank Schweihs.

Quando o LTD marrom foi recuperado, sua propriedade foi vinculada a um negócio fictício chamado Acme Security, cujo endereço era idêntico ao de uma companhia de encanamentos chamada Minotti Plumbing. A Minotti era de propriedade de um conhecido de Lombardo.

Apesar das evidências reunidas durante a investigação do assassinato de Seifert, e do fato de uma testemunha ter ouvido Lombardo dizer, quando estava treinando golfe, "Esse filho da puta agora não vai testemunhar contra ninguém, né?", originalmente não foram levantadas acusações contra os atiradores. Além disso, o caso contra Joe Palhaço, Tony Spilotro e Allen Dorfman na questão da International Fiberglass, Inc., e o suposto uso ilegal do fundo de pensão dos caminhoneiros foram retirados devido à falta de provas conclusivas para levar o caso a um grande júri. Sem o testemunho de Seifert, o caso governamental de fraude caiu por terra.

Quando a notícia de uma eliminação autorizada (assinada por "Joey Doves" Aiuppa) chegou ao *consigliere* da Organização, Tony Accardo, ele ficou furioso de uma ordem tão descarada ter chegado a ser sancionada.

A AGENTE DO FBI TRACY BALINAO, designada para a investigação reaberta, era um ano mais velha que Joe Seifert, que, aos quatro anos, viu seu pai "estirado na grama", numa poça de sangue. Quase trinta anos depois, em 2003, quando o caso foi reaberto, Tracy entrevistou Emma e Joe num esforço para juntar as peças dos detalhes do crime.

Lombardo foi vinculado pela primeira vez ao assassinato por um informante do governo e criminoso de carreira, Alva Johnson Rodgers, o homem que ouvira Lombardo se gabando na área de treino de golfe. Tio Nick posteriormente contribuiu com informações quando estava sendo entrevistado por Mike Maseth. Uma vez que não havia evidência conclusiva de DNA, nem uma testemunha ocular para identificar os atiradores mascarados, dependia agora do esquadrão do Crime Organizado do FBI construir uma teia irrepreensível de evidências capaz de permitir o indiciamento e a condenação trinta anos depois.

Tracy Balinao estava no OC1 desde 1996, mesmo ano em que Mike Hartnett entrou para o esquadrão. Entre o início da investigação em 1997 e os indiciamentos de 2005, Balinao (além de tirar três licenças-maternidade) começou a trabalhar com outro agente cabeça-dura, Chris Williams.

À medida que o caso se aproximava do estágio final, Williams largou o esquadrão, deixando Balinao encarregada de vincular Lombardo ao caso.

Balinao nasceu em Chicago e morou perto de Wrigley Field antes de sua família se mudar para os subúrbios do sudoeste em Oak Forest. Graduada pela Universidade de Illinois em 1991, foi recrutada e entrou para o FBI para fazer trabalho de escritório e de apoio. Após três anos pesquisando o crime organizado, inscreveu-se para o cargo de agente por volta da época da primeira Guerra do Golfo, no Iraque. Depois de se formar em Quantico, foi transferida de volta para Chicago, onde trabalhou com assaltos a bancos por um ano e meio antes de ser remanejada para o esquadrão do Crime Organizado.

Balinao descobriu que os boletins da polícia e do FBI de 1974 sobre o assassinato de Seifert continham pouca informação de contato sobre as testemunhas que ainda poderia ser útil. Mulheres haviam se casado e mudado de sobrenome. Outras pessoas tinham falecido. Policiais e agentes haviam se aposentado, e testemunhas tinham se mudado sem deixar números de Seguro Social que ajudassem a descobrir seus novos endereços.

No entanto, muitas testemunhas-chave foram encontradas e se apresentaram. Apesar do medo de uma represália da Organização, a maioria concordou em cooperar. Um vendedor da CB Center of America reiterou sua declaração sob juramento de que Lombardo e Schweihs haviam entrado na loja para comprar rádios de polícia. Outra mulher reafirmou que tinha visto Fecarotta rondando o local da fábrica na semana anterior.

Uma mulher atingida a caminho do trabalho pelo carro de fuga de Tony Spilotro "reidentificou" seu retrato décadas depois. Na época, ela anotara o número da placa de Spilotro e o reconheceu numa coleção de fotos, sem saber que o homem para o qual estava apontando era um infame assassino.

O policial calouro que perseguiu o carro de fuga havia se tornado o chefe de polícia de Elmhurst, Illinois. Um agente aposentado do FBI que participou do caso original pegou um voo de outro estado (às suas próprias custas) para fornecer informação histórica adicional. Muitos outros policiais aposentados cooperaram com Balinao na esperança de que ela conseguisse o que tantos outros não tinham conseguido: ferrar com Lombardo.

Talvez a testemunha mais interessante a revisitar o caso Seifert fosse Marvin Lemke. Lemke estava fazendo serviço de asfalto na concessionária Key Pontiac no dia do assassinato quando notou os suspeitos reunidos. Lemke soube que tinha alguma coisa acontecendo porque cometera assaltos no passado e cumprira pena. Lemke era a testemunha perfeita, mas em 1974 os investigadores julgaram que ele não teria credibilidade por causa do seu histórico criminal. Mas ele sabia exatamente o que estava ocorrendo quando viu todos os atiradores agrupados num só carro.

A principal evidência que ligava Lombardo à morte de Seifert era a impressão digital tirada do formulário para certificado de propriedade do Ford LTD marrom. O formulário original, reconhecido em cartório por uma secretária no escritório de Irwin "Red" Weiner e posteriormente enviado para o escritório do Secretário do Estado de Illinois, foi depois rastreado até Washington, D.C., como parte dos arquivos nacionais sobre o crime organizado. O certificado de registro do carro já fora examinado com pó para impressões digitais pelo agente do FBI Roy McDaniel, revelando uma digital completa de Joe Palhaço, provando que ele tivera acesso ao carro.

Alguns dos arquivos do caso de trinta anos estavam faltando. Mas então outro agente que estava examinando o arquivo de Michael Cagnoni ligou para os dois Mikes. "Caras, vocês precisam ver isto", ele disse. Era um arquivo enorme sobre Seifert que não imaginavam que o FBI tivesse. Foi aí que voltaram a rastrear a digital que já tinha sido identificada como de Lombardo.

Mais tarde Joey insistiu que devia ter tocado o certificado de registro quando estava sentado na sala da secretária no escritório de Irv, já que costumava ir lá com frequência.

Ressuscitar casos de décadas como os assassinatos de Seifert e Ortiz-Morawski exigiu um custo emocional altíssimo das famílias das vítimas.

Durante a Operação Segredos de Família, agentes como Balinao pisavam em terreno familiar altamente sensível e emotivo. Para o caso Seifert, o fardo foi Tracy e o esquadrão conseguirem convencer testemunhas como Emma e Joe de que desta vez as autoridades estavam construindo um caso envolto numa armadura de aço, e que tinham os recursos para levá-lo adiante. Era importante que as testemunhas deixassem de lado seus temores e viessem depor no julgamento. Quando Tracy punha Joe Seifert a par de novos e pertinentes desdobramentos referentes ao caso, ele frequentemente lhe pedia que ela própria entrasse em contato com sua mãe. Era um esforço para mobilizar Emma. No início, ela não quis que o FBI investigasse em nenhum lugar próximo a ela; achava que estavam trazendo tudo novamente à tona depois de ela ter superado o episódio. Ficou muito zangada por não terem conseguido nada na época, e agora o FBI lhe dizia que ela estaria em segurança, depois que Daniel cooperara e acabara morto.

A corrosão do crime organizado havia devastado mais uma família. Nas décadas que se passaram, Emma Seifert tinha voltado a se casar e seguiu adiante com sua vida, fazendo novos amigos que talvez não soubessem do seu trágico passado. Entrementes, os filhos de Emma, Joe e Nick, ficaram ambos profundamente traumatizados pela morte do pai. Cada um, independentemente do outro, havia considerado buscar vingança contra o homem que na infância tinham conhecido como "tio Joe".

O agente Chris Mackey encontrou uma situação similar durante a investigação Ortiz-Morawski. Quando o filho de Richard Ortiz ouviu que seu pai tinha sido baleado e morto em 23 de julho de 1983, saiu correndo para a cena do crime em Cicero no dia seguinte. Mais tarde, houve conjecturas de que a polícia de Cicero estava envolvida. Foi duro para Mackey imaginar um garoto jovem crescendo em Cicero pensando que a polícia podia ter matado seu pai, o que não era verdade.

Quando o Departamento de Polícia de Cicero estabeleceu um novo inquérito durante a investigação Segredos de Família, Maseth e Mackey abordaram confidencialmente a polícia de Cicero pedindo que retrocedessem. Os policiais ouviram em poucas palavras que o FBI estava controlando os assassinos.

Durante as investigações Vaci reabertas, o agente Luigi Mondini passou horas num restaurante com as filhas de Emil Vaci, simplesmente escutando-as contar como sua vida tinha sido horrível após a morte do pai.

"O que aconteceu com o meu pai? Por que ele foi morto?", elas perguntavam.

De repente o pai não voltou para casa. No dia seguinte foi encontrado numa vala, enrolado numa lona. O Departamento de Polícia de Phoenix investigou por um breve tempo, mas não chegou a nada. Ninguém parecia se importar. Agora, anos depois, meu tio Nick viria e contaria o que realmente aconteceu.

37. O julgamento

Na época em que os réus da Operação Segredos de Família foram a julgamento, numa abafada manhã de terça-feira, 19 de junho de 2007, a forma como os agentes do FBI lidavam com os mafiosos da Organização havia mudado drasticamente. Durante os anos 60 e 70, um agente do FBI teria tido uma abordagem mais "de macho". Hoje, a estratégia do FBI é mais psicológica e menos confrontadora. Com uma testemunha estelar como meu tio, que durante a vida toda se opôs aos agentes federais, uma abordagem de confronto poderia não funcionar. Havia certos agentes com os quais ele se recusava a falar. (Com alguns ele não fala nem mesmo hoje.) Cooperação é algo que se consegue de um réu com lisonjas e persuasão. Falar diretamente e negociar com seriedade são as condições que fazem com que testemunhas como meu tio e eu se sentem à mesa para colaborar. Isso, e a fatal evidência do DNA.

Após os indiciamentos formalizados em 2005, a festa passou a ser no tribunal, comandada pela equipe de três promotores que trabalharam em estreito contato com o esquadrão do Crime Organizado do FBI em Chicago. Devido ao grande interesse local e nacional pelo caso, o julgamento deveria ocorrer no centro de Chicago, na corte distrital dos Estados Unidos localizada no número 219 da South Dearborn, no salão de cerimônias do tribunal. A batalha na corte seria presidida pelo juiz da corte distrital dos Estados Unidos, James Block Zagel.

Zagel, um nativo de Chicago, graduado pela Faculdade de Direito de Harvard, e indicado por Reagan, ocupava a cadeira de juiz desde 1987, depois de servir como diretor da polícia estadual. Zagel era autor de um romance policial chamado *Money to Burn* [Dinheiro para queimar], publicado pela Putnam em 2002. Ambientado em Chicago, o livro mistura personagens com experiência judicial (o juiz Paul E. Devine é o narrador da história) e intrigas financeiras do Federal Reserve Bank – o Banco Central americano. O *Wall Street Journal* enalteceu o romance como "um divertido conto moral". Posteriormente, em abril de 2009, depois do julgamento da Operação Segredos de Família, Zagel foi escolhido para presidir outro caso notório: o julgamento por corrupção do ex-governador de Illinois, agora em desgraça, Rod Blagojevich.

Na época em que o julgamento da Operação Segredos de Família teve início, o número de réus havia se reduzido para cinco: Frank Calabrese pai, James Marcello, Joseph Lombardo, Paul Schiro e Anthony Doyle. Entre aqueles que se declararam culpados e conseguiram um acordo estavam Michael Marcello, Nicholas Ferriola, Thomas Johnson, Joseph Venezia e Dennis Johnson. Frank "Gumba" Saladino tinha morrido, assim como Mike Ricci. Frank Schweihs, após ser diagnosticado com câncer, seria julgado separadamente. Nick, é claro, mudara de lado. Ainda que tivesse um acordo com o governo e estivesse livre da pena de morte, ainda estava em situação difícil, pois seria julgado pelos crimes que cometera. Sua sorte seria decidida por Zagel na fase de sentença.

A equipe de três promotores veio da Procuradoria-Geral dos Estados Unidos para o Distrito Norte de Illinois, liderada por Patrick Fitzgerald. Fitzgerald servira como promotor federal no caso do vazamento da CIA que levou o chefe de gabinete do vice-presidente Dick Cheney, Lewis "Scooter" Libby, a ser processado. Sob a liderança de Fitzgerald, a equipe da promotoria na Operação Segredos de Família era formada pelos subprocuradores dos Estados Unidos Mitch Mars, John Scully e T. Markus Funk. Funk foi o último a entrar no time.

Mitch Mars, o subprocurador-chefe, era um gênio da promotoria, superdiscreto e avesso à imprensa. Tinha uma aparência jovem, com seus óculos e estilo informal. Sua sala e sua escrivaninha eram uma notória bagunça, com montes de papéis espalhados por toda parte. Se um agente precisava deixar algum documento na sua sala, geralmente prendia os papéis à cadeira de Mars com fita adesiva. Como Chefe da Força de Combate ao Crime Organizado, Mars era respeitado e temido tanto pela ralé das ruas como pelo alto escalão da Organização.

John Scully, a figura paterna do grupo, tinha experiência como promotor em assuntos da máfia desde 1982, quando estava no Departamento de Justiça. Em 1990, uma fusão na Procuradoria-Geral resultou na formação de unidades locais da Força de Combate ao Crime Organizado.

No início dos anos 60, a começar pelo procurador-geral Bobby Kennedy, o governo federal forçou a ideia de ter gente dedicada – promotores, agentes e representantes das diferentes agências – trabalhando em questões da máfia em cidades específicas que haviam sido tomadas pelo crime organizado, lugares como Boston, Nova York, Pittsburgh, Chicago, Detroit, Nova Orléans e Providence.

Scully trabalhou como promotor federal no caso contra o policial corrupto, ex-chefe de detetives da Polícia de Chicago, William Hanhardt. Nossa turma de rua encarava Scully como um promotor eternamente perigoso. Aos nossos olhos, havia dois tipos de promotores: aqueles ávidos por dar um impulso em suas carreiras e passar para o setor privado, e os promotores de carreira a serviço do governo. Mars e Scully eram do segundo tipo, e, segundo meu pai, você *nunca* vai querer enfrentar um promotor de carreira.

Antes de se envolver com o time da Operação Segredos de Família, e desde 2000, T. Markus Funk servia na Procuradoria-Geral dos Estados Unidos. Antes de se tornar promotor federal, Funk trabalhou como professor de Direito na Universidade de Chicago e na Northwestern University. Por conta do Departamento de Estado, passou dois anos, de 2004 a 2006, no Kosovo, como Chefe Seccional do Departamento de Justiça. No Kosovo, Funk ajudou a maioria muçulmana dilacerada pela guerra a estabelecer a regência da lei e a reconstituir seus sistemas judicial e processual. De fato, até hoje o livro de Funk sobre a prática judiciária no Kosovo continua sendo a fonte jurídica mais citada no país.

Quando Funk foi contatado pelo escritório da Procuradoria-Geral em Chicago acerca de um caso bombástico da máfia chamado Segredos de Família, ficou imediatamente intrigado. Embora não tivesse trabalhado na seção do crime organizado, tinha adquirido considerável experiência no Kosovo combatendo o tráfico humano e sindicatos do crime organizado da Europa Oriental. Quando o escritório da Procuradoria-Geral lhe perguntou se estaria interessado em trabalhar na Operação Segredos de Família, Funk, ainda morando numa base fortificada americana, ligou para seus colegas em Chicago e fez perguntas sobre o caso. Em seguida, aceitou a oferta.

O maior desafio que os três promotores enfrentavam era manter simples um caso complicado, que se estendia por quase quatro décadas. Isto significava saber quais elementos incluir e quais deixar de fora. Num julgamento de uma semana sobre um arrombamento ou assalto a banco, um promotor podia se sair bem incluindo alguns fatos extras. Mas num julgamento longo, extenso e tedioso, como o da Operação Segredos de Família, os jurados podiam ficar frustrados se não entendessem a relevância de certo testemunho, ou confusos pelo seu significado ou onde se encaixava.

O papel de Mitch Mars como subprocurador-chefe tornou-se crucial. Era importante que ele montasse o caso de forma fluida e linear para quando chegasse a hora do meu depoimento no banco das testemunhas.

Quando a Segredos de Família atingiu a fase de julgamento, não foi no sentido tradicional de os agentes do FBI "passarem as coisas" para os subprocuradores. Muito poucas decisões sobre testemunhas ou sobre quais fitas mostrar foram feitas sem participação de algum agente. O FBI e os promotores se mantiveram um time de fileiras cerradas ao longo de todo o julgamento, frequentemente trabalhando dezoito ou até mesmo 24 horas por dia. Com um horário tão extenuante, Maseth muitas vezes dormia numa das salas de guerra de Mitch Mars, num colchão de ar emprestado por John Scully. Mike Maseth e a equipe de agentes trabalharam com Mars, Scully e Funk para coordenar cuidadosamente as testemunhas. Questões e dúvidas surgiam diariamente. Quando determinada testemunha seria necessária? Como deveriam programar os voos das testemunhas? Como deveriam dispor os assentos, pois uma pessoa podia ser vítima e a outra, criminosa? Como poderiam monitorar e manter certas testemunhas separadas, sem terem consciência mútua dos respectivos papéis?

A estratégia da Operação Segredos de Família era agrupar os cinco réus num único caso sólido, criando um espectro de amostras da autoridade mafiosa. Com Frank Alemão separado, a Operação Segredos de Família ainda tinha uma ampla gama de réus, um corte transversal de homens de diferentes turmas trabalhando por uma finalidade comum – garantir os interesses da Organização. Marcello e Lombardo eram figuras de chefia, capos; meu pai era o temido eliminador e principal agiota do grupo; Schiro e Doyle eram soldados leais que faziam o que a Organização mandava. Os subprocuradores e o FBI queriam se certificar de que podiam satisfazer os meticulosos critérios para acusações com base nos estatutos Rico. Tratava-se do mais extenso indiciamento por extorsão e assassinato do país, e Funk ficou encarregado, entre outras coisas, de ajudar a estabelecer os homicídios. O objetivo era reunir os homicídios e, uma vez provado que um réu estivera envolvido num assassinato, ou conspirara para cometê-lo, sua sentença máxima aumentaria de vinte anos para perpétua. A lei também afirma que, no caso de coconspiradores que trabalharam juntos, o ato de um representa o ato de todos.

Eu não tive comunicação nem contato com a equipe da promotoria durante o julgamento. Passava meus dias à disposição numa sala no andar de baixo do tribunal, revivendo momentos-chave com meu pai e preparando-me mentalmente para subir ao banco das testemunhas. Tentava imaginar como meu pai e sua equipe de defesa poderiam contestar na corte o meu depoimento e a minha integridade.

Com um caso abrangendo quase quarenta anos, a questão do estatuto de prescrição provavelmente seria levantada. Se por um lado sabe-se que o estatuto de prescrição não se aplica a casos de assassinato, por outro ficou legalmente estabelecido que a promotoria da Operação Segredos de Família tinha a permissão de abarcar certo intervalo de tempo com referência aos aspectos do caso que não envolvessem assassinato.

No time da defesa, o conhecido advogado criminal Rick Halprin representava Lombardo. Os especialistas em tática de tribunais Marc Martin e Thomas Breen representavam Jimmy Marcello. O advogado de Paul "Indian" Schiro era o discreto Paul Wagner. Anthony "Twan" Doyle era representado por Ralph Meczyk. Meu pai escolheu o espalhafatoso Joseph "the Shark" Lopez. Lopez é um mestre nos tribunais estaduais para lidar com a imprensa, e notório por suas chocantes meias, camisas e gravatas cor-de-rosa.

Defender meu pai nunca foi tarefa fácil. Na minha opinião, o problema é que meu pai não confia em advogados, e não lhes conta a história toda, o que os coloca em desvantagem logo de cara. Além disso, ele não gosta de pagar advogados.

As opiniões eram variadas quanto à vantagem de Frank Schweihs ser julgado separadamente. Por mais que o FBI e os promotores estivessem dispostos a ferrar com o Alemão, havia a preocupação de que sua presença pudesse estender o julgamento por semanas ou até meses, se ele fosse incluído na primeira rodada. Schweihs era um psicopata e provavelmente não concordaria com as estipulações feitas entre os advogados, visando a acelerar o processo. À medida que se aproximava a data do julgamento, foi ficando evidente que Schweihs teria um julgamento separado, porque estava doente demais por conta de um câncer.

Eu nunca tinha me encontrado com o Alemão, embora conhecesse sua filha Nora. Tínhamos amigos comuns em Cicero, e ela se casou e mais tarde se divorciou de Michael Talarico. Alemão era um bomba-relógio capaz de explodir a qualquer momento. Qualquer uma de suas explosões poderia gerar uma anulação de julgamento. Numa carreira criminosa que abrangia cinquenta anos, Schweihs tivera centenas de encontros com o pessoal da lei. Antes de ser condenado pela juíza de corte distrital Ann B. Williams, Schweihs foi descrito pelo promotor federal como "uma das pessoas mais violentas a já ter se apresentado diante desta corte".

A seleção do júri para o julgamento levou quase três dias, um prazo curto considerando a natureza complexa do caso. Antes do julgamento de três meses, a promotoria obteve uma pequena vitória, conseguindo uma decisão para manter em sigilo os nomes dos jurados, algo a que defesa se opôs energicamente. A Operação Segredos de Família seria julgada diante de um júri anônimo.

Preparando-se para a batalha, o time da promotoria montou três salas de guerra – a menor servia como depósito, a maior como sala de estratégia, e a terceira como escritório geral. Na parede da sala de reuniões maior havia um calendário e um quadro branco convertido num calendário de três meses desenhado com pincel atômico e fita colorida. A promotoria foi construindo aos poucos um cronograma, preenchendo datas com aparições de testemunhas, com cores codificadas, amarelo, azul e rosa de acordo com o agente ou promotor a quem a testemunha era designada. Mitch Mars era especialmente adepto de colocar em sequência as presenças das testemunhas da promotoria. John Scully, que tinha histórico com a maioria das pessoas, foi agraciado com a lista de testemunhas mais longa. Seriam aproximadamente 130 testemunhas, incluindo as de defesa.

Defender os cinco seria uma proposição difícil. Não se sabe ao certo quanto de um caso um advogado criminal talentoso como Rick Halprin precisaria trabalhar representando o ex-fugitivo Joey Lombardo. O monstro terrível que a equipe de defesa teria maior dificuldade em derrubar eram as minhas fitas do pátio do presídio. As fitas, aliadas aos meus comentários, representavam evidência que seria extremamente difícil de refutar. Meu desempenho como testemunha estava vinculado à minha eficiência em quebrar o código mafioso do meu pai diante do júri. Depois de mim no banco das testemunhas viria meu tio, outra testemunha-chave com uma memória aguçadíssima e testemunho direto, tanto como executor quanto como participante. Após quase sete anos separados, tio Nick e eu finalmente estaríamos de novo diante do meu pai, mas não como compatriotas de sangue, e sim como testemunhas da promotoria num tribunal. Era uma sensação estranha.

38. Código quebrado

JÁ QUE TODOS OS RÉUS da Operação Segredos de Família, exceto Anthony "Twan" Doyle, estavam sob custódia, eles chegaram à corte acompanhados por delegados federais dos Estados Unidos, num ônibus de transporte do MCC. Antes de o juiz chegar e o júri ser convocado, houve um pouco de conversa em voz baixa, mas não muito. Quase o tempo todo, manteve-se um silêncio solene. Joey Lombardo e Jimmy Marcello conversaram entre si. Paul Schiro ficou sentado calado. Twan Doyle entrou no prédio escancarando, para delírio da imprensa reunida, seu distintivo e documento com foto de policial aposentado para os guardas de segurança. Uma vez dentro do recinto, fez um meneio de reconhecimento a meu pai, algo que o júri não viu – um policial aposentado condecorado amigo de um chefe de turma da Organização. Os dois tinham uma longa história como amigos e agora eram coconspiradores.

O governo abriu seu caso com Mitch Mars, o gênio aparentemente desorganizado; John Scully, o patriarca erudito; e T. Markus Funk, o mais jovem do trio, e frequentemente o mais ranzinza e agressivo. Para preocupação de seus colegas, Mars estava com uma tosse desagradável. Os agentes deixaram na sala de guerra um estoque de xaropes para tosse, aspirina e caixas de lenços de papel. Muitas vezes Funk lhe passava uma de suas pastilhas. Geralmente Mitch dissolvia gotas para tosse ou dropes de hortelã em um copo d'água, pois não queria que os jurados – que não tinham permissão de comer enquanto estavam sentados no júri – o vissem à mesa da promotoria chupando uma bala ou pastilha.

A regra de ouro de Mars era nunca deixar o juiz irritado, de modo que era importante que qualquer pessoa associada ao caso do governo mudasse seu modo de agir e se certificasse durante o processo de revelação que cada advogado de defesa tivesse recebido as necessárias cópias dos documentos governamentais escaneados.

Toda manhã meu pai vestia sua face risonha – "Bom dia, senhoras e senhores do júri. Bom dia, sua excelência, juiz Zagel" –, um gesto que muitos viam como insincero. Suas tentativas rotineiras de puxar pequenas conversas com a equipe da promotoria, sentada a apenas um metro de distância, eram rechaçadas.

Enquanto muitos familiares das vítimas tomavam assento na galeria, pouquíssimos membros das famílias dos réus apareceram na corte. O filho de Joe Lombardo, Joey Jr., apareceu. Mas minha madrasta, Diane, raramente deu as caras – talvez em parte porque o governo a caracterizou como coconspiradora não indiciada. A promotoria argumentou para o juiz Zagel que as conversas do meu pai com Diane não estavam sujeitas ao privilégio marido-esposa, porque, segundo alegaram, ela se envolvera em conduta criminosa e falara com meu pai em linguagem codificada com referência a "receitas" (cobranças ilegais de apostas ou empréstimos de dinheiro) enquanto ele estava na prisão.

Meu tio e eu tivemos permissão de presenciar o julgamento apenas como participantes, durante nosso depoimento no banco das testemunhas. Exceto por alguns poucos amigos da rua – tais como o filho de Shorty LaMantia, Rocky –, houve pouco apoio ao meu pai. Praticamente ninguém da minha família, nem mesmo tias, tios e minha mãe, veio ao julgamento.

Kurt estava lá primeiramente para testemunhar sobre o comportamento do meu pai. Bem antes do julgamento, ao saber da minha cooperação com o FBI, minha mãe, Kurt e meu irmão mais novo, Nicky, visitaram meu pai no FCI Milan. Explicaram a ele que no interesse da família não tomariam partido. Meu pai concordou. Todavia, quando o grupo estava saindo, meu pai chamou Kurt de lado e lhe garantiu que poderia protegê-lo da ira da Organização provocada por mim e meu tio. Em troca, pediu a Kurt para refutar nosso depoimento no banco das testemunhas.

"Eu não quero me envolver", Kurt reiterou.

No primeiro dia da escolha do júri, Kurt me ligou para dizer que uma sacola plástica contendo um relógio e o que pareciam ser três bastões de dinamite havia sido colocada na sua porta dos fundos. Ele não tinha certeza do que fazer em relação a isso. Alguns dias antes, notara um vagabundo vestido de preto se esgueirando pelo quintal dos fundos da sua casa. Quando acendeu as luzes de fora, o homem fugiu por um buraco na cerca de trás.

Aí uma enchente de bilhetes ameaçadores inundou a casa de Kurt. Vendo isso como atos desesperados, Kurt manteve-se firme. Ao descobrir o explosivo no quintal, pediu-me discretamente para mandar o FBI a sua casa para determinar se a bomba era autêntica. (Não era.) Quando a notícia da ameaça de bomba chegou à mídia, Kurt foi assediado por uma onda de repórteres e câmeras na porta de entrada. O FBI propôs a Kurt e sua família colocá-los sob o Programa de Proteção a Testemunhas, mas citando a mídia como o maior problema, ele recusou a oferta e levou a família para ficar com seus sogros no complexo familiar de Chinatown.

O júri da Operação Segredos de Família receberia uma aula de história sobre a Organização. James Wagner, da Comissão Criminal de Chicago, preparou o palco dando ao júri uma aula sobre a Organização, que remontava aos tempos de Al Capone. Outra testemunha-chave escalada para depor era o dono de loja pornô transformado em informante do FBI, William "Red" Wemette, que estava sendo extorquido por Joey Lombardo e Frank Alemão. Programados para aparecer estavam o ex-arrombador Bobby "the Beak" Siegel, Ernie "the Oven" Severino, Sal Romano e o agente de apostas Michael Talarico. Outra testemunha, Joel Glickman, foi para a cadeia no início dos procedimentos por se recusar a depor. Ele seria interrogado sobre um empréstimo feito por meu pai no final dos anos 60 a um executivo do ramo de seguros para quem Glickman trabalhava. Depois de passar o fim de semana no MCC, cortesia do juiz Zagel e de Markus Funk, Glickman recebeu imunidade e depôs. Entre as vítimas e seus familiares que iriam testemunhar estavam Emma Seifert, Joseph Seifert, dr. Pat Spilotro e a viúva de Michael Spilotro, Ann, junto com sua filha, Michelle.

Uma vez iniciado o julgamento, John Scully apresentou a declaração de abertura da promotoria, que se concentrou em meu pai, acusado de ter cometido a maioria dos assassinatos. Scully estava ávido por manchar o apelo romântico da quadrilha citando os efeitos corrosivos do crime organizado sobre as vítimas e suas famílias. "Isto aqui não é a *Família Soprano*. Isto aqui não é *O poderoso chefão*. Este caso trata de gente real, vítimas reais."

Ao construir o caso, a promotoria repassou sistematicamente cada um dos assassinatos, a começar pelo de Danny Seifert em 1974 e o de Michael Albergo em 1970. Os dezesseis assassinatos restantes seriam apresentados cronologicamente. Mais ou menos na metade do julgamento, eu apareceria como primeira testemunha-chave.

Alguns dias antes do meu depoimento, eu estava tão emocionalmente carregado que mal conseguia dormir. Estava constantemente ao telefone com Lisa, minha mãe e meus irmãos em busca de apoio. Era uma sensação boa saber que minha família me apoiava e me respaldava. Quando concordei em cooperar, uma das minhas condições foi que o FBI deveria deixar em paz a minha família e os meus amigos legítimos. Até hoje o FBI manteve a promessa e jamais falou, nenhuma vez, com a minha família nem incomodou nenhum dos meus amigos trabalhadores.

Após repassar meu depoimento com a equipe da promotoria, entrei no tribunal preparado. A primeira vez que vi John Scully ele fez um belo trabalho escavando as minhas entranhas durante o processo de preparação. Eu disse ao sr. Scully que iria para a cadeia e cumpriria dez anos se isto significasse tirar o meu pai das ruas e mantê-lo trancado. Não pedi imunidade nem uma única vez, e tampouco menti para me proteger. Ao contrário, cumpri a minha pena. Precisava que Markus Funk, Mitch Mars e John Scully fingissem ser a melhor equipe de defesa dos Estados Unidos, revezando-se para me questionar a fundo, e eles fizeram um belo trabalho, na verdade muito melhor do que o dos verdadeiros advogados de defesa.

Na véspera do meu depoimento, perguntei ao sr. Mars e ao sr. Scully se eu podia entrar e me familiarizar com o ambiente do tribunal depois que todos tivessem saído. Escoltado por alguns agentes do FBI e delegados dos Estados Unidos, passei alguns minutos na sala, absorvendo o ambiente. Perguntei onde meu pai estaria sentado. Depois de me sentar silenciosamente por alguns instantes no banco das testemunhas, tive uma sensação estranhíssima. Esses momentos me prepararam para a batalha que eu estava prestes a travar contra o meu pai.

Quando chegou a hora do juramento, fui conduzido através do espaço ocupado pela mídia e entrei na grande sala do tribunal. Embora todos os grandes jornais e emissoras de TV me tivessem pedido, não concedi entrevista. Era evidente que as famílias das vítimas estavam ali para me observar e examinar cada palavra que eu dissesse.

No meu primeiro dia no banco das testemunhas, eu estava emocionalmente destruído. Ver o meu pai pela primeira vez em seis anos, sabendo que estava acabando com ele, foi devastador. Eu me senti tonto, sem firmeza. O governo não tinha certeza do quanto eu seria efetivo como testemunha. No primeiro dia, a ideia era que eu depusesse durante cerca de trinta minutos. Devido ao iminente feriado de 4 de Julho, eu então teria tempo de me reorganizar e botar as minhas emoções sob controle.

Entrei no tribunal e havia duas mesas de um lado e três do outro. Meu pai estava sentado a pouco mais de seis metros. Havia delegados federais e agentes do FBI presentes, além de uma galeria de repórteres e muitos fãs e tietes da máfia tentando achar lugar.

Então chegou o momento: eu de frente para o meu pai. Caminhando reto em direção ao juiz, pude ver meu pai com o canto dos olhos.

Não fiz uma entrada exatamente tranquila. Quando entrei na sala e meu pai me viu pela primeira vez, minhas emoções tomaram conta de mim. Em vez de me dirigir para o banco das testemunhas para prestar juramento, subi e fiquei parado na frente da cadeira do juiz. Pensei que ele é que me tomaria o juramento. Com meu queixo quase sobre a bancada, ergui a mão. Percebi que me sentia mais à vontade sentado no banco das testemunhas. Depois que o meirinho tomou meu juramento, sentei-me e o sr. Scully perguntou meu nome. Respondi com a boca perto demais do microfone: "FRANK CALABRESE." A sala pareceu tremer. O juiz me pediu: "Sr. Calabrese, o senhor poderia por favor recuar um pouco?"

Scully me pediu para apontar meu pai. Depois me disseram que, quando fiz isso, foi a primeira vez durante todo o julgamento que meu pai não se levantou gesticulando e sorrindo para o júri. Ele tinha o mesmo olhar constrangido na face que eu: duas pessoas que um dia tinham sido próximas e que durante anos não se viam. Primeiro ele pareceu triste, como o pai de coração partido não acreditando que eu, seu filho, estava realmente fazendo aquilo. Para mim, não foi fácil aceitar que ele estava sendo julgado como assassino de massa. Senti um estremecimento de emoções fluindo. Queria correr, abraçá-lo e beijá-lo. E queria também acabar com a vida dele.

Eu não estava lá para fazer jogos ou antagonizar ninguém. Quando entrei na corte, focalizei os olhos diante de mim. Eu me concentrava em quem quer que fosse me fazer as perguntas. Durante os intervalos, simplesmente ficava sentado na minha cadeira, e enquanto todos os outros conversavam e faziam piadas, eu me mantinha mudo. Estava ali numa missão. Quando alguém me pedia para falar, eu falava. Quando alguém me pedia para apontar meu pai ou Jimmy Marcello, eu apontava. Era meu pai quem ficava se remexendo, fazendo caretas e gestos, revirando os olhos. Acreditei que seria um tiro pela culatra, pois o júri estava de olho nele o tempo todo.

A tensão de testemunhar teria para mim um preço físico. Em Milan eu tinha recebido um diagnóstico de esclerose múltipla; agora, antes de depor, eu estava tão ansioso, apavorado e nervoso que precisei de uma bengala para caminhar direito.

Quando meu pai me viu andando de bengala, vi um olhar no seu rosto. Era quase como se, por um breve momento, ele estivesse preocupado comigo. Foi um olhar que jamais vou esquecer, e é difícil de descrever. Era afetuoso. Ele parecia mais velho, mas em boa forma física, forte como sempre. Aí seus modos da Organização pareceram tomar conta. Quando o vi cochichando para o advogado, eu sabia exatamente o que ele estava dizendo. Estava dizendo a Joe Lopez que, ao entrar no tribunal de bengala, eu estava usando um velho truque da Organização que ele me ensinara. Se a defesa tentasse contestar o meu uso da bengala, eu estava pronto a arregaçar as calças e mostrar como a esclerose múltipla tinha corroído os músculos das minhas duas pernas. Enquanto eu não era desafiado na corte, a equipe do meu pai comentou que a bengala era apenas encenação. Meu médico me disse que eu precisava de uma bengala devido ao estresse pela recorrência da minha esclerose múltipla. Eu a usei o tempo todo em que estive em Chicago, mas, uma vez acabado o julgamento, os espasmos nervosos terminaram e não precisei mais de bengala.

No primeiro dia, meu pai ficou sentado escutando. Mas quando as fitas começaram a ser mostradas, e eu passei a comentá-las, ele começou com seus gestos. Eu podia vê-lo com o canto dos olhos. Podia ver o pai abusivo, manipulador, novamente no controle.

Após o abreviado primeiro dia de depoimento, durante o fim de semana do 4 de Julho passei dois dias de doze horas me preparando para o primeiro dia completo. Sabia que meu pai descreveria o caso como uma disputa familiar, procurando desviar a atenção das fitas. Todavia, ao retornar ao banco das testemunhas, era muito importante que eu fosse honesto sobre o meu passado na equipe. De outra forma, a defesa acabaria comigo.

Eu reconheci o mal que tinha feito. Eu era um gângster bundão, que cobrava dinheiro, assustava as pessoas, quebrava vidraças com tijolos, tocava fogo em garagens. Deixei claro que usava e vendia cocaína, e que tinha roubado dinheiro do meu pai. Queria ser o mais transparente possível. O que o júri viu foi quem eu era. Não tinha intenção de passar por cima das minhas transgressões nem do meu passado. Não culpei ninguém, nem meu pai, nem meu tio, nem a equipe. A tentação no banco das testemunhas é arrastar outras pessoas e apontar com o dedo, mas meu tio e eu não fizemos isso. Assumimos responsabilidade pelos nossos atos.

Na segunda-feira de manhã testemunhei sobre a minha tumultuada relação com meu pai. Admiti ter roubado e relatei como ele enfiou um revólver na minha cara depois que descobriu que estava faltando dinheiro. Relatei suas infames palavras enquanto segurava o revólver – um .38 de cano curto enfiado numa meia preta – contra a minha cabeça:

"Prefiro você morto do que me desobedecendo."

Durante meus dias de depoimento, recordei as minhas rondas semanais com tio Nick, recolhendo moedas em lojas pornô, ainda aluno do ensino médio. Falei candidamente sobre o vício em cocaína e como gastei e investi furiosamente porções do dinheiro do meu pai. Descrevi que foi parte da tática da equipe declarar-me culpado para evitar julgamento e ser sentenciado a 57 meses numa prisão federal. Meu pai pôs um sorriso irônico na cara, zombando do meu depoimento. Joseph "the Shark" Lopez explicou a conduta de seu cliente ao *Sun-Times* como "sempre sorridente. Ele é um sujeito feliz e alegre". Certo, claro.

Como testemunha digna de atenção, com exceção da minha entrada desajeitada, cometi poucos erros, ou nenhum, no banco. Ironicamente, creio que a minha força nos depoimentos foi resultado dos ensinamentos do meu pai. Não deixe ninguém colocar palavras na sua boca, ele dizia. Se, para me confundir ou me deixar mal, algum advogado de defesa me pedia para dizer com precisão, até o último dólar, a soma exata que eu havia tirado, eu era honesto. Se não soubesse a quantia exata, eu dizia. Depois de algum tempo, o juiz e o júri entenderam o ponto: eu roubei dele uma grande soma de dinheiro. Agora vamos adiante.

Acredito que o que me tornou valioso como testemunha foram os meus comentários sobre as fitas. Descrevi em detalhe como a equipe operava: coleta de taxas de rua, empréstimos a juros altos, extorsão de pessoas e negócios, e, às vezes, assassinatos. Além de testemunhar sobre as mortes de William e Charlotte Dauber e Richard Ortiz e Arthur Morawski, elaborei as histórias que meu pai me contou no pátio da prisão, como a cerimônia de iniciação. Durante a reprodução das fitas, Tony Ortiz, filho de Richard Ortiz, inclinou-se e escutou atentamente as palavras do meu pai relatando o assassinato do pai *dele* em 1983.

Uma vez introduzidas como evidência as fitas da prisão, com seu pesado código, elas precisaram ser tocadas e aí traduzidas para o júri. Como testemunha, cabia a mim quebrar o código interpretando e traduzindo cada conversa, por mais enigmáticas que fossem. Era imperativo que o júri compreendesse a gravidade dessas fitas.

No começo uma pequena porção da fita era tocada e interrompida, sentença por sentença. Scully me interrogava sobre cada trecho. Logo ficou óbvio que o processo detalhado estava confundindo o júri.

Durante um intervalo, sugeri uma abordagem melhor: tocar toda a seção da fita, e aí, com as minhas próprias palavras, eu explicaria meticulosamente a conversa, após o que Scully poderia me fazer perguntas. Quando fizemos isso, pude ver que o júri estava entendendo melhor. Não houve objeções da defesa durante a reprodução das fitas.

Do lado de fora, um dos advogados de defesa foi indagado pelos repórteres por que não tinha objetado. Era como se quisessem se manter o máximo possível longe das fitas. Notei que o juiz Zagel tinha uma cópia das transcrições e acompanhava as conversas cuidadosamente. Penso que ele estava verificando, para ver se eu estava inventando alguma coisa. Quando terminei de decodificar as fitas, estava confiante de que o juiz sentia que eu estava dizendo a verdade.

A reprodução das fitas gravadas em Milan das conversas entre Twan Doyle e meu pai mostraram-se problemáticas para a promotoria. Eu não estive presente no saguão de visitas quando as fitas foram gravadas, de modo que a defesa podia levantar objeções contra a minha interpretação e decodificação das palavras usadas nas conversas. Assim que Scully fez a primeira pergunta, a defesa imediatamente saltou e objetou. Eu não estava presente durante as conversas, então como podia decodificá-las?

O juiz Zagel deixou a sala e foi para uma salinha lateral. Depois de passar um breve tempo na sala de espera, Mitch Mars aproximou-se calmamente de mim. Disse-me que o juiz permitira não só que eu explicasse as palavras em código, mas que decodificasse a conversa como tinha feito nas outras fitas. Isso mostrou a fé do juiz no meu testemunho. A defesa não objetou uma única vez, porque era óbvio que eu sabia o que estava dizendo.

Mas na reinquirição, Lopez efetivamente me contestou, argumentando que durante as conversas no pátio do presídio, eu estava "apertando os botões e puxando as alavancas" para fazer meu pai falar, e que suas respostas eram meramente gabolices vazias. Lopez me acusou de ser um "ator" orientado pelo FBI. Quando indagado por que não me afastei da vida na Organização, respondi: "Eu me afastei. Porque detestava a Organização e não gostava do que via."

A defesa insinuou que eu havia forçado meu pai a dizer certas coisas, mas o júri viu que não se podia forçar um homem como meu pai a dizer ou fazer nada. Eu fiz com que ele se abrisse. Não sei como consegui. Não achei que conseguiria. Ainda não acredito que fiz isso, porque meu pai nunca falou daquele jeito durante toda sua vida.

Apesar dos temores iniciais da promotoria, eu estava me tornando uma testemunha convincente ao longo dos depoimentos. Quando a defesa tentou me interrogar sobre ter tirado a arma do bueiro com a Grua Laranja de Descamação e devolvido ao tio Nick, levantaram uma discrepância entre a minha recordação e o que estava escrito no relatório 302 do FBI. Mais uma vez, ative-me à minha história original, dizendo que não tinha recuperado a arma com a Grua Laranja. Não, eu recuperei a arma manualmente e limpei a caixa de esgoto com o caminhão da Grua Laranja. Mais tarde entreguei a arma ao meu tio. Eu disse à corte que não tinha controle sobre o que um agente do FBI escrevia em seu relatório. Eu sabia que essa era a verdade, e o júri acreditou em mim.

Depois de terminado meu depoimento, fui escoltado de volta para o escritório da Procuradoria-Geral. Tive de me sentar por um minuto. Quando Luigi viu o olhar no meu rosto e as lágrimas correndo, perguntou-me se eu estava bem. Claro que *não estava*. Ao deixar a sala do tribunal, dei-me conta de que era a última vez que via o meu pai com vida. Isso foi forte demais.

Meu tio veio depois de mim para o banco das testemunhas e deu um depoimento sóbrio, frio, que também foi difícil de pôr em dúvida. Trajando um conjunto de moletom fornecido pelo presídio, meu tio admitiu ter sido membro da Organização. Eclipsando meu depoimento em termos de dramaticidade, Nick deu um relato vívido dos assassinatos dos quais participou.

Com meu pai sentado à mesa dos réus, frequentemente com um sorriso irônico na boca, Nick relatou o assassinato e queima de Butch Petrocelli, a bomba em Michael Cagnoni, os assassinatos de Nick D'Andrea, Richard Ortiz, Arthur Morawski, Emil Vaci, John Fecarotta, Michael Albergo e dos irmãos Spilotro. Relatou uma bomba jogada num teatro, num restaurante e numa transportadora.

"Você realmente assassinou John Fecarotta?", Mitch Mars perguntou ao meu tio.

"Sim, eu o matei. Fomos eu, meu irmão Frank e Johnny Apes. Tivemos o ok de Jimmy LaPietra, que era o nosso capo."

Segundo o depoimento de Nick, meu pai mantinha cerca de 1,6 milhão de dólares em dinheiro escondidos pela cidade, especialmente em cofres de segurança. Contou a história da vez em que ele e meu pai enterraram 250 mil dólares em dinheiro perto da nossa casa de veraneio em Williams Bay, Wisconsin, só para mais tarde descobrir que as notas exalavam fedor.

"Era bolor", recordou Nick. "Não dava para se livrar do cheiro. Tentamos usar água de colônia, mas isso só piorou as coisas."

Após quatro dias de depoimentos para a promotoria, um circunspecto Nick referiu-se tristemente a si mesmo como "um covarde, um medroso e um rato" por não enfrentar seu irmão e sair da Organização. Recordou a tendência do meu pai para a violência, admitindo que tinha medo do irmão mais velho caso resolvesse abandonar o caminho da Organização. Na reinquirição da defesa, Lopez perguntou a Nick se realmente acreditava que seu irmão meteria uma bala nele se ele "congelasse" ou recusasse uma eliminação, a que Nick respondeu friamente: "Meu irmão seria capaz, sim."

Quanto aos negócios da família, ao ser indagado por Lopez se meu pai "meteu um revólver na cabeça dele [Kurt]" para que ele ficasse na equipe, tio Nick revidou: "Não, ele meteu um soco na cara dele."

"E quando foi essa surra?"

"A toda hora, é só escolher. Os garotos passaram um inferno com o pai."

"E lhe deram um inferno também, não foi?"

"Não, não deram", Nick retrucou com firmeza.

Sustentando a pressão, meu tio se safou incólume da demorada inquirição cruzada.

"Eu sou um assassino", meu tio disse com tristeza antes de descer. "Mas não sou um assassino serial."

Uma vez que a defesa terminou, a promotoria, ansiosa para tirá-lo dali, fez uma única pergunta como confirmação. Ele tinha ouvido as fitas da prisão? (Ele não tinha.) Esta única pergunta de Mars sobre as fitas restringiu a defesa a perguntar apenas sobre elas. Era um assunto que a defesa desejava intensamente evitar, de modo que tio Nick foi liberado enquanto os advogados na sala sacudiam a cabeça, incrédulos com a astúcia de Mars.

Para grande surpresa dos promotores, três dos cinco réus – Lombardo, meu pai e Twan Doyle – se apresentaram para depor. Quem haveria de imaginar que a promotoria fosse ter múltiplas oportunidades de interrogar três de seus acusados? Num julgamento típico, os réus não testemunham; geralmente gostam de exercer seu direito de não testemunhar. Mas este não era um julgamento típico. Em um caso como a Operação Segredos de Família, ninguém esperava que os réus testemunhassem, especialmente havendo fitas de áudio incriminadoras.

Twan Doyle havia tentado se preparar para sua vez no banco das testemunhas, mas o esperto Doyle, com experiência das ruas, ao ser submetido à reinquirição, teve dificuldades de explicar de forma convincente por que disse o que disse ao meu pai nas fitas. De fato, seu advogado aparentemente tentou suavizar aquilo que sabia ser um golpe iminente, finalizando seu interrogatório com uma declaração estranha: "Agora vou passar o senhor para as mãos do sr. Funk. Ele é excelente em interrogatórios cruzados... Boa sorte."

E Doyle realmente passou por maus bocados. Por exemplo, durante a reinquirição de Funk, Doyle visivelmente se debateu ao explicar que suas conversas com meu pai no presídio sobre enfiar um "bastão elétrico" no reto do meu tio meramente se referiam a recentes pesquisas psiquiátricas com as quais ele tinha deparado. Doyle alegou estar discutindo esse tópico com meu pai apenas porque esta abordagem poderia ajudar a curar Nick de sua "insanidade". Funk chamou de "ridículas" as afirmações de Doyle sobre essa forma de "tratamento de choque".

"Anthony Doyle, o Freud do Departamento de Polícia de Chicago, citando algo que leu no *Psychiatric Journal*?", Funk perguntou em resposta a uma objeção da defesa.

Sob intenso fogo de Markus Funk, Twan Doyle finalmente perdeu sua bem-cuidada compostura, levantando-se do assento irritado e discordando veementemente de uma linha de questionamento sobre a sua admiração física pelo meu pai.

Durante o interrogatório direto, Doyle mencionou que sentia atração por Frank Calabrese pai quando jovem porque ele era forte, malhava muito e tinha grandes músculos. Foi uma inquirição direta muito estranha. Assim, no interrogatório cruzado, Funk fez perguntas para se aprofundar um pouco mais no assunto, e Doyle interpretou erroneamente o que ele estava tentando implicar. Levantou-se da cadeira e perguntou: "O que o senhor está tentando dizer, sr. Funk?" Funk não respondeu e, em vez disso, simplesmente olhou para Doyle.

Fazer Joey Lombardo depor foi um esforço audaz de vender o mafioso de 78 anos como afável e paternal. Trajando um paletó cinza e uma gravata prateada, Lombardo soltou seu espirituoso senso de humor ao comentar como os policiais eram sovinas nas gorjetas na época em que, como menino engraxate, engraxava os sapatos deles por cinco centavos. Lombardo ficou sorrindo e flertando com uma repórter loira. Conversou com o desenhista da corte. Recordou sua capacidade atlética como patinador e jogador de golfe e handebol, virando a cadeira para o júri enquanto falava.

O charme do meu pai no banco das testemunhas foi fugaz, pois não demorou muito para sua impaciência e arrogância virem à tona. Tampouco contribuíram para sua causa seus constantes risinhos e grunhidos da mesa dos réus.

Uma vez que uma pessoa tenha testemunhado, a outra parte pode comentar a sua conduta. Quando meu pai deu risadinhas sarcásticas perfeitamente audíveis enquanto a corte examinava um homicídio que ele tinha cometido, Funk parou, apontou para ele e perguntou, com justiça: "Há algo engraçado aqui?" Inversamente, se os promotores parecessem receosos de apontar para o meu pai ou olhar nos seus olhos, isto teria mandado ao júri a mensagem de que os réus é que eram donos da situação. Para um julgamento da máfia como foi a Operação Segredos de Família, era importante dar aos jurados e às outras pessoas na sala a sensação de que a promotoria não tinha medo dos réus.

Por mais hábeis e experientes que os réus fossem em termos de tribunal, estavam acostumados a ser bajulados e tratados como chefes. Assim, não reagiam bem a acusações, questionamentos e interpelações em público. No seu mundo, os chefes sempre haviam sido eles. Ninguém jamais tinha respondido ao meu pai, com exceção de Angelo ou Johnny Apes. Graças em parte ao meu papel na preparação anterior ao julgamento, eu não só estava pronto para uma inquirição cruzada, mas os promotores, especialmente T. Markus Funk, realmente sabiam como provocar meu pai, apontando para ele, erguendo a voz e questionando sua autoridade. Ele era o chefe da equipe e não estava acostumado a ter qualquer sujeitinho insignificante ou arrivista a desafiá-lo, muito menos a deixá-lo mal perante os outros. O mesmo valia para Lombardo. Eles não lidaram bem com uma pessoa apontando-lhes o dedo ou, aos seus olhos, zombando deles e do seu testemunho.

DURANTE SUA DEFESA, ao assumir o banco das testemunhas, queixando-se de má audição e fazendo o papel de homem idoso e frágil, meu pai recordou sua infância de pobreza, como crescera comendo mingau de aveia no jantar, e como mais tarde, já um homem trabalhador que ganhava milhões, jamais teria sido possível ter tempo para realizar os assassinatos dos quais era acusado. Quanto a seus associados na Organização, insistiu que seu mentor Angelo LaPietra não era seu chefe.

"Ele nunca me controlou – nunca!", meu pai enfatizou. "Muita gente tinha medo dele. Muita gente não conseguia olhá-lo no olho quando falava com ele. Eu nunca tive esse problema."

Embora eu não tivesse autorização para assistir ao seu depoimento, a defesa básica do meu pai foi que a minha família estava conspirando para mantê-lo na cadeia com o objetivo de roubar seu dinheiro, suas joias e a coleção de carros pela qual era obcecado. Divagou sobre os 2 milhões de dólares que alegava que seus familiares tinham lhe roubado, mesmo com objeções da promotoria. Como resultado, o juiz Zagel dispensou o júri e ameaçou meu pai com uma advertência de desacato caso ele continuasse a falar no assunto depois que a objeção da promotoria tinha sido aceita. Meu pai contou outra história bizarra sobre meu tio Nick lhe dando um descuidado beijo de boas-festas nos lábios.

"O beijo que ele me deu de Natal foi um beijo de Judas", meu pai exclamou. "Meu irmão era como Alfredo em *O poderoso chefão.* Se não estivesse fazendo as coisas desandarem ou ferrando com elas, não ficava satisfeito."

Quanto à reação ao meu depoimento, ele só podia concluir que eu podia "fazer Jesus parecer o diabo na cruz".

John Scully tinha proferido a declaração de abertura, e Mitch Mars cuidaria do sumário. Markus Funk ficou encarregado da argumentação de encerramento. Enquanto ele preparava sua apresentação final em PowerPoint, Mitch Mars sentou-se no fundo da sala de guerra, reclinando-se num par de cadeiras ajuntadas. Ele tremia por causa da sua implacável gripe e tosse cortante, o paletó jogado sobre o corpo feito um cobertor. Ocasionalmente gritava do fundo da sala instruções para Mike Maseth e Funk, sempre que sentia que a equipe estava derrapando. Funk estava com dificuldades de achar sua linha de ação.

Tendo passado os últimos anos na intensiva unidade experimental de Narcóticos, Funk não se sentia à vontade com a abordagem mais "roteirizada" do esquadrão do Crime Organizado para a argumentação de encerramento. Fizeram um ensaio geral, mas cerca de uma hora e pouco depois, Funk sentiu que algo não estava certo. Ele e Maseth decidiram engavetar a abordagem roteirizada e voltar para um fechamento como Funk faria num caso normal de conspiração com múltiplos réus, trabalhando informalmente com o PowerPoint e usando um formato livre em vez de seguir rigidamente uma linha de declarações preparadas.

Com apenas quatro horas de sono, Funk desapareceu para botar seus pensamentos em ordem. A declaração de encerramento de Funk, em seu formato livre, levou cinco horas no decorrer de dois dias. Durante seu exame das evidências dos meses anteriores, réu por réu, assassinato por assassinato, fato por fato, Funk repetida e diretamente contestou as alegações de inocência do meu pai, obrigando-o a assumir o que tinha feito na vida e como tentara usar seu tempo no banco das testemunhas para se distanciar dessa conduta.

Meu pai não gostou nada dessa atenção. Enquanto discutia um homicídio particularmente horrendo, Funk surpreendeu meu pai sorrindo ironicamente para si mesmo. Ele se virou, apontou para o meu pai e disse ao júri: "Estão vendo este homem dando risada? Não há nada de engraçado aqui. Simplesmente não há nada para rir neste caso!" O sorriso do meu pai desapareceu.

Mitch Mars continuou a investida durante sua poderosa argumentação final de refutação. Em resposta à acusação de que meu pai "deixara uma trilha de corpos pelo caminho", meu pai arrotou uma frase que passará para os anais da infâmia da Operação Segredos de Família:

"É tudo mentira!"

O JÚRI NÃO FOI OBRIGADO a permanecer em isolamento e levou três dias para tirar suas conclusões. No quarto dia, o veredicto foi entregue. Em 10 de setembro de 2007, os cinco réus foram considerados culpados de extorsão e conspiração, incluindo acusações de agiotagem, extorsão criminosa e jogo ilegal. Com relação às objeções da defesa, o júri teve uma semana de intervalo, durante a qual o juiz revogou a liberdade condicional de Twan. O júri voltou a se reunir para deliberar sobre quem eles sentiam ser responsável por quais assassinatos. Em 27 de setembro, data do 33º aniversário do assassinato de Daniel Seifert, meu pai, Palhaço e Little Jimmy foram condenados.

Meu pai foi considerado "responsável" pela maioria dos assassinatos: sete – os de Michael Albergo, William e Charlotte Dauber, Michael Cagnoni, Arthur Morawski, Richard Ortiz e John Fecarotta. O júri ficou num impasse quanto a sua responsabilidade por seis das mortes: as de Paul Haggerty, Henry Consentino, John Mendell, Donald Renno, Vincent Moretti e Butch Petrocelli. (Por ocasião da sentença, porém, ao determinar se havia "circunstâncias agravantes", o juiz Zagel viria a concordar com Funk e também considerar meu pai e seus corréus como legalmente responsáveis por esses assassinatos adicionais.)

James Marcello foi considerado responsável pelos assassinatos de Anthony e Michael Spilotro. Joseph Lombardo foi responsabilizado pelo assassinato de Daniel Seifert. O júri ficou num impasse quanto à responsabilidade de Paul Schiro pela morte de Emil Vaci. (Por ocasião da sentença, o juiz Zagel considerou que Schiro de fato participou do homicídio de Vaci.)

Os veredictos provaram ser controversos para os familiares das vítimas, que se manifestaram ruidosamente sobre o resultado. Alguns haviam esperado décadas por justiça e encerramento. Ao ouvir os veredictos, Charlene Moravecek, viúva de Paul Haggerty, cujo assassinato permaneceu sem atribuição de responsabilidade, gritou: "Eu esperei 31 anos e meio para isto?"

"Estou me sentindo bastante humilhado", admitiu Bob D'Andrea, depois que o júri não conseguiu decidir se Jimmy Marcello tinha surrado seu pai até a morte. "Impasse também pode significar inocente." Zagel mais tarde concordou com Funk que Marcello havia participado.

Depois que meu pai foi julgado responsável pelos tiros que mataram Richard Ortiz, seu filho, Tony Ortiz, comemorou a condenação. "Finalmente, acabou. Assunto encerrado! Estávamos esperando por isto há muito tempo. Agora ele não vai mais ficar dando risadinhas."

Uma vez que os cinco réus foram considerados culpados, uma pausa de dezessete meses precedeu as sentenças. Meu tio obteve imunidade e uma pequena soma em dinheiro depositada em sua conta de poupança prisional, o que lhe permitiu comprar alguns artigos de higiene e alimentícios. Sua sorte, junto com a dos cinco réus, seria decidida pelo juiz Zagel em fevereiro de 2009, quando todos – réus, equipes legais e familiares das vítimas – reuniram-se para a condenação. Dois membros-chave estariam ausentes desse emotivo acontecimento, restando apenas Funk como integrante da equipe da promotoria original ainda a serviço do governo.

39. O caminho para Justice

Quando Mitch Mars se aproximou do banco das testemunhas para reinquirir Joe Lombardo, ele se inclinou e fixou os olhos no Palhaço por alguns segundos. Lombardo, familiarizado com a intimidação de advogados, também se inclinou, imitando o olhar penetrante de Mars.

"Mitch foi o melhor advogado que conheci na vida, não fica atrás de ninguém", disse-me certa vez Mike Maseth. "Ele era rápido nas reações e sabia como lidar com testemunhas e outros advogados. Sabia como lidar com o juiz. Não deixava passar nada de ninguém."

Quando Lombardo depôs como testemunha em sua defesa e negou seu papel de gângster da Organização, Mars o designou como um capo da equipe da avenida Grand. Ele não era, afirmou Mars, garoto de recados do financista Allen Dorfman, e fazia mais do que dirigir a jogatina ilegal de dados. Palhaço, também conhecido como "Lumpy" [Gordo], intermediou e fraudou negócios de milhões de dólares com Dorfman. Mars perguntou-se em voz alta como um garoto bajulador, ex-engraxate, lucraria 2 milhões de dólares numa transação orquestrada por Dorfman que custou a Lombardo 43 mil do seu bolso.

Mars bateu firme no envolvimento de Lombardo na morte de Seifert, o maior desafio da promotoria na Operação Segredos de Família. Durante a argumentação de encerramento ele apresentou 17 razões pelas quais Lombardo era culpado de assassinato. (Ao discutir o caso Spilotro, Mitch deu ao júri 240 mil razões para Marcello ser culpado das mortes de Tony e Michael – seriam os 240 mil dólares que Marcello pagou a tio Nick para ficar de boca fechada. Mars argumentou que ninguém pagaria tal valor a menos que tivesse um bom motivo – como por exemplo encobrir um assassinato.)

Mars reinquiriu Joey Lombardo e o reduziu a pó, segundo observadores do tribunal. Não que tenha gritado ou berrado – Mitch mal chegava a 1,70 metro, e não era escandaloso. Markus Funk, apesar dos anos passados nos reverenciados corredores da academia, fazia mais o protótipo do promotor, sendo um oponente louro de 1,90 metro de altura.

No entanto, cada um daqueles mafiosos conhecia Mitch porque ele fora chefe da Seção do Crime Organizado da Procuradoria-Geral dos Estados Unidos durante os últimos quinze anos, tendo participado dos julgamentos relativos ao crime organizado mais significativos do país. Honesto até o último fio de cabelo, um homem de integridade inquestionável, Mitch costumava dar crédito aos seus parceiros de julgamento, os agentes do FBI, e àqueles que tinham feito contribuições para o êxito de um caso da promotoria.

Durante o julgamento Mitch teve uma tosse persistente, e seus colegas lhe disseram para ir ao médico. Se teve algum outro problema sério durante aqueles dias, seus associados não ficaram sabendo. Não querendo deixar de ouvir os veredictos, Mitch não foi ao médico antes do começo de outubro de 2007. Ele jamais retornou ao seu amado escritório.

Todo mundo achou que ele estava resfriado. Logo depois do julgamento, ele finalmente foi ao médico para fazer alguns exames. Quando Mike Maseth lhe telefonou perguntando como estavam indo os exames, Mars lhe disse que não podia fazê-los porque seus níveis de oxigênio estavam baixos demais. "O que você quer dizer com isso?" Os médicos tiraram uma radiografia e descobriram que ele tinha um litro e meio de líquido nos pulmões. Removeram o líquido e fizeram uma tomografia computadorizada. Dois dias depois, diagnosticaram câncer nos dois pulmões.

Depois de ser informado de que tinha câncer no pulmão, Mars, um não fumante, discretamente arranjou uma licença médica. Quatro meses mais tarde, numa terça-feira à noite, 19 de fevereiro de 2008, Mitch Mars morreu, aos 55 anos.

Na manhã seguinte, Patrick Fitzgerald enviou um e-mail pessoal à sua equipe: "Hoje perdemos um amigo muito querido, um valiosíssimo colega." Ele elogiou a longa carreira de Mars no serviço público.

Mars entrou para o governo americano em 1977, na equipe de advogados da Câmara dos Representantes, tendo servido na investigação promovida pela Câmara dos assassinatos de John F. Kennedy e Martin Luther King Jr. Em 1980, Mars entrou para a Força de Combate ao Crime Organizado em Chicago, e em 1990 seu escritório se fundiu com a Procuradoria-Geral. Em 1992, Mars tornou-se supervisor do Crime Organizado, posição que deteve até 2007, junto com o título de subprocurador.

Mitch Mars veio da zona sul de Chicago, e assim como muitos de seus adversários da Organização, torcia para os White Sox, e não para os Chicago Cubs. Além de condenar meu pai, James Marcello e Joe Lombardo, Mars processou com sucesso Albert "Caesar" Tocco, Ernest Rocco "Rocky" Infelise, Harry Aleman, Salvatore "Solly" DeLaurentis, o traficante de cocaína John Cappas, a ex-prefeita de Cicero, Betty Loren-Maltese, e o ex-assessor de Cicero Frank Maltese.

Mike Hartnett trabalhara no caso Betty Loren-Maltese em Cicero junto com Mitch Mars e recordava-se de que o julgamento levara treze semanas de intensa pressão. Hartnett concordava que não havia ninguém melhor que Mars num tribunal. Grandes inquirições diretas, inquirições cruzadas espetaculares. Era capaz de deixar uma pessoa em frangalhos, mas tinha uma personalidade tão nobre que nunca se mostrava pretensioso ou egoísta.

Segundo seus colegas, Mars se tornou promotor por uma única razão: para botar criminosos na cadeia. Não usou o cargo como degrau para entrar no lucrativo setor privado. Tratava os agentes federais e os funcionários do tribunal com respeito. Se Mitch estava participando do julgamento, os federais sabiam que não havia como perder. Não se importavam com quem eram os advogados de defesa da outra parte. Mars os transformaria em fumaça.

Outro dos contemporâneos de Mars recordava a capacidade intuitiva de Mitch para focar um caso potencialmente quente. Em 1982, um dos suspeitos que Mars estava procurando era Paul "Peanuts" Panczko, um notório assaltante e arrombador que passou 23 anos entrando e saindo da prisão. Panczko estava envolvido numa espionagem em certo local. Ele e seus comparsas foram parados por alguns policiais de Chicago (um deles sendo Dennis Farina, o futuro ator). Peanuts trazia um revólver consigo. Sendo um criminoso condenado, isto era ilegal.

Quando o caso foi apresentado – era necessário conseguir um indiciamento da Procuradoria-Geral dos Estados Unidos –, o governo inicialmente não quis dar prosseguimento a ele. Porém Mitch resolveu: "Vamos atrás deles por causa da arma. Ele provavelmente sabe muita coisa e nós precisamos mantê-lo fora das ruas."

Consequentemente, Peanuts Panczko cooperou e entrou para o Programa de Proteção a Testemunhas, não antes de usar um grampo contra outros mafiosos, entre os quais James "Dukey" Basile. A atitude de Mars gerou uma reação em cadeia e, depois de ser preso, Dukey usou um grampo contra Jerry Scarpelli, outro mafioso assassino envolvido com o Wild Bunch.

Ao contrário de muitos advogados que ficam sentados em seus espaçosos escritórios e têm dificuldade de se relacionar com a pessoa mediana, Mitch *era* a pessoa mediana. Se fosse a um encontro com alguém, ia guiando seu próprio carro e saía na chuva com o capuz da jaqueta erguido. Não era o sujeito todo-poderoso. Embora fosse mais sagaz que muitos, nem sempre exigia que as coisas fossem feitas a seu modo. Escutava atentamente, e por isso foi capaz de promover o nosso caso de maneira tão impecável.

Mars tinha um jeito característico de ir aos fatos. Por exemplo, durante o julgamento da Operação Segredos de Família, tio Nick testemunhou sobre o número de chefes que estavam na casa de Bensenville para emboscar e assassinar os Spilotro. Muita gente estava cética de que realmente tantos chefes graúdos da máfia pudessem de fato estar lá. O advogado de Jimmy Marcello, Marc Martin, chamou Nick de mentiroso e questionou seu depoimento sobre o uso de luvas por parte dos assassinos. Por que os irmãos Spilotro, com toda a sua experiência das ruas, perguntou Martin, não haveriam de fugir depois de ver um punhado de mafiosos à sua espera com luvas nas mãos?

"Eles [os Spilotro] não sairiam da casa não importa o que pensassem", replicou Mars. "[Os mafiosos] podiam estar de camiseta com a inscrição 'Estamos aqui para matar os Spilotro'. Não importa. Eles não sairiam de lá."

Em 23 de fevereiro de 2008 – quase um ano antes de as sentenças serem proferidas – foi celebrado um serviço funeral para Mitchell Mars numa cidadezinha chamada, apropriadamente, Justice, em Illinois. O caminho para Justice foi fechado enquanto a caravana de carros se deslocava para oeste de Chicago – o que teria irritado Mars pelo inconveniente causado ao cidadão mediano.

Ao lado de cada rampa de acesso à via expressa o povo acenava. Mais tarde, uma guarda de honra cuidou da visita ao caixão na Câmara Funeral Damar Kaminski em Justice. Três mil pessoas ali estiveram entre as três da tarde e as nove da noite num dia comum de trabalho. Pessoas que nunca conheceram Mars esperaram na fila por duas horas e meia para prestar seus respeitos e ver o caixão.

Uma pessoa da fila disse à mãe de Mitch: "Eu nunca conheci o seu filho, mas só queria vir para dizer obrigado. A senhora criou um grande filho. Ele fez grandes coisas para esta comunidade. Nós precisamos de mais gente como ele."

John Scully proferiu a elegia num serviço privado católico na Catedral de São Cleto, em LaGrange, no dia seguinte. Mais tarde nessa mesma semana, uma cerimônia memorial foi celebrada no Edifício Federal Dirksen. A sala da corte foi tomada por seiscentos colegas de profissão, e Mike Maseth falou para o público.

A Operação Segredos de Família: foi este o maior caso de Mars? Quem sabe? Mas eu acho que é justo dizer que ela foi o ápice de uma carreira. Ele tinha participado de uma porção de casos da máfia, mais do que qualquer outro na história de Chicago. Que ninguém se engane, Mitch era um espinho no corpo da Organização.

"Casos criminais são uma questão de atribuir responsabilidade e fazer justiça", disse Mitch Mars durante a argumentação de encerramento da Operação Segredos de Família, "não só para os réus, mas também para o nosso sistema, para a nossa sociedade, e para as vítimas. Nosso sistema funciona. É o melhor sistema do mundo. Mas só funciona quando aqueles que devem ser responsabilizados são responsabilizados."

40. Continuo achando que é um sonho

Cinco semanas depois que os veredictos de culpa foram anunciados, Mitch Mars enviou uma carta para o advogado do meu pai, Joe Lopez, declarando que os subprocuradores Mars e Funk tinham se encontrado com um membro anônimo do júri para tratar de uma suposta ameaça que meu pai havia feito a Funk durante as contenciosas argumentações de encerramento do julgamento. Segundo a carta, uma cópia da qual foi mandada para o juiz Zagel, o jurado "em parte ouviu e em parte leu" os lábios do meu pai dizendo a Funk: "Você é um homem morto, cacete." Segundo a carta, durante as deliberações, três outros jurados "confirmaram as observações do jurado e ouviram o sr. Calabrese dizer a mesma coisa".

Lopez desconsiderou a ameaça como "absurdo", invenção de "uma imaginação exagerada". Mas a acusação disparou alarmes entre os outros réus. Rick Halprin, advogado de Lombardo, afirmou: "Tenho graves preocupações sobre isso. Isto é, para dizer o mínimo, singular. É de se presumir que causou impacto sobre o processo de pensamento deles [do júri]. Sabemos pela carta que um terço deles falou sobre o assunto."

Marc Martin, representando Jimmy Marcello, alegou que desde o começo do julgamento, Marcello vinha buscando um desligamento do meu pai, seu corréu dos grunhidos e risinhos irônicos. "Marcello vem se queixando disto desde o primeiro dia e isto simplesmente vem adicionar mais combustível ao fogo", Martin disse à imprensa, prometendo levantar o assunto durante as moções pós-julgamento. Ele questionou se os promotores não teriam infringido as regras reunindo-se com o jurado sem a permissão da corte.

"Meu cliente tem mais cérebro que isso", respondeu Lopez. "Estávamos cercados de agentes do FBI, promotores federais e espectadores, e ninguém ouviu nada, e agora, um mês depois? Por que não falaram sobre isso imediatamente?"

Durante o depoimento na corte a respeito do meu pai, ouviu-se Joey Lombardo dizendo: "Cara, estou amarrado no para-choque do carro que esse sujeito está guiando, e ele está me arrastando para o abismo junto com ele."

O juiz Zagel convocou uma audiência extraordinária a portas fechadas para "estabelecer os detalhes que cercam os supostos comentários". Enquanto os advogados de defesa requisitavam um novo julgamento depois de os jurados serem chamados de volta e questionados, o juiz Zagel declinou de tal ação, optando por chamar o jurado que tinha inicialmente se apresentado. Durante a audiência, perguntas foram feitas ao jurado, e Funk foi posto sob juramento, sofrendo uma inquirição cruzada dos advogados de defesa. O juiz Zagel, depois de ouvir toda a evidência de que precisava, determinou que meu pai tinha de fato proferido a ameaça. Outro conjunto de fatos tinha se voltado contra ele.

Três meses depois, em 11 de junho de 2008, foi a vez de Frank Schweihs encarar o show. Schweihs era tão traiçoeiro nas ruas quanto meu pai. Testemunhas em potencial estavam torcendo para que Alemão morresse antes da data do julgamento, para não precisarem depor. Sofrendo de câncer, emaciado, ele estava confinado a uma cadeira de rodas, o que não tirava dele nada do charme que era a sua marca registrada. Durante a audiência criminal, Schweihs, com seus 78 anos, lutou e conseguiu se levantar da cadeira de rodas, fitou Funk, que era o líder da promotoria, e o desafiou: "Você está me encarando, é? Isso mesmo... está me encarando?"

Funk não respondeu verbalmente, mas o olhar que ele disparou contra Schweihs falou por si só.

Sentado perto de Schweihs estava outro promotor federal, Amarjeet Bhachu. Bhachu, um sique, usava turbante, o que irritou ainda mais o nosso irascível gângster.

"Onde estamos nós, num país estrangeiro?"

O julgamento de Schweihs estava marcado para começar em outubro de 2008, com Funk liderando a equipe, e os promotores Bhachu e Marny Zimmer no apoio, mas Alemão não resistiria até lá – um câncer no pulmão e um tumor cerebral o levaram seis semanas depois. Seu funeral foi arruinado porque o corpo foi enviado tarde demais para o mortuário. A família, já aborrecida por Schweihs ter falecido sem nenhum familiar presente, ficou ainda mais aflita quando o enterro foi postergado depois que o médico responsável do condado de Cook exigiu, conforme os regulamentos, que o corpo fosse examinado, uma vez que Schweihs morrera em custódia. "Mafioso atrasado para o próprio funeral", foi a manchete sarcástica do *Sun-Times*, salientando que Alemão era uma pessoa que somente a mãe ou familiares muito próximos podiam amar. Esse é o mesmo Schweihs a quem o chefão da máfia Jimmy Marcello se referiu como "Hitler", ao dizer "Entregue ao Hitler" a ordem de assassinar alguém. Um "enlutado" anônimo apareceu no saguão do funeral e foi indagado por que tinha ido. Respondeu: "Só queria ter certeza de que ele está morto."

Em setembro de 2008, com Frank Schweihs morto e enterrado, o juiz Zagel rechaçou a ideia de um novo julgamento para quatro dos réus da Operação Segredos de Família, abrindo caminho para a condenação final. Mas antes de as sentenças serem proferidas, meu pai realizaria mais uma façanha que faria com que se afundasse ainda mais no confinamento solitário. Como resultado de uma bizarra carta de dezoito páginas que foi contrabandeada para fora da prisão, digitada e enviada por e-mail para Frank Coconate, um ativista político de Chicago e amigo de longa data meu e do meu pai, a carta e informação adicional vieram à tona, indicando que meu pai pretendia de fato realizar sua ameaça de matar Funk. Ele foi então transferido para a pior solitária do MCC.

Coconate e eu tínhamos uma longa história, que remontava à época em que trabalhávamos para a prefeitura de Chicago. Meu pai gostou imediatamente dele, que era um dos meus melhores amigos, uma personalidade frágil com histórico de se comprometer com políticos locais e funcionários públicos. Coconate era um dos meus poucos amigos que se relacionava socialmente com meu pai e Diane na Flórida, onde a família Calabrese passava as férias.

Um reconhecido importuno, Coconate, depois de receber o texto via e-mail, mostrou o conteúdo da mensagem ao repórter local da ABC Chuck Goudie. Se a sentença de abertura, "Olá meu amigo como está você e a sua família?", é ou não uma ameaça velada à família de Coconate, a maior parte da escrita tipo fluxo de consciência é direcionada para a tentativa de recrutar Coconate para sair às ruas e investigar os fatores pendentes envolvendo o caso do meu pai. Parte do texto se fixa (a ponto da obsessão) no "desaparecimento" de um estábulo de carros antigos que meu pai tinha escondido em Huntley, Illinois.

Ao longo de todo o julgamento, meu pai sustentou que eu havia roubado seus automóveis. O tópico persistiu até que o juiz Zagel, com o júri retirado da sala, lidou com o assunto chamando testemunhas e tentando chegar ao fundo de suas acusações. Fracassando em encontrar qualquer relevância para o caso ou para a culpabilidade do meu pai, o tema de seus carros antigos desaparecidos foi posto de lado.

A carta para Coconate em si é um estudo fascinante. Por um lado, são as divagações de um maníaco. Por outro, mostra um manipulador louco em ação. Ele arma a carta jogando uma isca para Coconate, um homem extremamente ciumento com relação a tudo que tivesse a ver com sua esposa, que eu tinha namorado no colégio.

> Quando eu estava em Milan, com meu filho, ele me contou algumas mentiras rediculas [*sic*] sobre você e a sua mulher... Eu gostaria de contar para você o que ele disse, mas prefiro contar pessoalmente sobre você e a sua mulher. Você não vai ficar feliz.

Ao longo de toda a carta há uma série de questões e reminiscências colocadas para Coconate.

> Você lembra quando você vinha em casa, com o meu filho, e a sua mulher, [você] alguma vez viu eu tratando mal meus filhos ou as mulheres deles?
>
> Pergunta. Você lembra como o Jr. era tão humilde, e gentil comigo quando a gente estava na Minhacasa [*sic*]? Você não via ele me abraçar e me beijar, e me dizer que me amava?
>
> Pergunta. Me conta tudo que você pode em relação ao Frankie lhe dizendo como queria aprontar uma armação para mim...
>
> Mais uma vez por favor pense bastante. Eu quero que você por favor me diga qualquer coisa sobre o meu filho Kurt ou o irmão dele Frank. Se eles estavam metidos em negocio(s) [*sic*]...
>
> Você sabe se o Jr. anda gastando muito dinheiro? E onde ele anda gastando?

Quase no fim da sua frenética arenga, meu pai entra num sermão religioso que distorce a sua interpretação do cristianismo e da Bíblia (parafraseando Marcos 13:12) para se adaptar às suas circunstâncias. Isto vindo do homem que se referia ao Credo dos Apóstolos como "Credo de Apolo". Em parte é assim:

> Você alguma vez já leu a Bíblia? Se você leu vai entender como aquelas pessoas 2 mil anos atrás eram espertas. Eu comecei a ler porque um bom [amigo] meu me mandou um mês depois que eu fui preso. É impressionante, como a Bíblia diz para a gente coisas sobre o que está acontecendo nas suas vidas hoge [*sic*], o que estava acontecendo então. E também conta na Bíblia que o filho vai trair o pai, pai vai trair filho, irmão vai trair irmão, junto com outras pessoas da família. Tudo por causa de dinheiro e coisas materiais terrenas.

Agora em confinamento solitário num ambiente reservado para terroristas e inimigos do Estado, e devido a suas ameaças veladas a nós e à sua extraordinária ameaça de morte a um promotor federal, meu pai é monitorado de perto e restrito a uma visita e um telefonema de quinze minutos a cada duas semanas.

Com o promotor John Scully aposentado e Mitch Mars falecido, restou para Markus Funk tratar de todo o processo das sentenças e outros litígios pós-julgamento da Operação Segredos de Família. Meu pai não foi o primeiro a receber sua sentença. Antes dele houve Dennis Johnson, descrito como "um pouquinho jogador" e único ponto de luz entre os onze réus indiciados. Ele foi condenado a seis meses numa prisão federal por converter jogos de videopôquer em máquinas de jogo para bares enquanto trabalhava para a M&M Diversões de Jimmy Marcello. Johnson mostrou-se arrependido e prometeu mudar de vida.

"Me dê uma chance", ele implorou ao juiz Zagel. "Eu sou uma boa pessoa, uma ótima pessoa. Ajudo os outros sempre que tenho oportunidade." O juiz lhe deu a chance, mas seus parceiros não tiveram tanta sorte. O irmão Thomas Johnson e Joseph "Family Man" Venezia foram condenados a trinta e quarenta meses, respectivamente.

Mickey Marcello pegou oito anos e meio por sua participação na coleta de informações para o meio-irmão preso, inclusive sua ajuda em instituir os pagamentos mensais de cala-boca no valor de 4 mil dólares em dinheiro para a família do meu tio. Nick Ferriola, um dos rapazes que faziam de tudo na turma de rua do meu pai, pegou três anos. Embora o júri tivesse ficado num impasse em relação ao papel de Paul "Indian" Schiro no assassinato de seu amigo Emil Vaci, ele foi condenado a vinte anos. Anthony "Twan" Doyle foi condenado a doze anos. Sua pensão anual da polícia, de 30 mil dólares, foi revogada. As restituições e confiscos dos réus da Operação Segredos de Família totalizaram mais de 20 milhões de dólares. Além disso, a promotoria fez a inusitada solicitação de que os patrimônios das vítimas que não fossem criminosos de carreira fossem reembolsados pelos salários perdidos em função dos homicídios. O juiz Zagel concordou com a manobra legal de Funk, e considerou os réus responsáveis por uma restituição adicional de 7 milhões de dólares.

Na tarde de quarta-feira, 28 de janeiro de 2009, às 14h40, meu pai foi trazido para a corte do juiz Zagel, vestindo seu agasalho laranja da prisão e com os óculos estranhamente amarrados na parte de trás da cabeça com uma tira branca rasgada de uma camiseta. Antes de proferir as sentenças por três acusações diferentes – Rico, extorsão da Connie's Pizza e apostas ilegais –, o juiz determinou que fossem ouvidas as declarações de impacto das vítimas. Tais declarações destinam-se a dar às vítimas dos crimes a oportunidade de descrever o efeito pessoal que os crimes do réu tiveram sobre elas e suas famílias. Após as famílias das vítimas, o promotor Funk teria sua vez de falar, e então meu pai se dirigiria à corte, sendo imediatamente sentenciado.

A primeira a se levantar foi Charlene Moravecek, uma das oradoras mais emotivas representando as famílias das vítimas. A acusação fora de que meu pai tinha cortado a garganta de seu marido, Paul Haggerty. (O júri ficou num impasse quanto a atribuir ao meu pai a responsabilidade pela morte de Haggerty, mas o juiz Zagel concordou com Funk, responsabilizando-o legalmente – e financeiramente – pela execução a sangue-frio.)

Moravecek tinha esperado mais de trinta anos para se defrontar com meu pai. Depois de se dirigir ao juiz, ela virou-se para o meu pai e perguntou retoricamente: "Onde estava Deus trinta anos atrás, quando você cortou a garganta dele? Você partiu meu coração, mas nunca vai tirar a minha dignidade."

"Deus a abençoe", meu pai respondeu.

"Nem tente", Moravecek revidou, fitando meu pai de cima a baixo. Ela foi acompanhada para fora da sala pelo advogado da vítima-testemunha sentado na mesa da promotoria.

A declaração mais poderosa veio de Tony Ortiz, cujo pai, Richard Ortiz, foi baleado por meu tio e Jimmy DiForti enquanto meu pai espiava de dentro do carro. Tony, que na época tinha doze anos, vinha de uma família de dez filhos. Ele descreveu para a corte que teve de largar a escola para ajudar a sustentar a família depois que perderam a casa e que, sem seu pai para estimulá-lo, desistiu da sua verdadeira paixão, jogar beisebol. Descreveu Richard Ortiz como um bom pai e disse que, apesar de sua morte trágica, algo de bom veio daquilo. Tony tornou-se um dedicado marido e pai de quatro filhos, sem deixar passar um dia sequer sem expressar seu amor pela esposa e pelos filhos.

Enquanto as vítimas se dirigiam à corte, meu pai parecia mal prestar atenção; ficou de cabeça baixa, rabiscando anotações num bloco de papel. O tema geral do ultraje de muitos dos familiares foram os sorrisos e risadinhas irônicas do meu pai durante o julgamento. Sentado entre as vítimas, esperando para falar, estavam meus irmãos Kurt e Nick.

Até o último momento naquela manhã, Kurt não sabia se deveria ir. Ele concluiu que precisava expor seus sentimentos, liberá-los. Ele e Nicky acabaram sentando com as vítimas. Ninguém conhecia Nicky porque ele se mantivera discreto durante o julgamento. Quando Kurt se levantou, estava nervoso e apreensivo sobre o que os familiares das vítimas sentiam a seu respeito, sobre qual seria o seu lugar. A segurança era rígida, com meu pai cercado por três delegados federais. Quando Kurt se levantou para falar, o advogado Lopez levantou uma objeção. Kurt dificilmente se qualificava como vítima.

"Não no mesmo nível que essas pessoas", Kurt declarou, "mas eu decididamente sou uma vítima do meu pai."

Kurt foi adiante para falar do abuso verbal e físico sofrido por ele e pelos seus irmãos. As surras. Os objetos jogados. No final de sua declaração, Kurt fez uma última exigência.

"Eu gostaria que você se desculpasse por nunca ter sido um pai para mim. Você foi um ditador, e não um pai, que me obrigou a ser algo que eu nunca quis ser. Eu não tive escolha."

Meu pai gritou desafiadoramente de volta, acusando seu filho "inútil" de mentir e roubar. "Eu nunca bati em você. Eu nunca abusei de você. Todos os vizinhos vão dizer isso."

Joe Lopez se levantou e manifestou sua desaprovação ao juiz, argumentando que os procedimentos haviam se transformado num circo para a mídia, insinuando que as declarações das vítimas eram "um espetáculo de picadeiro". Depois do seu comentário, um ar de repulsa e descrença pairou brevemente sobre o tribunal. Kurt foi tomado de surpresa, sobretudo quando pareceu que meu pai iria atrás dele. Ele não conseguiu entender por que o juiz não o impediu de ficar berrando. Isso o desanimou um pouco.

Após a declaração de Kurt, a defesa apresentou uma série de argumentos, alguns dos quais tratavam dos relatórios de condenação, da combinação de acusações de assassinato e Rico, e um argumento sobre a viabilidade de conspiração. Houve um argumento referente à relevância de incluir a bomba contra Nick Sarillo, que Jimmy Marcello não era chefe do meu pai, e que meu pai não devia pagar restituição às vítimas de crimes cometidos antes que certas leis de restituição fossem passadas. O juiz Zagel rejeitou todos eles, citando a questão da restituição como assunto civil.

Durante sua alocução, meu pai deslanchou uma caótica cascata de acusações e negações, chegando a certa altura a afastar-se do pódio e dirigir-se diretamente a Funk, desculpando-se pela ameaça de morte que os jurados "pensavam" tê-lo ouvido fazer e pela "inconveniência" que havia causado a Funk e sua família. Lamentou Kurt ter sido ameaçado durante o julgamento, mas sustentou que não teve participação naquilo. Ele não estava rindo das vítimas (o que o juiz lhe atribuiu), mas do falso testemunho vindo dos familiares. Ele não fazia parte da Organização, e nem ninguém da Organização lhe dava dinheiro. Ele não frequentava seus jantares. Era um indivíduo, e por isso era respeitado. Nunca machucara nem batera em ninguém por dinheiro. Sua política era nunca pôr as mãos em alguém que não pudesse pagar. Cobrava 2% por empréstimos comerciais legais. Já tinha cumprido sua pena por agiotagem e saldado sua dívida com a sociedade. Por que ele fazia parte deste julgamento?

Meu pai saltava de um assunto a outro numa voz trêmula, às vezes sem terminar o pensamento anterior, e já avançando no seguinte. Qual membro da família tinha roubado dele 3 milhões de dólares? Quem roubara 240 mil dólares em papéis da casa de sua mãe, Sophie Calabrese? Seu filho Frankie roubara dele, enfiando droga pelo nariz e roubando seus carros. Seu filho Kurt roubara dele. Lamuriou-se por causa dos problemas de saúde. Ele usava um marca-passo. Estava tratando de problemas no coração e na pituitária, para não mencionar a pressão alta.

"Não há motivo para eu estar vivendo naquele buraco do inferno", ele disse repetidas e repetidas vezes, referindo-se ao seu confinamento numa solitária.

Ele não merecia o tratamento que estava recebendo. Exigiu ser ligado a um detector de mentiras e testado. Não tinha matado ninguém, nem tinha participado de nenhum assassinato. Incentivou sua gente a largar o agenciamento de apostas e levar uma vida honesta. As ameaças contra Kurt foram orquestradas para envenenar as mentes do júri contra ele.

"Eu teria prazer em sentar com todos os jurados, apesar de não saber os nomes deles, e ter uma conversa, e eles veriam um homem diferente daquele do qual estavam com medo, e eles saberiam que eu não sou culpado."

Meu pai falou durante 45 minutos. Ele tinha provas de que eu havia roubado seus automóveis antigos. Ele só "guardava" dinheiro para Johnny Apes. Deus era o seu patrão. Ele não estava nem perto de nenhuma das cenas de crime. Disse que eu havia assistido a todos os filmes de gângster que já tinham sido feitos, e que tudo que eu queria era ser um gângster. Ele me disse que eu não tinha nada que ficar circulando "com aquele tipo de gente". Ele nunca fez negócios com Jimmy Marcello. Os jornais estavam cheios de mentiras. O júri estava contaminado.

"Continuo achando que isto é um sonho. Isto não é realidade."

Num gesto bizarro, referiu-se ao falecido Mitch Mars: "Lamento saber do sr. Mars. Ouvi várias pessoas chorando por ele. Parece uma morte terrível. Espero não morrer de câncer."

Então pediu um minuto de reza silenciosa. O juiz o fitou incrédulo. Algumas pessoas na corte interpretaram o comportamento do meu pai como o de um homem nervoso e assustado. Embora eu não estivesse lá, devo respeitosamente discordar. Meu pai não estava apavorado. Depois que o tumor próximo à sua glândula pituitária foi removido, sua memória passou a falhar um pouco. Ele está tomando um monte de remédios. O tremor e os nervos, esquecer das coisas, pular de um assunto a outro – isso não era medo, mas sua doença e sua raiva saindo ao mesmo tempo. Ele sempre teve dificuldade de controlar as palavras, emoções e os pensamentos quando aquela raiva terrível tomava conta dele.

Quanto a sentar-se numa sala com doze jurados e convencê-los de que é o cara mais bacana do mundo, sabem de uma coisa? Ele seria bem capaz! Eu o vi fazer isto muitas vezes comigo e com a minha família, com advogados na cadeia. Até mesmo os delegados federais designados para vigiá-lo junto com os outros réus, talvez porque em certa medida estivessem "fascinados pelo estrelismo" ou por terem caído sob seus encantos de alguma maneira, o tratavam visivelmente melhor do que o "criminoso médio", rindo das suas piadas e batendo papo com ele antes de o juiz Zagel entrar na sala. Basta observá-lo entrando e saindo de suas diferentes personalidades. O maxilar inferior salta para fora. Os dentes ficam cerrados. Os olhos vitrificados.

Quase toda adversidade na vida do meu pai foi enfrentada e resolvida com uma "reunião". Numa reunião mafiosa, você pode convencer as pessoas a acreditar em certas coisas, evitando os principais pontos de discórdia. Ele é o rei das reuniões. Mas um julgamento é diferente. Num julgamento, o juiz mantém as coisas em foco, e os promotores, não agindo por respeito ou temor do réu, sabem que você, como réu, está agora na "praia" deles. Você não pode se desviar da questão central nem da verdade. E foi isso que afundou meu pai. O surgimento da verdade.

Às 16h55, o juiz Zagel deu a palavra final.

Respondendo a uma carta escrita em nome do meu pai, ele considerou condenável que meu pai classificasse muitas de suas vítimas como traficantes de drogas e criminosos merecedores de seus destinos, e que em alguns casos a sociedade tinha efetivamente se beneficiado financeiramente de suas mortes. Zagel manifestou abertamente sua repulsa pela negação e ganância do meu pai, especialmente com a insensibilidade de suas risadas durante certos depoimentos que lhe pareciam engraçados. O que o juiz Zagel considerou extraordinário foram os testemunhos que eu e meu tio demos contra alguém de nosso próprio sangue. Estava claro que éramos testemunhas de credibilidade, e foi a família do meu pai que, em última análise, o enterrou e selou sua sorte.

"Talvez o senhor não tenha uma família amorosa", resumiu o juiz Zagel.

Na acusação Rico, meu pai foi condenado a penas distintas de prisão perpétua para cada um dos homicídios pelos quais o júri o considerou culpado. Para a segunda acusação, de extorsão, pegou 240 meses. Por suas atividades de agenciamento de apostas, outros sessenta meses. No caso de uma apelação derrubar uma ou mais acusações, o tempo das condenações restantes continuava correndo.

"Os seus crimes são indescritíveis e a minha sentença está fechada", prosseguiu Zagel. "Se, por alguma razão, você for libertado da prisão, irá para um centro de custódia."

O juiz Zagel aplicou a lei ao pé da letra para o meu pai. Ele recebeu múltiplas sentenças de prisão perpétua, mais 25 anos. Eu gostaria de ter estado lá, junto dos meus irmãos, para apoiá-los. Mas não senti necessidade de estar diante do meu pai, apontando-lhe o dedo e desafiando-o com olhares sujos ou mesquinhos.

Eu não tinha ideia de que circo ele e seus advogados iriam montar. Por outro lado, se eu tivesse ido até lá e o visto sair como um velho cheio de remorsos, isto teria me incomodado. Quando se olha para ele, estamos olhando para duas pessoas dentro de um mesmo corpo. Um é o homem pérfido capaz de tirar uma vida em um segundo. E existe o outro, o pai amoroso do qual eu gostaria de cuidar.

Nas semanas seguintes, o juiz Zagel terminou de sentenciar os demais réus da Operação Segredos de Família. Joey Palhaço Lombardo foi condenado depois que o juiz Zagel comentou: "No final, somos julgados pelas nossas ações, não por nosso humor nem por nossos sorrisos. Em casos como este, somos julgados pelas piores coisas que fizemos, e as piores coisas que o senhor fez são terríveis."

O Palhaço seria condenado à prisão perpétua, basicamente pelo assassinato de seu ex-amigo íntimo Daniel Seifert. Lombardo teve o seguinte a dizer à esposa e aos dois filhos de Seifert: "Primeiro, quero dizer a Emma Seifert, Joe Seifert e Nicky Seifert que lamentei a perda naquela época, e lamento a perda agora. Quero que a corte e a família

Seifert saibam que não matei Danny Seifert e não tive nada a ver com a sua morte, antes, durante ou depois... Onde estão as provas, Funk? Onde estão as provas?"

Ao deixar o tribunal três décadas após o assassinato do marido, Emma Seifert admitiu: "Jamais vou me sentir segura."

Quanto a James "Jimmy Light" Marcello, numa atmosfera bem menos dramática que a condenação do meu pai ou Lombardo, o juiz Zagel se decidiu por uma prisão perpétua. Little Jimmy foi julgado responsável pelos assassinatos de Tony e Michael Spilotro. Por uma estranha ironia, que havia se tornado a marca registrada da Operação Segredos de Família, durante o período até o julgamento, os investigadores descobriram que Marcello e seu irmão tinham recebido informações referentes ao fato e à natureza da cooperação do meu tio com os federais. Obtiveram a informação secretamente de ninguém menos que o condecorado subdelegado federal John Ambrose, que esteve presente a dois dos depoimentos ultrassecretos de Nick. Após o julgamento de Ambrose em 2009, conduzido pelo promotor Funk, o juiz John F. Grady o condenou a uma sentença dura na penitenciária federal do Texas por colocar em risco a vida do meu tio e por trair seu distintivo e a confiança dos colegas.

Quando chegou a hora da sentença do próprio James Marcello, ele não demonstrou emoções, mal meneando a cabeça. Trajava um casaco esportivo e calças, em vez do uniforme laranja da prisão.

"Lamento que não tenha vivido uma vida melhor", Zagel disse a Marcello, "mas vai ter que pagar pelos seus crimes."

O cômputo final das sentenças da Operação Segredos de Família ficou assim:

Frank Calabrese pai: Múltiplas penas perpétuas, mais 300 meses.
Joey Palhaço Lombardo: Perpétua.
James "Little Jimmy" Marcello: Múltiplas penas perpétuas.
Paul "Indian" Schiro: 20 anos.
Anthony "Twan" Doyle: 12 anos.
Michael "Mickey" Marcello: 8 anos e meio.

Nick Ferriola: 3 anos.
Joseph "Family Man" Venezia: 40 meses.
Thomas Johnson: 30 meses.
Dennis Johnson: 6 meses.

Restava meu tio, Nick Calabrese. Qual seria seu destino? Como o juiz levaria em conta sua participação em catorze assassinatos, ao mesmo tempo considerando sua cooperação e testemunho para tirar de circulação os principais líderes e jogadores da Organização de Chicago?

Antecipando a sentença do meu tio, mais uma vez usei caneta e papel.

41. O efeito guarda-chuva

Em 1995, antes que o clã Calabrese fosse conduzido para a prisão, tio Nick resolveu por conta própria procurar Johnny Apes, o subchefe da Organização a quem ele se reportava. Nick queixou-se a Johnny de que o irmão envolvera os filhos em seus problemas legais e não estava fazendo nada para impedir que fossem para a cadeia.

"O que você quer que eu faça?", Johnny Apes perguntou a Nick.

"Só estou lhe contando. O chefe é você."

Johnny Apes deu uma pistola ao meu tio: "Isto é o melhor que eu posso fazer."

Alguns meses depois, eu me sentei com o tio Nick. Na época, estávamos ambos afastados do meu pai.

Eu disse: "Não sei o que fazer. Estou fugindo do meu pai e sei que você também não está falando com ele."

Tio Nick me ofereceu a pistola que Johnny Apes tinha lhe dado.

Antes da sua morte em 1999, Angelo LaPietra fez um comentário para sua neta Angela, dizendo que meu pai nunca deveria ter nos metido, Kurt e eu, nos seus negócios, e que isso era um pecado capital com o qual os chefes deveriam ter lidado.

Em janeiro de 2001, seis anos antes do julgamento da Operação Segredos de Família, saí de Chicago e me mudei para uma casa na cidadezinha rural de Cary, Illinois, reconciliado com Lisa e meus dois filhos. Um ano depois, resolvemos deixar o Meio-Oeste. A família estava se dando bem. Durante essa época, fui gradualmente compartilhando fragmentos de informação com Lisa sobre a minha cooperação com o esquadrão do Crime Organizado do FBI e o agente Mike Maseth. Uma vez feitos os indiciamentos, um enorme julgamento da máfia estava agora no horizonte. Depois que Lisa e eu recebemos telefonemas ameaçadores que desconfiamos vir de um dos substitutos do meu pai, percebi que seria melhor que minha família deixasse Illinois para começar vida nova em outro lugar.

Como eu queria ir para um lugar quente, primeiro considerei me mudar para a Flórida, mas não encontrei nada que pudesse adquirir. Uma viagem para o oeste, para Nevada, também não deu certo. Após uma escala no Arizona, marquei um encontro com um corretor de imóveis local. Telefonei para Lisa com a novidade. Eu tinha feito uma proposta baixa por uma modesta casa numa viela sem saída. O Arizona não era um paraíso apenas para golfistas e ex-gângsteres aposentados. As escolas eram boas, e havia uma porção de crianças no bairro. O clima seco do lugar contribuía para não agravar meus sintomas de esclerose múltipla, era bem melhor que a umidade e o frio de Chicago.

No começo de junho de 2002, carreguei minha família para a longa viagem de carro até o sudoeste. O governo me forneceu uma modesta soma em dinheiro para a mudança. A quantia, entregue todo mês, era acentuadamente menor do que aquela que uma companhia do setor privado pagaria a um empregado para se mudar para o outro lado do país. Estávamos a caminho do Arizona.

O Programa de Proteção a Testemunhas nunca foi uma opção. Se tivéssemos entrado para o Programa, eu teria me tornado um homem sem história ou passado, e sentia que isso me limitaria permanentemente a empregos de baixos salários. Entrar para o Programa teria significado desistir de contatar minha família e amigos, algo que eu não estava disposto a fazer. E meus filhos seriam muito prejudicados se tivessem que ocultar suas verdadeiras identidades.

Além disso, não sou do tipo que corre e se esconde. Não foi assim que meu pai me criou.

Chegando ao Arizona, abri a filial da Costa Oeste de uma firma de cuidados de pele, na qual eu tinha participação societária. Depois de dois anos desenvolvendo o negócio com êxito, ofereceram-se para comprar a minha parte. Decidi que era hora de fazer o que eu mais gostava: entrar no negócio de restaurantes e fazer pizzas.

Lisa e eu abrimos uma butique de pizzas numa despretensiosa galeria comercial. O bistrô servia a pizza de crosta fina com qualidade de Chicago, junto com algumas das mesmas entradas italianas que agitei durante meus dias trabalhando no Armand's em Elmwood Park. Lisa virou a rainha das saladas e, enquanto construímos o negócio, eu trabalhava sete dias por semana para fazê-lo dar certo. Estabelecendo-me numa redondeza nova, sentei-me com Lisa e as crianças para explicar o que eu tinha passado na última década. De volta à minha família, botaria para funcionar com meus próprios filhos as lições que aprendi do relacionamento com meu pai. Jurei que juntos formaríamos uma unidade familiar amorosa, com espírito de equipe.

No verão de 2007, quando a CNN começou a fazer a cobertura do julgamento da Operação Segredos de Família, o rosto do meu pai encheu a tela da TV. Amigos de Chicago e vizinhos que conheciam o nome Calabrese começaram a fazer perguntas. Então, alguns dos colegas de escola das crianças descobriram na internet os métodos assassinos do "vovô". Surpreendentemente, as crianças e eu aprendemos o quanto os residentes do Arizona eram capazes de não fazer julgamentos. ("Alguns dos colegas de escola acharam que a gente era bacana", recorda-se a minha filha, Kathy Calabrese.) O julgamento adicionou outro ângulo do Arizona quando Anthony Doyle, que havia se aposentado e se estabelecido no pequeno vilarejo de Wickenburg, perto do deserto do Arizona, foi remetido de volta a Chicago para enfrentar o grande júri.

Se por um lado as crianças se adaptaram ao novo lar, Lisa ficava preocupada com a segurança delas. Durante o julgamento, jornalistas e vans das emissoras de TV fluíam para a nossa pequena pizzaria, para grande desprazer do proprietário da galeria. Quando o salão de cabeleireiro ao lado me alertou que havia repórteres fazendo perguntas sobre o passado do novo vizinho, algo tinha de acontecer.

Lisa começou a ficar assustada com alguns personagens de aparência desagradável que foram aparecendo na galeria. Com a crescente publicidade do julgamento, preocupou-se que, se eu continuasse acessível no restaurante e alguém da Organização tentasse me matar, isto poderia pôr em risco a segurança dos nossos filhos, dos nossos empregados e do nosso senhorio.

Luigi Mondini, o agente atualmente encarregado de mim, e o subprocurador John Scully pegaram um voo para o Arizona a fim de tranquilizar Lisa. Eu era intrépido e estava pronto para completar missa missão. Naquela época, a Procuradoria-Geral e o FBI estavam trabalhando comigo no meu iminente depoimento no banco das testemunhas.

Respondendo aos temores de Lisa, Luigi arranjou um local num condomínio fechado e vigiado em Tucson para meu trabalho de preparação nas cinco semanas seguintes. Lisa e eu resolvemos fechar o restaurante durante o verão, com esperança de reabri-lo no outono, após o julgamento. Concluímos que se circulassem rumores de que eu estava temporariamente sob proteção especial, o resto da família estaria a salvo. Embora não houvesse evidência de que eu ou a minha família tivéssemos sido seguidos por membros da Organização, especulou-se que meu pai teria contratado detetives particulares para me localizar. Um momento preocupante ocorreu quando um homem num jipe com placa de Illinois acelerou na frente da nossa casa, cantando os pneus. No fim, descobrimos que era um amigo de um vizinho que, ironicamente, era ex-policial da cidade de Nova York.

Após as sentenças e condenações da Operação Segredos de Família, a vida da minha família no Arizona voltou a ter uma aparência de normalidade. Embora meu pai esteja atualmente cumprindo sua pena em confinamento solitário, separado da população geral do Centro Médico para Prisioneiros Federais (MCFP) em Springfield, Missouri, sua presença ainda paira a quilômetros de distância, no sudoeste.

Lisa chama isto de efeito guarda-chuva. O medo em relação ao meu pai não desaparece simplesmente porque ele está encarcerado. Até hoje, Lisa tem pesadelos com ele. Sua aura penetra através dos muros da prisão. Um sujeito como Frank Calabrese não afeta apenas uma pessoa. Ele assoma sobre nós como um gigantesco guarda-chuva – de mim para minha esposa e sua família imediata, para os meus filhos, e para os amigos dos meus filhos. Nem uma única vez meu pai pareceu ter se dado conta de como seus atos afetavam aqueles ao seu redor.

Quanto à minha segurança pessoal, sou pragmático. Se as pessoas podem matar um presidente, também podem me matar. Ninguém é invencível nem está totalmente seguro no mundo de hoje.

Após a publicidade que cercou o julgamento, os veredictos e as subsequentes condenações, Lisa e eu relutantemente fechamos nossa pequena pizzaria. Quando entrei em uma nova companhia, reuni-me com o gerente para explicar meu passado.

Eu abri o jogo com meu patrão. Conversamos de homem para homem. Algumas das pessoas que agora trabalhavam comigo eram gente que conheci no restaurante, de modo que imaginei que era apenas uma questão de tempo para a coisa se espalhar. Além disso, não quis esconder nada do meu chefe. Contei sobre o meu passado e que teria prazer em responder a qualquer pergunta. Se houvesse um problema, eu preferia ir embora em vez de ser demitido.

Ele me disse que era admirável que eu tivesse pegado uma situação ruim e a transformado em algo positivo. Não tendo que viver o que vivi, depois de conhecer a minha história, ele se sentiu afortunado por ter crescido numa família que sempre trabalhou duro, com um pai amoroso. Disse ter esperança de que eu pudesse ficar.

Em 1º de dezembro de 2008, dez anos depois da minha fatídica carta ao agente especial Tom Bourgeois, enviei outra carta, desta vez ao juiz Zagel, referente à situação do tio Nick, que deveria receber sua sentença em 26 de março de 2009, pelo seu papel na Operação Segredos de Família.

A carta dizia em parte:

> Quero que a corte saiba que se por um lado meu tio fez algumas coisas terríveis, ele é um homem bom. Ao depor como testemunha, ele estava tentando fazer a coisa certa. Não é minha intenção justificar nada que ele tenha feito,

> mas sei no meu coração que ele está pronto para passar o resto da sua vida como membro produtivo da sociedade.
>
> Foi extremamente difícil testemunhar contra o meu tio e tirá-lo da sua família. Ele sempre esteve lá para todos; sempre colocando as necessidades deles em primeiro lugar... Acredito sinceramente que se o meu tio tivesse uma segunda chance, seria um cidadão e homem de família exemplar. Eu estaria disposto a arriscar minha liberdade para garantir isto.

Tio Nick cooperou em janeiro de 2002, e após cumprir toda a sua pena por extorsão em novembro do mesmo ano, permaneceu sob custódia, trabalhando com Mike Maseth e outros agentes do FBI. Conforme testemunhou: "Deixei o medo controlar a minha vida, e por baixo desse medo havia um covarde que não se afastava daquela vida."

Meu tio foi condenado a doze anos e quatro meses pela sua participação nos catorze assassinatos que cometeu junto com meu pai. Sua sentença redundou em menos de um ano por assassinato.

Ao explicar a lógica por trás de sua sentença, o juiz Zagel declarou que, ao contrário dos réus Joe Lombardo e meu pai, Nick mostrou arrependimento e vergonha pelos seus crimes. Zagel ressaltou que Nick cometera catorze assassinatos medonhos e que a sentença provavelmente provocaria reações negativas no público em geral, e mais ainda nas famílias das vítimas e nos sobreviventes.

Charlene Moravecek olhou para o meu tio e declarou: "Ele é o diabo." Ela deixou o tribunal em lágrimas e desmaiou do lado de fora da sala.

Tony Ortiz ficou arrasado pelo fato de o juiz Zagel não ter dado a Nick uma pena maior. Ele não engolia o arrependimento do meu tio: "Ele baleou meu pai na cabeça nove vezes", declarou posteriormente à imprensa. "Alguma vez ele pediu desculpas a alguma das famílias? Não, não pediu."

Mas Zagel, geralmente visto como um juiz adepto do princípio lei e ordem, explicou que, sem depoimentos reveladores em primeira mão de criminosos como meu tio, como as famílias no futuro conseguiriam encerrar seus dramas vendo os assassinos de *seus* entes queridos trazidos para as barras da justiça? Zagel lembrou ao tribunal que Nick, uma vez libertado, passaria o resto da vida apreensivo, com medo de represália, e fez ver a Nick que a Organização "não vai perdoar ou abrandar a perseguição ao senhor".

Se por um lado um bom número de pessoas não se conformou que Zagel tivesse "pegado leve" com tio Nick, eu e meus familiares tínhamos esperança de que o tempo cumprido entre 2002 e 2009 bastaria para libertá-lo. Em vez disso, com a redução de alguns meses por bom comportamento, ele poderia ser um homem livre em 2013.

Meu tio entrou num acordo de "final em aberto", que colocou seu destino nas mãos do juiz Zagel. Parte desse acordo era que os estados não podiam processá-lo por nenhuma das acusações de assassinato. De outra forma, não haveria acordo. Zagel poderia tê-lo condenado à prisão perpétua, ou Nick poderia ter se safado totalmente. Acabou pegando doze anos, sete a mais que Sammy "the Bull" Gravano, que também cooperou, mas admitiu estar envolvido no assassinato de dezenove pessoas.

Fica claro que sem o nosso testemunho, a Operação Segredos de Família não teria evoluído. Todavia, estou seguro de que foi extremamente difícil para o subprocurador Funk pleitear indulgência no caso do meu tio. Ele tinha de prever a reação impopular à sentença do tio Nick. Contudo, a contribuição do meu tio para o caso foi essencial para conseguir as condenações do escalão superior da Organização, e para mandar um recado de que ela não seria mais tolerada.

Promotores não ganham concursos de popularidade com a família, amigos e vizinhos advogando sentenças menores para assassinos condenados que cooperam com os federais. Tenho certeza de que Funk se debateu intimamente com todo o processo de falar pelo meu tio. Mas o público não percebe que futuros réus precisam saber que, se se apresentarem e cooperarem, algum retorno eles terão pela sua honestidade. Acordo era acordo, e agora era a vez de o governo cumprir a sua parte na negociação. E Funk não renegou o acordo. Disse ao juiz Zagel que o Nicholas Calabrese com quem ele tivera numerosas interações era impossível de comparar com o carrasco metódico e de sangue-frio que Nick admitiu ter sido um dia: em suma, meu tio constituía um "paradoxo ambulante, falante e respirante".

Numa análise final, fico contente de ter apresentado e citado meu tio como assassino de John Fecarotta. Ao fazer isso, em última instância acabei salvando a vida de nós dois. Dei a Nick a possibilidade de expiar seus atos e se afastar do meu pai e da quadrilha. Eu e uma porção de cidadãos da classe trabalhadora de Illinois estamos agora livres das garras de Frank Calabrese pai e da Organização. O preço da liberdade é a eterna vigilância. Se a sociedade deve ficar livre de quadrilhas como a Organização, não podemos ter facilitadores – políticos, empresários, policiais corruptos e cidadãos comuns – que tornem a existência do crime organizado possível.

COM O SUCESSO DA OPERAÇÃO SEGREDOS DE FAMÍLIA nos livros de história, Mike Maseth foi solicitado a fazer uma apresentação especial do caso que ficaria disponível para as várias cerimônias do governo, convenções e congressos do FBI e de outras agências legais. Quando o FBI teve um de seus congressos nacionais em 2008, Mike e seus colegas do esquadrão OC de Chicago foram convidados para uma apresentação em PowerPoint delineando toda a investigação. Para surpresa de Maseth, sua plateia, composta de colegas endurecidos, do tipo já-vi-de-tudo, respondeu com uma entusiástica aprovação. Quando Mike me contou sobre a reação positiva que tinha recebido nas apresentações, me convidou a participar de futuras sessões. Eu fiquei intrigado.

Minha reação inicial foi que ninguém estaria interessado na minha história. E se as pessoas achassem que eu não passava de um cara que tinha traído o pai? Eu queria seguir adiante com a minha vida. Mas quando Mike me chamou para uma conferência de métodos para implantação da lei na Califórnia, resolvi fazer uma experiência. Sentei-me com Mike e Luigi e repassei os aspectos mais importantes. Montamos uma apresentação bem amarrada. No começo, fiquei nervoso contando a minha história pessoal para um salão cheio de estranhos. Mas aí não pude acreditar na resposta e empatia que recebi, especialmente durante o período de perguntas e respostas que se seguiu. A minha família e alguns dos meus amigos também me incentivaram a contar a minha história. Sentiam que era uma história de família comovente, e uma história de coragem. No entanto, eu não sentia que tinha feito algo corajoso. Eu só fiz aquilo porque era a coisa certa a se fazer.

Lisa disse algo que fazia muito sentido. Eu precisava contar a minha história porque existem pessoas em situação semelhante, presas nas armadilhas de seus próprios segredos familiares. Há gente por aí que tem medo de se levantar e falar contra situações familiares abusivas. Sentem-se como se estivessem trancadas numa jaula de segredos, sem saída. Acredito que a minha história mostra que existe *sim* uma saída. O importante é que não precisa ser a saída errada.

Com meu pai seguro atrás das grades, eu convivo tanto com o alívio quanto com o remorso. Ter me voltado contra ele é algo com que vou ter de conviver pelo resto da vida. Eu nunca me senti bem por cooperar. Até hoje trago o retrato dele na minha carteira. Olho para o retrato desejando que as coisas pudessem ter sido diferentes.

As coisas nunca estarão terminadas entre nós. Sei que um dia ele estará esperando por mim nos portões do céu ou do inferno, esperando acabar com isso. E se ele virar um fantasma, um fantasma zangado, estará na minha porta me assombrando para sempre. Mas pelo menos agora ele não está em posição de machucar ninguém nem de trazer mais sofrimento para a minha família. É como ele disse um dia na corte: "Meu filho, ele não fica com medo fácil."

Epílogo
Atrás do quadro

Na terça-feira, 23 de março de 2010, treze meses depois de o meu pai ter sido condenado à perpétua mais 25 anos, uma equipe de delegados federais, agentes do FBI – incluindo Mike Maseth – e um especialista em fechaduras chegou para uma busca surpresa na casa que fora do meu pai, no número 14 da Meadowood Drive, em Oak Brook, pegando sua esposa, Diane Cimino, completamente desprevinida. O mandado de busca preparado por Funk foi cumprido pelos delegados. Eles estavam à procura de compartimentos secretos contendo dinheiro vivo ou outros valores.

Durante o período anterior à batida, fiquei em contato com Mike. Trabalhei com o FBI para ajudá-los a achar o dinheiro escondido do meu pai. Nós três – meu irmão Kurt, tio Nick e eu – cooperamos independentemente. Nossa razão para ajudar provinha do julgamento. A defesa do meu pai dizia que o tio Nick, Kurt e eu tínhamos armado contra ele, conspirando para mantê-lo encarcerado a vida toda de modo a podermos roubar seu dinheiro. Nós levamos o assunto a sério e queríamos provar que ele estava mentindo.

Recebi uma ligação de Mike Maseth no dia da busca na casa de Oak Brook. Eu disse a Mike que, como o porão inteiro da casa era forrado, ele deveria prestar atenção a qualquer painel de revestimento ou compensado perto de uma adega ou atrás de um quadro emoldurado. Enquanto os delegados faziam a busca no porão, Mike concentrava-se em outras partes da casa. Enquanto vasculhava a garagem e verificava os carros, recebeu uma mensagem de texto de um dos delegados que estavam no porão:

"Mike, você precisa descer aqui."

Ao perceber que Mike não respondeu imediatamente, chegou outro texto do delegado:

"Não. Você realmente precisa descer agora."

Quando Mike entrou no porão, viu um enorme console Xbox 360 montado na área em que os filhos do meu pai jogavam seus videogames. À esquerda da televisão, havia um quadro pendurado na parede, contendo aproximadamente meia dúzia de fotos de família. Depois que os delegados tiraram os parafusos atrás da moldura do quadro, depararam-se com uma mina inesperada.

Por trás da moldura havia um compartimento oco de armazenagem. Dentro dele, uma caixa cheia de envelopes, totalizando centenas de milhares de dólares em dinheiro. Além disso, foram achados sacos de veludo preto repletos de joias e diamantes soltos. Havia armas, uma delas limpa e embrulhada num pedaço de pano. (Quando guardávamos armas, sempre nos certificávamos de que estivessem limpas para evitar quaisquer impressões digitais que pudessem nos entregar.) Eram o que nós chamávamos de "descartáveis", pistolas de dois e cinco tiros, fáceis de esconder na palma da mão, com munição calibre .22 do tipo longo. Havia também microcassetes gravadas por meu pai. (Segundo minhas fontes, alguns políticos ficaram nervosos com o conteúdo das fitas.) Por ironia, meu pai tinha gravado secretamente seus sócios sem que eles suspeitassem, toda vez que não estava por perto para presenciar em primeira mão os negócios que estavam sendo transacionados.

Enquanto Mike vasculhava os aposentos, mantivemos contato via telefone celular. Ao ouvir que o dinheiro fora encontrado, tudo fez sentido para mim. Lembrei-me que vovó Sophie costumava dizer que, sempre que precisava de dinheiro, Diane descia ao porão. O dinheiro que ela trazia tinha cheiro de mofo – ou *muffah*, como dizia vovó Sophie.

No esconderijo havia 27 notas de mil dólares, que datavam de 1928. Essas notas foram impressas pela última vez em 1945, e mesmo que o Federal Reserve as tenha tirado de circulação em 1969, elas continuam sendo legais. Como nunca foram declaradas inválidas, se você tiver uma delas, tecnicamente ainda pode usá-la, o que seria uma grande bobagem, já que agora elas valem de 1.100 a 2 mil dólares para colecionadores. (Em 1969 o presidente Nixon assinou uma ordem executiva suspendendo a distribuição de notas de alto valor nominal como meio de combater o crime organizado, dificultando o transporte de grandes somas de dinheiro.)

Depois de descobrir o esconderijo no porão, Mike subiu com um delegado para o dormitório de Diane, onde encontraram uma escrivaninha trancada, que precisou ser aberta pelo especialista em fechaduras. Encontraram aproximadamente 26 mil dólares em dinheiro vivo numa gaveta. Isso fez a quantia recuperada em Meadwood Drive totalizar 728.481 dólares. Nesse mesmo dia, um pouco mais tarde, a busca dos delegados revelou outros 110 mil dólares em títulos de poupança dos Estados Unidos.

Ainda que a bolada em dinheiro do meu pai fosse bastante significativa, não chegava perto das quase mil peças de joalheria e diamantes escondidos atrás da moldura do quadro no porão. A maioria ainda tinha etiquetas de inventário. Havia relógios caros e catorze anéis e sinetes de brilhante, alguns valendo entre 30 mil e 50 mil dólares. Acredita-se que a maior parte das joias tenha sido adquirida por meu pai ou coletada como adicional nos empréstimos de agiotagem. É duvidoso que ele estivesse envolvido em assaltos a joalherias.

A busca pelos bens do meu pai marcou pela primeira vez na história de Illinois a tentativa de indenizar as famílias de vítimas de homicídio. Até então, a indenização geralmente se aplicava a crimes de colarinho-branco e casos de fraude bancária.

Na época em que a Operação Segredos de Família foi a julgamento, em 2007, meu pai alegou que estava sem um centavo e que seus filhos haviam roubado vastas somas do seu dinheiro – totalizando milhões. Tendo se declarado indigente, os contribuintes pagaram a conta da sua defesa. Ele não foi o único réu da operação a alegar miséria. Paul Schiro e Twan Doyle também o fizeram.

Não foi a primeira vez que meu pai chorou indigência. Ele fez esse jogo durante o nosso caso em 1997, quando ele, tio Nick, meu irmão Kurt e eu (além de outros membros da turma) nos declaramos culpados e fizemos acordo. Como parte do pleito, ele fez um acordo com o escritório de Mitch Mars pelo qual minha avó Sophie cobriria sua multa de 750 mil dólares, dando como garantia sua propriedade. O problema foi que meu pai logrou a Procuradoria-Geral e os contribuintes quando não conseguiram obter a assinatura de concordância da minha avó antes de meu pai finalizar o acordo declarando-se culpado e aceitando uma sentença federal de dez anos. Segundo meu pai, minha avó tinha mudado de ideia. Ainda sem um centavo no papel, Mitch Mars e o governo conseguiram coletar muito pouco para a multa do meu pai. Com exceção de alguns dólares cobrados como custas legais da ação Rico, meu pai conseguiu não pagar sua multa de 750 mil dólares.

Depois de tapear o governo, foi ordenado em 2007 a fazer a restituição com base em quaisquer bens que pudessem ser legalmente confiscados. O governo conseguiu pôr a mão em casas e propriedades, a despeito de em nome de quem estivessem. Meu pai ficou sabendo que a mera troca de nomes em bens ou títulos não bastava para ocultar sua riqueza.

Sob a regência do juiz Zagel, as famílias das vítimas de assassinatos cometidos pelos réus tinham direito a uma compensação baseada na perda dos rendimentos do provedor da família. Estimando o potencial de renda de cada vítima, a corte chegou a um número – 4,5 milhões de dólares – que meu pai (junto com os outros réus) era agora solicitado a pagar em forma de restituição. No entanto, as obrigações de restituição não iriam parar por aí. Uma vez pagos os 4,5 milhões iniciais para as famílias das vítimas, os contribuintes americanos eram os *próximos* da fila, para 20 milhões *adicionais*. Meu pai não era mais encarado como indigente; todos os réus da Operação Segredos de Família eram agora conjuntamente responsáveis por pagar pelos assassinatos e mutilações dos quais tinham participado nos últimos 35 anos.

Eu compreendo que pessoas cometam erros. Alguns escolhem uma vida de crimes da mesma forma que outras escolhem praticar esportes: como meio de fugir da pobreza, usando o dinheiro para medir e validar seu sucesso. Eu gostaria que meu pai não tivesse sido um desses.

Com frequência imagino estar sentado com ele, assistindo aos esportes na TV, comendo pizza juntos, ou planejando uma viagem de pesca com meus irmãos Kurt e Nicky, quatro sujeitos reunidos num "programa de homem". Sei que meus irmãos tinham um desejo parecido. Pena que meu pai não.

No passado, meu estilo de vida foi muito diferente e distorcido. Tudo girava em torno do meu pai e de dinheiro. Sempre agitação e euforia. Ganhar dinheiro às custas de alguém. Fazer jogos mentais entrando na cabeça das pessoas com táticas para assustá-las, ameaças e coerção. Esses dias se foram. Em lugar disso, a cada dia eu me obrigo a lembrar de pensar de forma diferente. A permanecer na trilha reta e estreita, fazer a coisa certa, e ser grato aceitando as pequenas vitórias da vida. Hoje eu me sinto aliviado por não ter que conviver com a intimidação e violência do meu pai. O controle que ele tinha sobre mim não existe mais.

As notícias sobre a batida de março de 2010 no esconderijo secreto do meu pai geraram uma comoção na mídia. Dezesseis dias depois, três criminosos de carreira foram detidos diante do complexo de Bridgeport, Illinois, anteriormente de propriedade de Angelo Gancho. Angelo era conhecido como um dos poucos chefões que viviam na mesma área que controlavam.

Os três suspeitos incluíam Jerry Scalise, que declaradamente estivera na cena dos assassinatos de William e Charlotte Dauber em 1980. Scalise foi preso na noite de 8 de abril de 2010 com dois outros cúmplices, Arthur "the Genius" Rachel e Robert "Bobby" Pullia. Scalise e Rachel já haviam cumprido doze anos numa penitenciária do Reino Unido pelo roubo, em 1980, de joias no valor de 1,5 milhão de libras esterlinas da Graff, uma joalheria badalada em Knightsbridge, Londres. O produto do roubo incluía o fabuloso Diamante Marlborough, uma pedra de 26 quilates que nunca foi recuperada.

A imprensa atual se encarregou de lançar luz sobre as idades dos três: Scalise, 73; Rachel, 71; e Pullia, 69. Apelidados de "mafiosos de idade" e "cidadãos veteranos", tiveram suas prisões retratadas de forma irreverente pelos jornais e revistas, com manchetes como "Pensionistas detidos por planejar assalto a banco em Chicago". Os federais encaravam suas intenções sob um ângulo muito mais sério. Nas palavras do governo, "este caso envolve três criminosos de carreira sem praticamente nenhum histórico de trabalho legítimo, que estavam planejando usar armas e violência para assaltar o pessoal de um carro-forte e fugir usando um furgão especificamente modificado para que os homens tivessem a facilidade [de] atirar em qualquer pessoa que se aproximasse". As modificações no furgão incluíam orifícios tanto para espiar como para atirar contra a polícia. Depois das prisões, os três foram acusados de um assalto a banco em 2007, na área suburbana de LaGrange, que rendeu 120 mil dólares. Ao montar um esquema de escuta no furgão alguns meses antes, o FBI havia juntado horas de gravações dos homens "discutindo suas violentas intenções criminosas", que incluíam o assassinato de uma testemunha da Operação Segredos de Família, cujo nome não foi citado. (O promotor responsável pelo processo de Scalise, Rachel e Pullia foi T. Markus Funk.)

Não ficou claro quais eram as intenções de Scalise e sua gangue. A ação pode ter sido inspirada pela apreensão de 1 milhão de dólares feita pelo FBI na casa do meu pai duas semanas antes, ou possivelmente estariam procurando o Diamante Marlborough perdido dentro da casa de Angelo. LaPietra morreu em 1999, pouco depois de cumprir sua pena de dezesseis anos na penitenciária federal de Leavenworth pela famosa operação de "desnatamento" em Las Vegas, descoberta pela Operação Espantalho durante o final da década de 70 e começo da de 80.

Morando na casa-fortaleza de Angelo estava sua filha Joann, sogra do meu irmão Kurt. Ao suspeitar que os três homens estivessem observando o local, dispostos a invadir a casa e colocar seus ocupantes em perigo, os agentes do FBI montaram uma vigilância de 24 horas do lado de fora. Sem dúvida, viram meu irmão Kurt visitar a casa muitas vezes.

Os temores do FBI de que os três suspeitos estivessem planejando uma invasão de domicílio não eram infundados. Alguns dias antes, o FBI observara Scalise e seus cúmplices, trajando roupas pretas, perfurando uma das janelas do complexo. No domingo de Páscoa, minha mãe, que estava visitando Joann, notou um jornal dobrado colocado sobre o gramado dos fundos, bem ao lado da janela. Largar um jornal ou revista num potencial cenário de crime é um velho truque da Organização. Se minha mãe o tivesse pegado, os perpetradores saberiam que a cena poderia ter sido corrompida, e que a operação precisaria ser cancelada. No entanto, minha mãe não deu bola para o jornal, que permaneceu sobre o gramado.

A tentativa de invasão do complexo LaPietra levantou uma séria questão para qualquer gângster que ainda estivesse operando dentro da enferma Organização, para não mencionar os atualmente encarcerados. Qual é a segurança de suas famílias se sujeitos como Scalise e seu grupo têm confiança suficiente para assaltar a casa de um chefe e pôr sua família em perigo enquanto ele está na cadeia ou, pior, após a sua morte? É de se perguntar, depois que o FBI frustrou os supostos planos de Scalise, o que Little Jimmy Marcello, Joey Palhaço Lombardo ou meu pai estariam pensando. Teria a Organização perdido tanto o respeito que agora eram vulneráveis a qualquer incursão de terceira categoria? Pior, será que não eram temidos e que as famílias dos mafiosos estavam agora vulneráveis a criminosos comuns? Não sou eu quem tem saudades dos velhos tempos da Organização, mas decididamente os tempos mudaram.

Lista de personagens

Para facilidade de referência, aqui estão os personagens principais e secundários que são mencionados neste livro e figuram na minha história. Não tenho nenhuma pretensão de que esta seja uma lista completa da família, membros, turmas e associados da Organização.

Família Calabrese

Frank Calabrese – Meu pai

Nick W. Calabrese – Meu tio

James e Sophie Calabrese – Meus avós por parte de pai

Marie, James Jr., Christine, Joe e Rosemary – Minhas tias e tios por parte de pai

Dolores Hanley Calabrese – Minha mãe

Edward Hanley – Meu tio por parte de mãe

Kurt Calabrese – Meu irmão do meio

Nicky S. Calabrese – Meu irmão caçula

Lisa Swan – Minha ex-esposa

Kelly Calabrese – Minha filha

Anthony Calabrese – Meu filho

Angela Lascola – Esposa de Kurt, neta de Angelo "the Hook" LaPietra

Diane Cimino – A segunda esposa do meu pai

Joy Calabrese – A primeira esposa do tio Nick

Michelle Calabrese – Minha primeira prima e filha mais velha do tio Nick

Noreen Tenuta Calabrese – Atual esposa do tio Nick

Franco Calabrese – Filho de Noreen e Nick

Christina Calabrese – Filha mais velha de Noreen e Nick

Danny Alberga – Amigo de longa data, proprietário e gerente do Bella Luna

Frank Coconate – Amigo de longa data, tanto meu como do meu pai

FBI e promotores federais

Agente do FBI Michael Maseth
Agente do FBI Michael Hartnett
Agente do FBI John Mallul
Agente do FBI Ted McNamara
Agente do FBI Chris Mackey
Agente do FBI Luigi Bondini
Agente do FBI Tracy Balinao
Agente aposentado do FBI Tom Bourgeois
Agente aposentado do FBI Zack Shelton
Agente aposentado do FBI James Wagner
Oficial Bob Moon, do Departamento de Polícia de Chicago – *Membro da Força-Tarefa do Crime Organizado*
Mitch Mars – *Subprocurador dos Estados Unidos* e *chefe da Seção do Crime Organizado, promotor da Operação Segredos de Família*
John Scully – *Subprocurador dos Estados Unidos, promotor da Operação Segredos de Família*
T. Markus Frank – *Subprocurador dos Estados Unidos, promotor da Operação Segredos de Família*
Patrick Fitzgerald – *Procurador dos Estados Unidos para o Distrito Norte de Illinois*

A rua

Chefões da Organização

Tony "Joe Batters/Big Tuna" Accardo – *Consigliere*
Joey "Doves/Joe O'Brien" Aiuppa – *Capo*
Jackie "the Lackey" Cerrone – *Subcapo*

Turma da rua 26/Chinatown

Angelo "the Hook" LaPietra – *Capo e mentor do meu pai*
James "Brother Jimmy" LaPietra – *Irmão de Angelo*
John "Johnny Apes" Monteleone

James "Poker/Tires" DiForti
Joseph "Shorty" LaMantia
John "Big Stoop" Fecarotta
Frank "Toots" Caruso
Frank "Frankie C" Calabrese Sr. – *Meu pai*

Turma Calabrese

Nick "Gus" Calabrese – *Meu tio*
Ronnie "Little Guy" Jarrett – *Lugar-tenente do meu pai*
Mike Ricci – *Codefensor na Operação Segredos de Família*
Anthony "Twan" Doyle – *Codefensor na Operação Segredos de Família*
Nicholas "Nick" Ferriola – *Filho de Joe Ferriola*
Larry Stubitsch – *Sócio original do meu pai*
Frank "Gumba" Saladino
Frank "Ciccio" Furio
Michael "Nef" Talarico
Phil "Philly Beans" Tolomeo
Phil "Pete" Fiore
Ralph "Curly" Peluso
Louis Bombacino

Turma de Cicero/Berwin

Sam "Wings" Carlisi – *Capo*
Joe "Joe Nagall" Ferriola
Ernest "Rocky" Infelise
William "Butch" Petrocelli
Harry Aleman
Tony "Tony Bors" Borsellino
James "Little Jimmy/Jimmy Light" Marcello – *Codefensor na Operação Segredos de Família*
Anthony "Tony the Hatch/the Hatchet" Chiaramonti
Salvatore "Solly D" DeLaurentis
Gerald "Gerry" Scarpelli

Michael "Mickey" Marcello – *Irmão de Jimmy Marcello*
James "Jimmy I" Inendino
Louie Marino

Turma da avenida Grand

Joe "the Clown/Lumpy" Lombardo – *Capo e Codefensor na Operação Segredos de Família*
Anthony "Tony/the Ant" Spilotro
Michael Spilotro – *Irmão de Tony*
Frank "the German" Schweihs – *Codefensor na Operação Segredos de Família*
Paul "the Indian" Schiro – *Codefensor na Operação Segredos de Família*
Joseph "Joey" Hansen

Turma de Crown Heights

Dominick "Tootsie" Palermo
Nicky Guzzino

Turma de Chicago Heights

Al Pilotto – *Capo*
Al "Little Caesar" Tocco
James "Jimmy the Bomber" Catuara

Turma de Elmwood/Melrose Park

John "No Nose" DiFronzo – *Capo*
Joe "the Builder/Joey A" Andriacchi
Louie "the Mooch" Eboli

Agradecimentos

Quero agradecer a minha família por compreender por que isto aconteceu e especialmente à minha mãe e aos meus irmãos Kurt e Nicky por tudo aquilo que os fiz passar. Espero que eles consigam seguir adiante com suas vidas. Quero agradecer à minha ex-esposa Lisa por acreditar em mim, e à minha filha Kelly Ann e ao meu filho Anthony por seu amor e compreensão. Amo vocês dois com todo meu coração, e sou grato por fazer parte das suas vidas. Quero agradecer aos meus amigos próximos, que preferem permanecer anônimos, por ceder seu tempo para entrevistas e por proporcionarem uma compreensão da relação que meu pai e eu tínhamos. Obrigado por verificarem o que realmente aconteceu.

Os autores estão em dívida com as várias pessoas que tornaram este livro possível, a começar pelos dedicados homens e mulheres do FBI, que ofereceram sua cooperação e apoio: diretor Robert S. Mueller; agente especial encarregado do Escritório de Chicago, Robert D. Grant; agentes do FBI Royden R. Rice, Michael W. Maseth, John M. Malull, Luigi Mondini, Tracy L. Balinao, Michael B. Hartnett, Christopher J. Mackey e Neal S. Schiff. Somos gratos a um extraordinário grupo de servidores públicos da Procuradoria-Geral dos Estados Unidos, Distrito Norte de Illinois, liderado por Patrick J. Fitzgerald, o saudoso Mitch Mars, T. Markus Funk e o ex-subprocurador John J. Scully (recentemente indicado para a Corte Regional do Condado de Lake), que foram extremamente valiosos no esclarecimento de questões processuais.

Somos gratos pelos conselhos e informações recebidos do professor G. Robert Blakey, da Escola de Direito da Universidade de Notre Dame, por nos ajudar a compreender o Título IX, USC, 1961-1968 das leis Rico. O professor Blakey criou a legislação Rico utilizada pelo Departamento de Justiça na luta contra o crime organizado.

Juntando-se a nós ao longo do caminho estiveram o superintendente do Departamento de Polícia de Chicago, Joseph DiLeonardi; o ex-chefe de patrulha do Departamento de Polícia de Chicago, James A. Maurer; o oficial tático James Gochee e sua esposa, Marge; o detetive James Jack (aposentado); John "Bulldog"

Drummond; os advogados Marc H. Schwartz, Patrick A. Tuite, Rick Halprin, Harry Slavis, Michael R. Kien e o falecido Robert Maheu; e os jornalistas Jim McCough, Dan Moldea e Michael Robinson. O ex-gângster Frank Culotta forneceu uma perspectiva "do outro lado", e obrigado também a Robert Cooley.

Temos uma dívida de gratidão com Ryan Fischer-Harbage, nosso agente, que nos deu orientação, paixão e entusiasmo; com Peter Meyer pela sua mão firme e calma; com Joel Glickman e Jaron Summers; e com os agentes aposentados do FBI James Wagner, Tom Bourgeois e Zack Shelton (antes com o esquadrão do Crime Organizado de Chicago, que nos forneceu histórico e contexto).

Tiramos o chapéu também para o saudoso Frank "Lefty" Rosenthal. O irascível "Lefty" foi extremamente generoso, e estamos tristes por ele não estar mais na jornada conosco. E somos gratos também ao extraordinário escritor Nick Pileggi pela sua informação e orientação.

Um livro desta natureza não poderia existir sem a colaboração das muitas fontes que deram entrevistas apenas como pano de fundo. Reconhecemos a confiança de vocês. E somos gratos também à equipe da Random House/Broadway Books, Diane Salvatore, Charles Conrad, Jenna Ciongoli, Dyana Messina e David Drake, pela sua paixão, integridade e fé num projeto difícil.

Paul Pompian gostaria de agradecer a sua esposa, Polly Pompian, pelo seu apoio e amor. Um emocionado agradecimento a um grupo especial de pessoas cuja generosidade e amizade não serão esquecidas: Roger Golden, advogado e amigo, que ali esteve a cada passo do caminho; o companheiro de longa data David B. Dahl, contador público com uma compreensão sem igual de crimes financeiros; o corajoso Frank Calabrese Jr.; o ilustríssimo Ronald J. Lewis e sua esposa, juíza da Suprema Corte Maurren Duffy-Lewis; as famílias de David T. Busch e Betty Busch; as famílias de Richard C. e Rita Busch; Neil e Myra Pompian; Richard Pompian; Mike Ditka, Tom Kenny, Robin McKay, George Laftsidis e o gentil pessoal do restaurante Ditka's; o restaurante Grotto Oakbrook; o restaurante Gibson's e John Colletti e Steve Lombardo, Joe DeMondo, JC, RD, Esther R. Felsenfeld Brandon, o ilustríssimo William P. Jacobson e John e Nan Burrows, Yilen Pan, P.G. Sturges, o ilustríssimo Andrew Rigrod, Chris Andrews, David Bugliari, Michael Vogler, Philip J. Hacker, dr. Paul Geller, dr. Jordan Geller, dr. Barry Neidorf, dr. Leon Bender, dr. Lawrence Rivkin, dr. Saul Rosoff, dr. Parsa Zadeh, dr. Myles Zakheim, Al e Lauren Salerno, Robert Fraade, John Herzfeld, Sonjia Brandon, Lois Kaesler, Charmaine Leonetti, Mike e Claudia Uretz, Craig Braun, Robert "Bob" Magee (detetive de homicídios aposentado), Neil Tardio, Scott Metcalf, John Stecenko, Cherelle George, Jack Gilardi, Michael e Toni Melon, Michael Miller, Jerry e Arlene Jacobius, o saudoso Jacob Applebaum, e meus saudosos pai e mãe, George e Lillian Pompian.

Keith Zimmerman expressa sua sincera estima a Gladys Zimmerman e Gladys Phillips, Doris Zimmerman, Steven Rybicki, e aos futuros escritores Callum, Alistair e Iona Beaton, e à memória de Joe Zimmerman, Alex Phillips, Oren Harari e Kinky.

Kent Zimmerman gostaria de agradecer a família, amigos e colegas: a Deborah Zimmerman, Nitin John Abraham, Doris Zimmerman, Edward Preciado, Lloyd e Tam Senzaki, Naveen e Viniti Abraham, John e Tara Abraham, os Rybicki, Paul Pompian, Scott Waxman, Danny Alberga no Bella Luna, Frank Coconate e especialmente Frank "the Man" Calabrese Jr. (olha aí, finalmente você tem um apelido), Lisa Swan e Kelly Calabrese. Um alô para todos os caras dentro e em torno da Unidade H em San Quentin, passado, presente e futuro, Laura Bowman Salzsieder, Jill Brown, Paul McNabb, Jack Boulware, Jane Ganahal e todos os redatores em Litquake. E também a Michael Tolkin, Ron Lantz, John Cappas, Paul e Karen Slavit, Scott e Jan Kokjer, Logan e Noah Miller (poder gêmeo), Leslie, Jordan e Dylan Harari e Alan Black. Sinto saudades de Jeannie Preciado, Oren Harari e especialmente Joe Zimmerman.

FSC
www.fsc.org
MISTO
Papel produzido a partir de fontes responsáveis
FSC® C019498

A marca FSC é a garantia de que a madeira utilizada na fabricação do papel deste livro provém de florestas de origem controlada e que foram gerenciadas de maneira ambientalmente correta, socialmente justa e economicamente viável.

Este livro foi composto por Mari Taboada em Dante Pro 11,5 / 16 e impresso em papel pólen soft $70g/m^2$ e cartão triplex $250g/m^2$ por Geográfica Editora em julho de 2012.